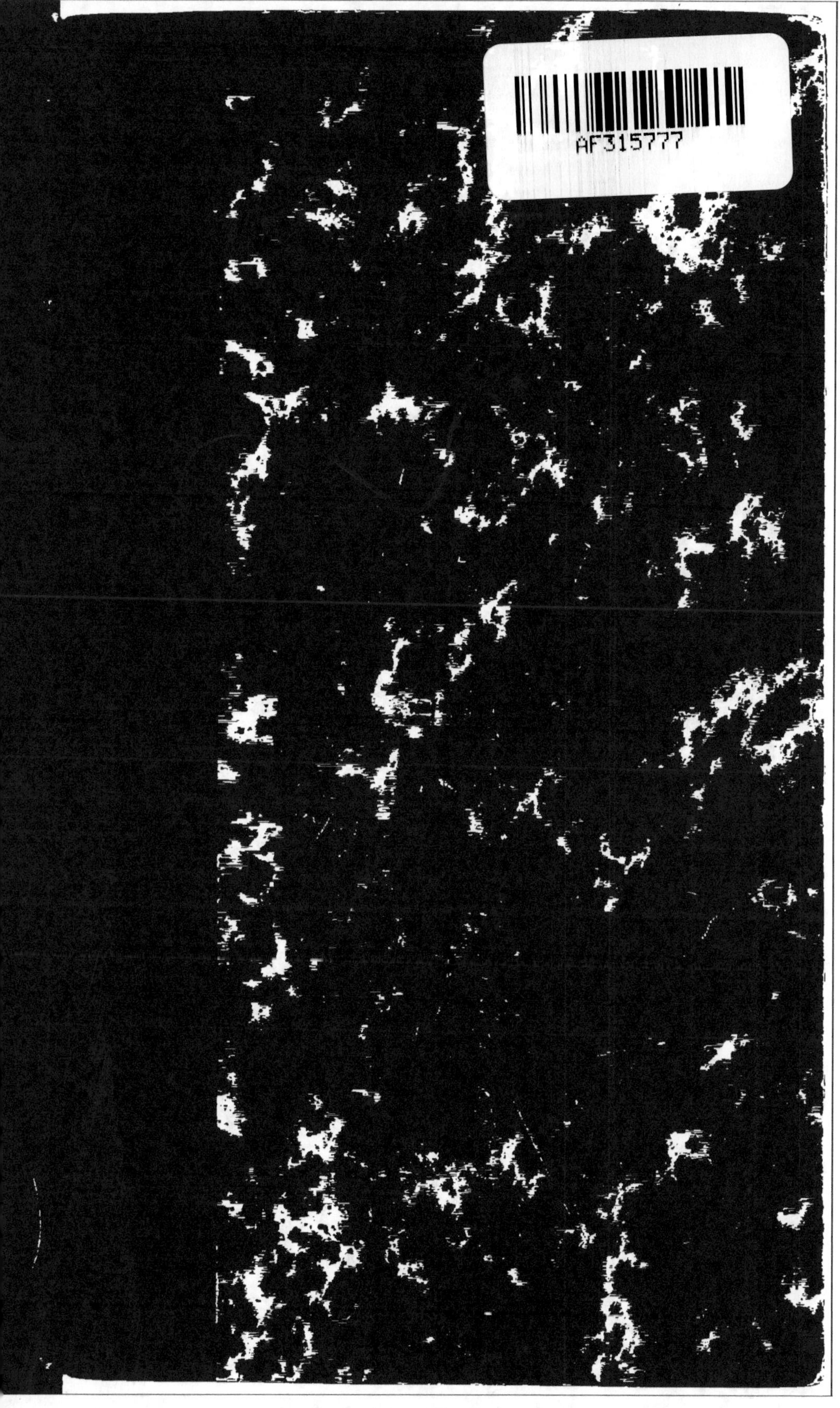
AF315777

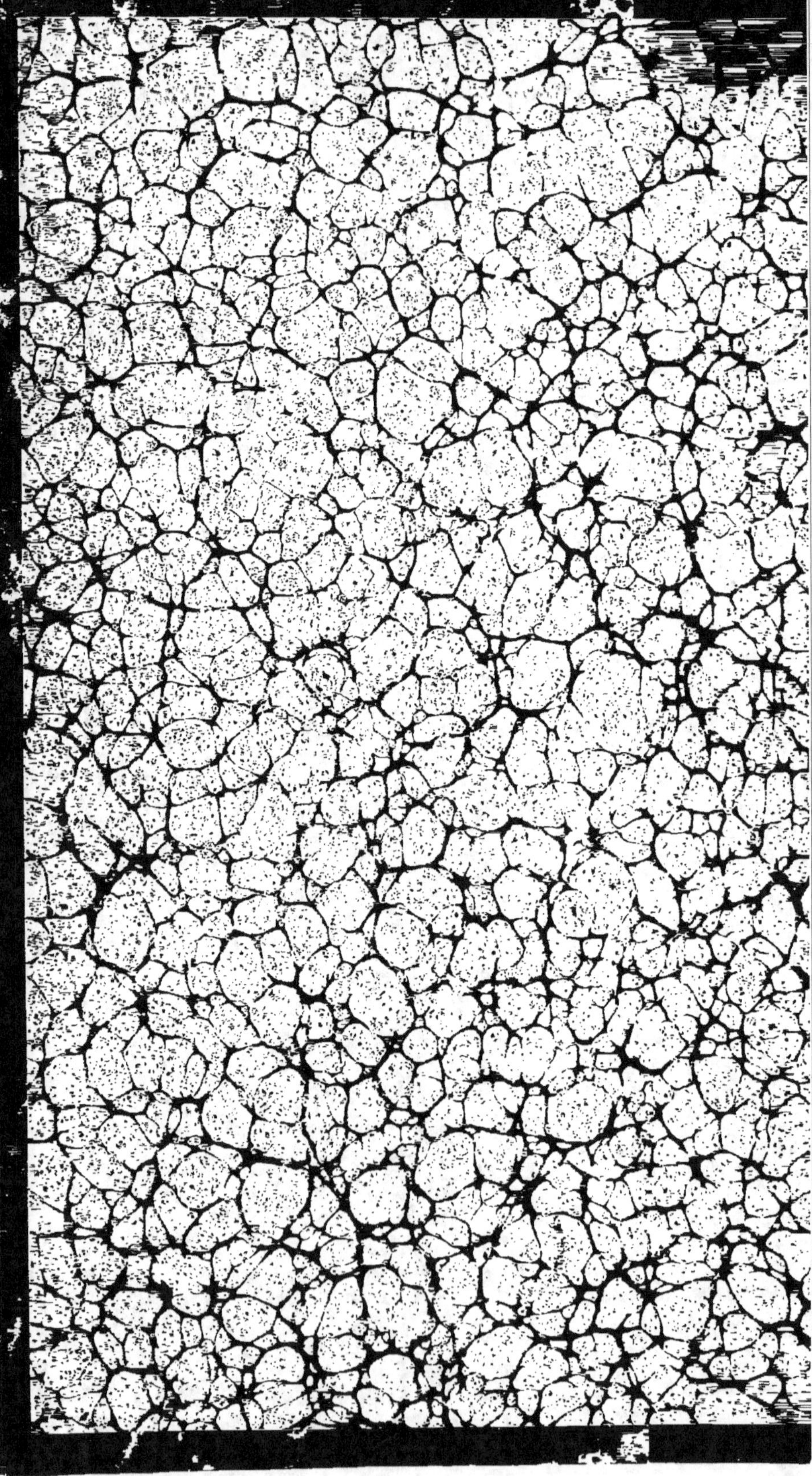

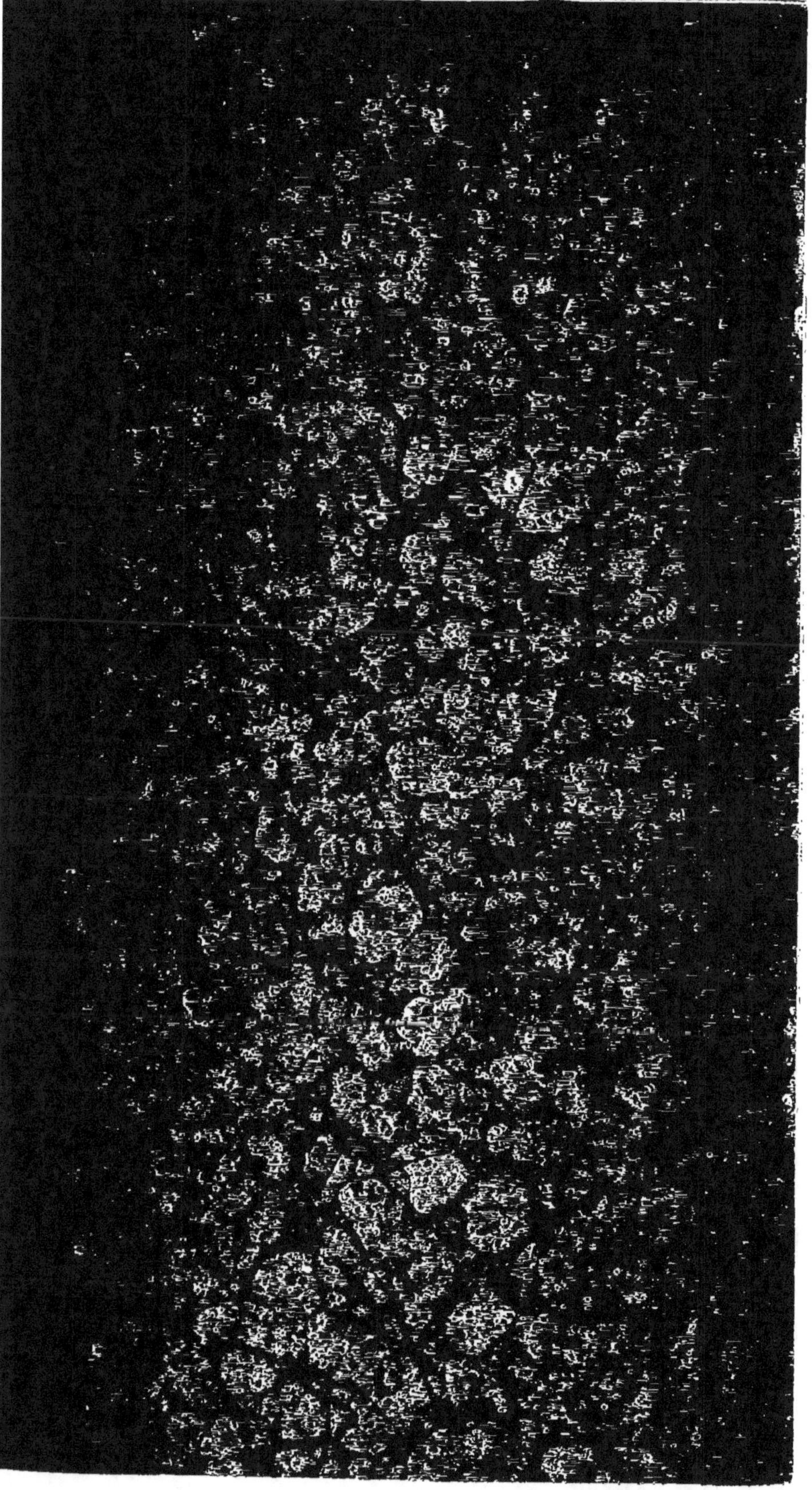

# CAMPAGNES

DES

# ARMÉES FRANÇAISES.

BIBLIOTHÈQUE NATIONALE
COLLECTION DU
BARON LARREY
DON DE
M<sup>elle</sup> DODU

Larrey
8° Z
226

[illegible]

# CAMPAGNES

## DES

## ARMÉES FRANÇAISES

EN PRUSSE, EN SAXE ET EN POLOGNE,

COMMANDÉES EN PERSONNE

PAR S. M. L'EMPEREUR NAPOLÉON I.er,

En 1806 et 1807;

OU RECUEIL COMPLET DES RELATIONS OFFICIELLES,

*Suivi des Traités de paix de Tilsit, et d'une Explication géographique de ces Traités.*

Un vol. petit in-8.º de 272 pages.

A ANVERS,

Chez ALLEBÉ, Imprimeur-lib., rue Bonaparte, n.º 702.

1807.

BIBLIOTHÈQUE NATIONALE — COLLECTION DU BARON LARREY

# RECUEIL

## DES PIÈCES OFFICIELLES

### *Publiées par le Moniteur.*



S. A. S. Mgr. le prince archi-chancelier de l'empire s'est rendu au sénat, le 14 octobre à midi. Le prince a été reçu avec le cérémonial accoutumé ; et après avoir pris séance, il a dit :

MESSIEURS,

» La lettre que S. M. l'Empereur et Roi écrit au sénat, et les communications que je viens faire de sa part, ont pour objet de vous instruire d'une résolution devenue nécessaire par la conduite du gouvernement prussien.

» On se demande quelles sont les causes d'une rupture difficile à prévoir, d'après la bonne intelligence qui, depuis plusieurs années, a régné entre la France et la Prusse, et sur-tout d'après les rapports d'intérêts communs aux deux nations.

» La solution de cette question se trouve dans les rapports faits à S. M. par son ministre des relations extérieures, et dans plusieurs notes échangées par les ministres des deux puissances.

» La lecture que vous allez entendre de ces pièces vous convaincra, Messieurs, que S. M. n'a rien négligé pour la conservation de la paix, et qu'elle en a eu long-tems l'espérance. Vous reconnaîtrez aussi que la dignité de sa couronne et les obligations qu'imposent à S. M. la protection et la garantie qu'elle accorde aux états confédérés du Rhin, ont dû la déterminer à repousser la force par la force.

» Aucun souverain n'est moins que l'Empereur dans le cas de redouter la guerre ; aucun ne sera, dans tous les tems, plus disposé à arrêter l'effusion du sang, par le rétablissement de la paix.

» Dans la guerre qui commence, comme dans celles qui ont été si glorieusement terminées, S. M. a pour elle le témoignage de sa conscience et la justice de sa cause ; elle compte sur l'amour de ses peuples et sur le courage de ses

A

armées ; elle place aussi une confiance entière dans votre zè e si souvent éprouvé pour son service et pour le bien de l'état, qui en est inséparable. »

S. A. S. a remis ensuite :

1°. Une lettre de S. M. l'Empereur et Roi, à MM. les présidens et membres du sénat ; 2°. deux rapports adressés à S. M. l'Empereur et Roi par le prince de Bénévent, ministre des relations extérieures ; 3°. six notes diplomatiques ;

Desquelles pièces la teneur suit :

*Lettre de S. M. l'Empereur et Roi.*

» Sénateurs,

» Nous avons quitté notre capitale pour nous rendre au
» milieu de notre armée d'Allemagne, dès l'instant que
» nous avons su avec certitude qu'elle était menacée sur ses
» flancs par des mouvemens inopinés. A peine arrivé sur les
» frontières de nos états, nous avons eu lieu de reconnaître
» combien notre présence y était nécessaire, et de nous ap-
» plaudir des mesures défensives que nous avions prises avant
» de quitter le centre de notre empire. Déjà les armées prus-
» siennes, portées au grand complet de guerre, s'étaient
» ébranlées de toutes parts ; elles avaient dépassé leurs fron-
» tières ; la Saxe était envahie ; et le sage prince qui la gou-
» verne était forcé d'agir contre sa volonté, contre l'intérêt
» de ses peuples. Les armées prussiennes étaient arrivées
» devant les cantonnemens de nos troupes. Des provocations
» de toutes espèces, et même des voies de fait, avaient
» signalé l'esprit de haine qui animait nos ennemis, et la
» modération de nos soldats, qui, tranquilles à l'aspect de
» tous ces mouvemens, étonnés seulement de ne recevoir
» aucun ordre, se reposaient dans la double confiance que
» donnent le courage et le bon droit. Notre premier devoir
» a été de passer le Rhin nous-mêmes, de former nos camps
» et de faire entendre le cri de guerre. Il a retenti au cœur
» de tous nos guerriers. Des marches combinées et rapides
» les ont portés en un clin-d'œil au lieu que nous leur avions
» indiqué. Tous nos camps sont formés ; nous allons marcher
» contre les armées prussiennes et repousser la force par la
» force Toutefois, nous devons le dire, notre cœur est péni-
» blement affecté de cette prépondérance constante qu'obtient
» en Europe le génie du mal, occupé sans cesse à traverser
» les desseins que nous formons pour la tranquillité de l'Eu-
» rope, le repos et le bonheur de la génération présente ,

» assiégeant tous les cabinets par tous les genres de séduc-
» tions, et égarant ceux qu'il n'a pu corrompre, les aveuglant
» sur leurs véritables intérêts, et les lançant au milieu des
» partis, sans autre guide que les passions qu'il a su leur
» inspirer. Le cabinet de Berlin lui-même n'a point choisi
» avec délibération le parti qu'il prend ; il y a été jeté avec
» art, et avec une malicieuse adresse. Le roi s'est trouvé
» tout-à-coup à cent lieues de sa capitale, aux frontières de
» la confédération du Rhin, au milieu de son armée, et vis-
» à-vis des troupes françaises dispersées dans leurs cantonne-
» mens, et qui croyaient devoir compter sur les liens qui
» unissaient les deux états, et sur les protestations prodiguées
» en toutes circonstances par la cour de Berlin. Dans une
» guerre aussi juste, où nous ne prenons les armes que pour
» nous défendre, que nous n'avons provoquée par aucun acte,
» par aucune prétention, et dont il nous serait impossible
» d'assigner la véritable cause, nous comptons entièrement
» sur l'appui des lois et sur celui de nos peuples, que les
» circonstances appellent à nous donner de nouvelles preuves
» de leur amour, de leur dévouement et de leur courage.
» De notre côté, aucun sacrifice personnel ne nous sera pé-
» nible, aucun danger ne nous arrêtera, toutes les fois qu'il
» s'agira d'assurer les droits, l'honneur et la prospérité de
» nos peuples.
» Donné en notre quartier impérial de Bamberg, le 7
» octobre 1806. «          (Signé) NAPOLÉON.

*Premier rapport adressé à S. M. l'EMPEREUR et ROI, par
le ministre des relations extérieures, le 3 octobre 1806.*

S I R E ,

Votre Majesté, à la première nouvelle qu'elle reçut des
armemens de la Prusse, fut long-tems sans y croire. Forcée
d'y croire, elle se plut à les attribuer à un mal-entendu. Elle
espéra que ce mal-entendu serait promptement éclairci, et
qu'aussitôt ces armemens cesseraient.

Les espérances de V. M. avaient leur source dans son amour
constant pour la paix. Elles ont été trompées. La Prusse n'en
est plus à méditer la guerre, elle la fait : par quels motifs ?
Je l'ignore, et je ne lui en connais aucun.

Si la Prusse eût eu quelque sujet de plainte, quelque grief,
quelque raison d'armer, se serait-elle obstinée à les taire ?
Le ministre de V. M. à Berlin n'en aurait-il pas été instruit ?
M. de *Knobelsdorff* n'aurait-il pas été chargé de les faire
connaître ? Tout au contraire, M. de *Knobelsdorff* n'a

apporté à **V. M.** qu'une lettre du roi fort amicale , et il a reçu des assurances égalcment amicales de la bouche même de V. M. Le ministre de V. M. à Berlin voyait les préparatifs se poursuivre, l'arrogance s'accroître, les provocations s'accumuler, à mesure que V. M. montrait plus de modération et d'impassibilité. Mais s'il demandait quels pouvaient être les griefs de la Prusse, on n'en articulait aucun, on ne lui donnait aucune explication ; de sorte que sa présence était devenue inutile à Berlin ; de sorte qu'il n'y était plus que le témoin de procédés et de mesures contraires à la dignité de la France.

En supposant que des bruits absurdes, accueillis avec une inconcevable crédulité , eussent inspiré au cabinet prussien de vaines alarmes, V. M., qui avait tout fait pour les prévenir , avait aussi tout fait pour les dissiper.

De quels dangers la Prusse voulait-elle se garantir ? La France, loin de la menacer , ne lui avait jamais donné que les preuves les plus signaleés de son amitié. A quels sacrifices voulait-elle se soustraire ? V. M. ne lui a rien demandé. De quel déni de justice avait-elle à se plaindre ? Tout ce qu'elle eût demandé de juste , V. M. était disposée à le lui accorder; mais elle n'a fait aucune demande , parce qu'elle n'en avait point à faire.

Est-ce l'existence de la confédération du Rhin ? Sont-ce les arrangemens qui ont eu lieu dans le midi de l'Allemagne, qui ont porté la Prusse à prendre les armes ? On ne peut pas même le supposer. La cour de Berlin a déclaré qu'elle n'avait rien à objecter contre ces arrangemens. Elle a reconnu la confédération ; elle s'est occupée à réunir avec elle , dans une confédération semblable , les états qui l'avoisinent.

V. M. a déclaré, il est vrai, que les villes anséatiques devaient rester indépendantes et isolées de toute confédération. Elle a déclaré encore que les autres états du nord de l'Allemagne devaient être libres de ne consulter que leur politique et leurs convenances : mais ces déclarations, fondées et sur la justice , et sur l'intérêt général de l'Europe, n'ont pu fournir à la Prusse un motif de guerre , ni même un prétexte qu'elle puisse avouer.

La guerre de la part de la Prusse est donc sans aucun motif réel.

Cependant les armées prussiennes ont dépassé leurs limites ; elles ont envahi la Saxe ; elles menacent le territoire de la confédération du Rhin , de l'inviolabilité duquel V. M. est garante. Les troupes mêmes de V. M. sont menacées ; à peine arrivées devant nos avant-postes , les troupes prussiennes ont fait le service de guerre. Elles ont refusé aux officiers français l'entrée de la Saxe , et la guerre s'est trouvée commencée , sans que la cour de Berlin ait fait connaître quels sujets de mécontentement elle prétendait avoir , sans qu'elle ait tenté les moyens de conciliation , sans qu'elle ait rien fait pour éviter une rupture.

Un silence si obstiné , si peu naturel , si incompréhensible d'une part ; de l'autre , une précipitation non moins inconcevable , prouvent assez qu'il ne faut point chercher de motif même apparent , à ce qui n'est que le résultat d'une déplorable intrigue.

Deux partis , dont l'un veut la guerre , l'autre la paix , divisent depuis long-tems la Prusse. Le premier , dont les tentatives avaient été constamment déjouées , sentant qu'il ne pouvait réussir que par l'artifice , n'a eu qu'une pensée , qu'un dessein , qu'un but ; c'était d'exciter des défiances , de présenter comme nécessaires des mesures qui devaient forcer la France à en prendre de semblables ; d'écarter ensuite toute explication , d'empêcher que les deux gouvernemens ne pussent s'entendre , et de les placer dans une situation telle , que la guerre en devînt une conséquence inévitable : projet malheureux , exécuté avec un succès que ses auteurs eux-mêmes pourront être un jour forcés de nommer funeste.

Non , la guerre présente n'a point d'autre cause. Il n'en existe point d'autre que ces passions aveugles qui ont égaré tant de cabinets , dont la Prusse s'était long-tems préservée , mais dont il semble que la Providence l'ait condamnée à être aussi victime , en la livrant aux conseils de ceux qui comptent pour rien les calamités de la guerre , parce qu'ils ne doivent point en partager les dangers , et sont toujours prêts à sacrifier à leur ambition , à leurs craintes , à leurs préjugés , à leurs faiblesses , le repos et le bonheur des peuples.

Si toutefois ces passions ne sont pas l'unique mobile du cabinet de Berlin , et si quelque motif d'intérêt personnel lui a fait prendre les armes , c'est incontestablement et uniquement le désir d'asservir la Saxe et les villes anséatiques , et d'écarter ou de surmonter les obstacles que les déclarations de V. M. lui ont fait craindre de rencontrer dans l'exécution d'un tel dessein. La guerre alors , quels que soient les regrets que V. M. éprouve de n'avoir pu la prévenir , lui offrira du moins une perspective digne d'elle , puisqu'en défendant les droits et les intérêts de ses peuples , elle préservera d'une injuste domination des états dont l'indépendance importe , non-seulement à la France et à ses alliés, mais encore à toute l'Europe.

(Signé) CH. MAUR. TALLEYRAND,
prince de Bénévent.

Mayence, le 3 octobre 1806.

*Copie de la première note adressée à S. Exc. M. le général de* Knobelsdorff, *par S. A. S. le prince de Bénévent, ministre des relations extérieures, en date du 11 septembre 1806.*

Le soussigné ministre des relations extérieures, est chargé, par ordre exprès de S. M. l'EMPEREUR et ROI, de faire connaître à S. Exc. M. de *Knobelsdorff*, que de nouveaux renseignemens venus de Berlin, sous la date des premiers jours de septembre, ont appris que la garnison de cette ville en était sortie pour se rendre aux frontières, que tous les armemens paraissaient avoir redoublé d'activité, et que publiquement on les présentait, à Berlin même, comme dirigés contre la France.

Les dispositions de la cour de Berlin ont d'autant plus vivement surpris Sa Majesté, qu'elle était plus éloignée de les présager d'après la mission de M. de *Knobelsdorff*, et la lettre de S. M. le roi de Prusse, dont il était porteur.

S. M. l'EMPEREUR et ROI a ordonné l'envoi de nouveaux renforts à son armée : la prudence lui commandait de se mettre en mesure contre un projet d'aggression aussi inattendu qu'il serait injuste. Mais ce ne serait jamais que malgré lui, et contre son vœu le plus cher, qu'il se verrait forcé de réunir les forces de son empire, contre une puissance que la nature même a destinée à être l'amie de la France, puisqu'elle avait lié les deux états par une communauté d'intérêts, avant qu'ils fussent unis par des traités. Il plaint l'inconsidération des agens qui ont concouru à faire adopter, comme utiles et comme nécessaires, les mesures prises par la cour de Berlin. Mais ses sentimens pour S. M. le roi de Prusse n'en ont été ni changés ni affaiblis, et ne le seront point, aussi long-tems que S. M. ne sera point forcée à penser que les armemens de la Prusse sont le résultat d'un système d'aggression combiné avec la Russie contre la France ; et lorsque l'intrigue, qui paraît s'être agitée de tant de manières et sous tant de formes, pour inspirer au cabinet de Berlin des préventions contre son meilleur et son plus fidèle allié, aura cessé ; lorsqu'on ne menacera plus par des préparatifs une nation que jusqu'à cette heure il n'a pas paru facile d'intimider, S. M. l'EMPEREUR regardera ce moment comme le plus heureux pour lui-même et pour S. M. le roi de Prusse. Il sera le premier à contre-mander les mouvemens des troupes qu'il a dû ordonner, à interrompre des armemens ruineux pour son trésor, et les relations entre les deux états seront rétablies dans toute leur intimité.

C'est sans doute une chose satisfaisante pour le cœur de S. M. de n'avoir donné, ni directement ni indirectement lieu à la mésintelligence qui paraît prête à éclater entre les deux états, et de ne pouvoir jamais être responsable des résultats de cette singulière et étrange lutte, puisqu'elle n'a cessé de faire con-stamment, par l'organe de son envoyé extraordinaire et par l'organe du soussigné, toutes les déclarations propres à dé-jouer les intrigues qui, malgré ses soins, ont prévalu à Berlin : mais c'est en même tems pour S. M. I. un grand sujet de réflexion et de douleur que de songer que lorsque l'alliance de la Prusse semblait devoir lui permettre de diminuer le nom-bre de ses troupes et de diriger toutes ses forces contre l'ennemi commun, qui est aussi celui du continent, c'est contre son allié même qu'elle a des précautions à prendre.

Les dernières nouvelles de Berlin diminuant beaucoup l'es-poir que l'EMPEREUR avait fondé sur la mission de M. de *Knobelsdorff*, et sur la lettre de S. M. le roi de Prusse, et semblant confirmer l'opinion de ceux qui pensent que l'arme-ment de la Prusse, sans aucune explication préalable, n'est que la conséquence et le premier développement d'un système combiné avec les ennemis de la France, S. M. se voit obligée de donner à ses préparatifs un caractère général, public et national. Toutefois elle a voulu que le soussigné déclarât que, même après la publicité des mesures extraordinaires auxquelles S. M. a dû recourir, elle n'en est pas moins disposée à croire que l'armement de la cour de Berlin n'est que l'effet d'un mal-entendu produit lui-même par des rapports mensongers, et à se replacer, lorsque cet armement aura cessé, dans le même système de bonne intelligence, d'alliance et d'amitié qui unissait les deux états.

Le soussigné, etc.

(Signé) CH. MAUR. TALLEYRAND,<br>prince de Bénévent.

*Copie de la note de* **M.** *de* Knobelsdorff *au ministre des relations extérieures, en date du* 12 *septembre* 1806.

Le soussigné sentant combien il est de la plus haute impor-tance de répondre tout de suite à la note que S. Exc. le prince de Bénévent, ministre des relations extérieures, lui a fait l'honneur de lui adresser ce soir, se voit forcé de se borner à représenter les observations suivantes. Les motifs qui ont engagé le roi mon maître à faire des armemens, ont été l'effet d'une trame des ennemis de la France et de la Prusse, qui, jaloux de l'intimité qui règne entre ces deux puissances, ont fait l'impossible pour alarmer par de faux rapports, venus à-la-fois de tous côtés. Mais, sur-tout, ce qui prouve l'esprit de cette mesure, c'est que S. M. ne l'a concertée avec qui que ce soit, et que la nouvelle en est venue plutôt à Paris qu'à Vienne, Pétersbourg et Londres. Mais le roi mon maître a fait faire à l'envoyé de S. M. l'Empereur des Français, Roi d'Italie, une communication amicale au sujet de ces mesures. Ce ministre n'avait point encore donné de réponse sur cette communication. La relation des intéressans entretiens que S. M. I. a daigné avoir avec le soussigné et le marquis de *Lucchesini* ne pouvait encore être arrivée à Berlin. D'après cet exposé, le soussigné ne peut que témoigner à S. Exc. le ministre des relations extérieures le vœu le plus ardent que les actes publics restent encore suspendus jusqu'au retour du courier dépêché à Berlin.

Le soussigné prie S. Exc., etc.

(Signé) général Knobelsdorff.

*Copie de la deuxième note à M. de* Knobelsdorff, *en date du 13 septembre 1806.*

Le soussigné a mis sous les yeux de S. M. l'Empereur et Roi la note que S. Exc. M. de *Knobelsdorff* lui fit hier l'honneur de lui adresser.

S. M. y a trouvé avec plaisir l'assurance que la Prusse n'était entrée dans aucun concert hostile contre la France; que l'armement qu'elle a fait n'avait eu pour cause qu'un mal-entendu; que le départ de la garnison de Berlin, quoiqu'effectué depuis la lettre écrite par S. M. le roi de Prusse, ne devait être considéré que comme l'exécution d'un ordre antérieur, et que le mouvement imprimé aux troupes prussiennes cesserait aussitôt que l'on connaîtrait à Berlin ce que S. M. l'Empereur et Roi a bien voulu dire à MM. de *Knobelsdorff* et *Lucchesini*, dans les audiences particulières qu'il leur a accordées.

S. M. a ordonné en conséquence que les communications qui devaient être faites au sénat lundi prochain, seront différées, et qu'aucunes troupes, autres que celles qui sont actuellement en marche vers le Rhin, ne seraient mises en mouvement jusqu'à ce que S. M. connaisse les déterminations et les mesures que la cour de Berlin aura prises, d'après le rapport que MM. de *Knobelsdorff* et de *Lucchesini* lui ont fait; et si ces déterminations sont telles que l'armée française en Allemagne ne soit plus menacée, et que toutes choses soient remises entre la France et la Prusse sur le même pied qu'elles étaient il y a un mois, S. M. fera rétrograder immédiatement les troupes qui se rendent actuellement sur le Rhin.

Il tarde à S. M. l'Empereur et Roi que ce singulier malentendu soit éclairci. Il lui tarde de pouvoir se livrer, sans aucun mélange d'incertitude et de doute, aux sentimens dont il a donné tant de preuves à la cour de Berlin , et qui ont toujours été ceux d'un fidèle allié.

Le soussigné prie M. de Knobelsdorff de recevoir les assurances de sa haute considération.

( Signé ) Ch. Maur. Talleyrand,<br>prince de Bénévent.

Paris , ce 13 septembre 1806.

*Copie de la troisième note adressée par le ministre des relations extérieures à M. de Knobelsdorff.*

Le soussigné ministre des relations extérieures a exprimé à S. Exc. M. de Knobelsdorff, dans la note qu'il a eu l'honneur de lui remettre le 13 septembre , les dispositions confiantes avec lesquelles S. M. l'Empereur a reçu les assurances données par M. de Knobelsdorff, que les mouvemens militaires de la cour de Berlin n'étaient le résultat d'aucun concert hostile contre la France, mais uniquement l'effet d'un mal-entendu , et qu'ils cesseraient au moment où les premiers rapports de S. Exc. seraient parvenues à Berlin.

Cependant les nouvelles qu'on en reçoit chaque jour portent tellement tous les caractères d'une guerre imminente, que S. M. I. doit avoir quelque regret de l'engagement qu'elle a pris de ne pas encore appeler ses réserves, et de différer la notification constitutionnelle d'après laquelle toutes les forces de la nation seraient mises à sa disposition. Elle remplira cet engagement ; mais elle croirait contraire à la prudence et aux intérêts de ses peuples , de ne point ordonner dans l'intérieur toutes les mesures et tous les mouvemens de troupes qui peuvent avoir lieu sans notification préalable.

S. M. a en même tems chargé le soussigné d'exprimer de nouveau à S. Exc. M. de Knobelsdorff, qu'elle ne peut encore s'expliquer par quel oubli de ses intérêts, la Prusse voulait renoncer à ses rapports d'amitié avec la France. La guerre entre les deux états lui paraît une véritable monstruosité politique; et, du moment où le cabinet de Berlin reviendra à des dispositions pacifiques , et cessera de menacer les armées d'Allemagne, S. M. prend l'engagement de contremander toutes les mesures que la prudence lui commandait de prendre. Elle saisira avec plaisir , comme elle ne cesse de le faire dans toutes les circonstances, l'occasion de témoigner à S. M. le roi de Prusse, le prix qu'elle attache à son amitié, à une union fondée sur la saine politique et sur des intérêts réciproques, et de lui prouver que ses sentimens sont toujours les mêmes, et qu'aucune provocation n'a pu les altérer.

Le soussigné se félicite de pouvoir donner à S. Exc. M. de Knobelsdorff une assurance aussi formelle des dispositions de S. M., qui sont tellement étrangères à toute idée de guerre avec la Prusse, qu'elle a déjà commis une faute militaire très-grave , en retardant d'un mois ses préparatifs , et en consentant à laisser passer quinze jours encore , sans appeler ses réserves et ses gardes nationales.

Cette confiance que S. M. aime à conserver, prouve combien elle a apprécié la parole que lui a donnée S. Exc. M. de Knobelsdorff , que la Prusse n'était entrée dans aucun concert avec les ennemis de la France, et que les assurances qu'elle a reçues en mettant un terme au mal-entendu qui vient de s'élever, feraient cesser les armemens qui en ont été la suite.

Le soussigné saisit avec empressement cette occasion de renouveller, etc. etc.

(Signé) CH. MAUR. TALLEYRAND,
prince de Bénévent.

Paris, le 19 septembre 1806.

*Seconde note de M. de* Knobelsdorff *, au ministre des relations extérieures.*

Le soussigné, envoyé extraordinaire et ministre plénipotentiaire de S. M. le roi de Prusse, a reçu hier la note qui lui a été adressée par S. Exc. M. le prince de Bénévent, ministre des relations extérieures.

Si, dans cet office, le soussigné a retrouvé avec une extrême satisfaction, l'assurance précédemment consignée dans la note du 13 septembre, que S. M. l'EMPEREUR et ROI remplirait l'engagement qu'elle a pris d'attendre le résultat des explications données au marquis de Lucchésini et au général de Knobelsdorff, avant de prendre un parti sur les notifications constitutionnelles qui mettraient toutes les forces de la nation française à la disposition du gouvernement, il a appris avec une peine infinie que S. M. ait eu quelque regret de cet engagement, et que, tout en le remplissant, elle croit nécessaire d'ordonner toutes les mesures et tous les mouvemens des troupes qui peuvent avoir lieu , sans notification préalable.

Le soussigné s'empresse de réitérer à S. Exc. M. le prince de Bénévent l'assurance que S. M. le roi de Prusse, loin d'avoir jamais eu l'idée de renoncer à ses rapports d'amitié avec la France , partage à cet égard tous les sentimens de S. M. Impériale et Royale , exprimés dans l'office auquel cette note sert de réponse ; que loin d'être entrée dans un concert avec les ennemis de la France , S. M. prussienne a toujours cherché à calmer tous les ressentimens pour faciliter le rétablissement de la paix générale ; enfin que loin de menacer les armées françaises en Allemagne par ses armemens, ceux-ci n'ont eu lieu qu'à la suite d'avis reçus à Berlin, et qui étaient tellement alarmans , qu'il n'eût pas été possible de négliger des mesures de précaution , commandées par la prudence pour le salut de l'état.

Le soussigné se plaît à renouveler à S. Exc. M. le prince de Bénévent , l'assurance qu'en prenant ces mesures , S. M. le roi de Prusse n'a pas renoncé un seul instant à l'assurance de voir se dissiper les nuages élevés entre elle et la France : et le général de Knobelsdorff est persuadé que tel sera le résultat des explications qui ont eu lieu.

En priant M. le prince de Bénévent de faire parvenir à la connaissance de S. M. l'EMPEREUR et ROI cette réponse à son office, le soussigné a l'honneur de renouveler à S. Exc. les assurances de sa haute considération.

Paris, le 20 septembre 1806.

(Signé) le général KNOBELSDORFF.

*Second rapport adressé à S. M. l'EMPEREUR et ROI par le ministre des relations extérieures , le 6 octobre 1806.*

SIRE ,

Lorsque, dans le rapport que j'eus, il y a peu de jours, l'honneur d'adresser à V. M., j'établissais que si la Prusse avait quelque raison d'intérêt personnel qui la portât à faire la guerre , ce ne pouvait être que le désir d'asservir la Saxe et les villes anséatiques, j'étais loin de prévoir qu'elle osât jamais avouer un tel motif. C'est néanmoins un aveu qu'elle n'a pas craint de faire et de consigner dans une note que M. de Knobelsdorff m'a envoyée de Metz , et que j'ai l'honneur d'adresser à V. M.

Des trois demandes que renferme cette note , la première et la troisième ne sont faites que pour déguiser , s'il est possible , qu'on n'attache d'importance réelle qu'à la seconde.

La Prusse, après avoir vu d'un œil tranquille les armées françaises en Allemagne pendant un an , n'a pu s'alarmer de leur présence, lorsque leur nombre était diminué, qu'elles étaient dispersées par petits corps, dans des cantonnemens éloignés, lors sur-tout que V. M. avait solennellement annoncé qu'elles retourneraient en France aussitôt que les affaires du Cattaro, cause de la prolongation de leur séjour en Allemagne, auraient été réglées par un accord fait avec l'Autriche, et que déjà l'ordre pour leur retour était donné.

La Prusse, qui parle d'une négociation pour fixer tous les intérêts en litige, sait bien qu'il n'y a point d'intérêt quelconque en litige entre les deux états : la discussion amiable qui doit fixer définitivement le sort des abbayes d'Essen et de Werden, n'a point été différée par aucune lenteur du cabinet français. Les troupes françaises ont évacué ces territoires, que le grand-duc de Berg avait fait occuper dans la persuasion intime où des documens nombreux avaient dû le mettre, qu'ils faisaient partie du duché de Clèves, et qu'ils avaient été compris dans la cession de ce duché.

Ainsi les demandes de la Prusse sur ces divers points et d'autres de même nature, et les prétendus griefs qu'elles semblent indiquer, n'offrent point la véritable pensée du cabinet de Berlin. Il ne la révèle, il ne laisse échapper son secret que lorsqu'il demande *qu'il ne soit plus mis de la part de la France aucun obstacle quelconque à la formation de la ligue du nord, qui embrassera, sans aucune exception, tous les états non nommés dans l'acte fondamental de la confédération du Rhin.*

Ainsi, pour satisfaire l'ambition la plus injuste, la Prusse. consent à rompre les liens qui l'unissaient à la France, à appeler de nouvelles calamités sur le continent, dont V. M. voulait cicatriser les plaies et assurer la tranquillité, à provoquer un allié fidèle, à le mettre dans la cruelle nécessité de repousser la force par la force, et d'arracher encore son armée au repos dont il aspirait à la faire jouir, après tant de fatigues et de triomphes.

Je le dis avec douleur , je perds l'espoir que la paix puisse être conservée, du moment qu'on la fait dépendre de conditions que l'équité repousse et que l'honneur repousse également, proposées comme elles le sont, avec un ton et des formes que le peuple français n'endura dans aucun tems et de la part d'aucune puissance, et qu'il peut moins que jamais endurer sous le règne de V. M.            ( Signé ) CH. MAUR. TALLEYRAND, 
prince de Bénévent.

Mayence, le 6 octobre 1806.

# NOTE.

Le soussigné, ministre de S. M. prussienne, par le même courier porteur de la lettre à S. M. I., qu'il a eu l'honneur de transmettre aujourd'hui à S. Exc. M. le prince de Bénévent, a reçu l'ordre de s'acquitter des communications suivantes. Leur but est de ne plus laisser en suspens la relation des deux cours. Chacune d'elles est si éminemment intéressée à ne plus rester dans le doute sur les sentimens de l'autre, que le roi s'est flatté de voir S. M. l'Empereur applaudir à sa franchise.

S. M. prussienne a déposé dans la lettre susmentionnée sa pensée toute entière, et l'ensemble des sujets de plainte qui, d'un allié fidèle et loyal, ont fait d'elle un voisin alarmé sur son existence, et nécessairement armé pour la défense de ses intérêts les plus chers. Cette lecture aura rappelé à S. M. I. et R. ce que la Prusse fut depuis long-tems à la France. Le souvenir du passé pourrait-il n'être pas pour elle le gage de l'avenir? Et quel juge assez aveuglé pourrait croire que le roi eût été neuf ans envers la France, si conséquent et peut-être si partial, pour se placer volontairement avec elle dans un rapport différent, lui qui plus d'une fois a pu la perdre peut-être, et qui ne connaît que trop aujourd'hui les progrès de sa puissance.

Mais si la France a dans ses souvenirs et dans la nature des choses le gage des sentimens de la Prusse, il n'en est pas de même de cette dernière; ses souvenirs sont faits pour l'allarmer. Elle a été inutilement neutre, amie, alliée même. Les bouleversemens qui l'entourent, l'accroissement gigantesque d'une puissance essentiellement militaire et conquérante, qui l'a blessée successivement dans ses plus grands intérêts, et la menace dans tous, la laissent aujourd'hui sans garantie. Cet état de choses ne peut durer. Le roi ne voit presque plus autour de lui que des troupes françaises ou des vassaux de la France prêts à marcher avec elle. Toutes les déclarations de S. M. I. annoncent que cette attitude ne changera point. Loin de là, de nouvelles troupes s'ébranlent de l'intérieur de la France. Déjà les journaux de sa capitale se permettent contre la Prusse un langage dont un souverain tel que le roi peut mépriser l'infamie, mais qui n'en prouve pas moins ou les intentions ou l'erreur du gouvernement qui le souffre. Le danger croît chaque jour. Il faut s'entendre d'abord, ou l'on ne s'entendrait plus.

Deux puissances qui s'estiment, et qui ne se craignent qu'autant qu'elles le peuvent, sans cesser de s'estimer elles-mêmes, n'ont pas besoin de détour pour s'expliquer. La France n'en sera pas moins forte pour être juste , et la Prusse n'a d'autre ambition que son indépendance et la sûreté de ses alliés. Dans la position actuelle des choses , elles risqueraient tout l'une et l'autre en prolongeant leur incertitude. Le soussigné a reçu l'ordre , en conséquence, de déclarer que le roi attend de l'équité de S. M. I. ,

1°. Que les troupes françaises, qu'aucun titre fondé n'appelle en Allemagne, repassent incessamment le Rhin, toutes, sans exception, en commençant leur marche du jour même où le roi se promet la réponse de l'EMPEREUR, et en la poursuivant sans s'arrêter; car leur retraite instante, complète, est , au point où en sont les choses, le seul gage de sûreté que le roi puisse admettre.

2°. Qu'il ne sera plus mis , de la part de la France , aucun obstacle quelconque à la formation de la ligue du nord, qui embrassera , sans aucune exception , tous les états non nommés dans l'état fondamental de la confédération du Rhin.

3°. Qu'il s'ouvrira sans délai une négociation pour fixer enfin d'une manière durable tous les intérêts qui sont encore en litige, et que pour la Prusse, les bases préliminaires en seront la séparation de Wesel de l'empire français, et la réoccupation des trois abbayes par les troupes prussiennes.

Du moment où S. M. aura la certitude que cette base est acceptée, elle reprendra l'attitude qu'elle n'a quittée qu'à regret, et redeviendra pour la France ce voisin loyal et paisible, qui tant d'années a vu sans jalousie la gloire d'un peuple brave, et désiré sa prospérité. Mais les dernières nouvelles de la marche des troupes françaises, imposent au roi l'obligation de connaître incessamment ses devoirs. Le soussigné est chargé d'insister avec instance sur une réponse prompte qui, dans tous les cas, arrive au quartier-général du roi le huitième octobre, S. M. conservant toujours l'espoir qu'elle y sera assez tôt pour que la marche inattendue et rapide des événemens, et la présence des troupes n'aient pas mis l'une ou l'autre partie dans l'obligation de pourvoir à sa sûreté.

Le soussigné a l'ordre sur-tout de déclarer de la manière la plus solennelle, que la paix est le vœu sincère du roi; qu'il ne demande que ce qui peut la rendre durable. Les motifs de ses alarmes , les titres qu'il avait à attendre de la France un autre rapport , sont développés dans la lettre du roi à S. M. I., et sont faits pour obtenir de ce monarque le dernier gage durable d'un nouvel ordre de choses.

Le soussigné saisit cette occasion pour renouveler à Son

( 15 )

Excellence M. le prince de Bénévent, l'assurance de sa haute considération.

(Signé) KNOBELSDORFF.

Paris, le 1er. octobre 1806.

Lecture faite , le sénat a renvoyé à une commission spéciale pour faire son rapport séance tenante.

Le rapport de la commission a été fait par le sénateur *Lacépède.*

Conformément à l'avis de la commission , le sénat a délibéré une adresse à S. M. l'EMPEREUR et ROI , laquelle lui sera portée à son quartier-général impéral par une députation.

Les membres nommés à cet effet sont les sénateurs d'*Aremberg* , *François* ( de Neufchâteau) et *Colchen.*

*Proclamation de l'EMPEREUR et ROI à l'armée.*

SOLDATS,

» L'ordre pour votre rentrée en France était parti; vous
» vous en étiez déjà rapprochés de plusieurs marches. Des
» fêtes triomphales vous attendaient , et les préparatifs pour
» vous recevoir étaient commencés dans la capitale.

» Mais, lorsque nous nous abandonnions à cette trop con-
» fiante sécurité, de nouvelles trames s'ourdissaient sous le
» masque de l'amitié et de l'alliance. Des cris de guerre se
» sont fait entendre à Berlin; depuis deux mois nous sommes
» provoqués tous les jours davantage.

» La même faction , le même esprit de vertige qui , à la
» faveur de nos dissentions intestines, conduisit, il y a 14
» ans, les prussiens au milieu des plaines de la Champagne,
» domine dans leurs conseils. Si ce n'est plus *Paris* qu'ils
» veulent brûler et renverser jusques dans ses fondemens ,
» c'est, aujourd'hui, leurs drapeaux qu'ils se vantent de plan-
» ter dans les capitales de nos alliés; c'est la Saxe qu'ils
» veulent obliger à renoncer, par une transaction honteuse ,
» à son indépendance, en la rangeant au nombre de leurs
» provinces; c'est, enfin, vos lauriers qu'ils veulent arracher
» de votre front. Ils veulent que nous évacuions l'Allemagne
» à l'aspect de leur armée ! Les insensés ! ! ! ! Qu'ils sachent
» donc qu'il serait mille fois plus facile de détruire la grande
» capitale, que de flétrir l'honneur des enfans du Grand-
» Peuple et de ses alliés. Leurs projets furent confondus alors ;
» ils trouvèrent dans les plaines de Champagne la défaite ,
» la mort et la honte : mais les leçons de l'expérience s'effa-
» cent, et il est des hommes chez lesquels le sentiment de
» la haine et de la jalousie ne meurt jamais.

» Soldats, il n'est aucun de vous qui veuille retourner en
» France par un autre chemin que par celui de l'honneur.
» Nous ne devons y rentrer que sous des arcs de triomphe.

» Eh quoi ! aurions-nous donc bravé les saisons, les mers,
» les déserts, vaincu l'Europe plusieurs fois coalisée contre
» nous, porté notre gloire de l'orient à l'occident pour re-
» tourner aujourd'hui dans notre patrie comme des transfuges,
» après avoir abandonné nos alliés, et pour entendre dire
» que l'aigle française a fui épouvantée à l'aspect des armées
» prussiennes ! . . . . Mais déjà ils sont arrivés sur nos avant-
» postes. . . .

» Marchons donc, puisque la modération n'a pu les faire
» sortir de cette étonnante ivresse. Que l'armée prussienne
» éprouve le même sort qu'elle éprouva il y a quatorze ans !
» Qu'ils apprennent que s'il est facile d'acquérir un accrois-
» sement de domaines et de puissance avec l'amitié du Grand-
» Peuple, son inimitié (qu'on ne peut provoquer que par
» l'abandon de tont esprit de sagesse et de raison) est plus
» terrible que les tempêtes de l'Océan.

» Donné à notre quartier impérial à Bamberg, le 6 octobre
» 1806. «                              (Signé) NAPOLÉON.

Pour ampliation,
Le major-général, prince de Neufchâtel et Valengin,
(Signé) maréchal BERTHIER.

### *Premier bulletin de la grande armée.*

Bamberg, le 8 octobre 1806.

La paix avec la Russie conclue et signée le 20 juillet,
des négociations avec l'Angleterre, entamées et presque
conduites à leur maturité, avaient porté l'alarme à
Berlin. Les bruits vagues qui se multiplièrent, et la
conscience des torts de ce cabinet envers toutes les
puissances qu'il avait successivement trahies, le portèrent à ajouter croyance aux bruits répandus qu'un
des articles secrets du traité conclu avec la Russie,
donnait la Pologne au prince *Constantin*, avec le titre
de roi ; la Silésie à l'Autriche, en échange de la portion autrichienne de la Pologne ; et le Hanovre à l'Angleterre. Il se persuada enfin que ces trois puissances
étaient d'accord avec la France, et que de cet accord
résultait un danger imminent pour la Prusse.

Les torts de la Prusse envers la France remontaient
à des époques fort éloignées. La première, elle avait
armé

armé pour profiter de nos dissentions intestines. On
la vit ensuite courir aux armes au moment de l'invasion du duc d'Yorck en Hollande, et lors des événemens de la dernière guerre, quoiqu'elle n'eût aucun
motif de mécontentement contre la France, elle arma
de nouveau, et signa, le 1er. octobre 1805, ce fameux
traité de Potzdam, qui fut, un mois après, remplacé
par le traité de Vienne.

Elle avait des torts envers la Russie, qui ne peut
oublier l'inexécution du traité de Potzdam et la conclusion subséquente du traité de Vienne.

Ses torts envers l'empereur d'Allemagne et le corps
germanique, plus nombreux et plus anciens, ont été
connus de tous les tems. Elle se tint toujours en opposition avec la diète. Quand le corps germanique était
en guerre, elle était en paix avec ses ennemis. Jamais
ses traités avec l'Autriche ne recevaient d'exécution,
et sa constante étude était d'exciter les puissances au
combat, afin de pouvoir, au moment de la paix, venir
recueillir les fruits de son adresse et de leur succès.

Ceux qui supposeraient que tant de versatilité tient
à un défaut de moralité de la part du prince, seraient
dans une grande erreur. Depuis quinze ans, la cour
de Berlin est une arêne où les partis se combattent
et triomphent tour-à-tour; l'un veut la guerre, et l'autre
veut la paix. Le moindre événement politique, le plus
léger incident donne l'avantage à l'un ou à l'autre,
et le roi, au milieu de ce mouvement des passions
opposées, au sein de ce dédale d'intrigues, flotte incertain sans cesser un moment d'être honnête homme.

Le 11 août, un courier de M. le marquis de *Lucchesini* arriva à Berlin, et y porta, dans les termes les
plus positifs, l'assurance de ces prétendues dispositions
par lesquelles la France et la Russie seraient conve-
nues par le traité du 20 juillet, de rétablir le royaume
de Pologne, et d'enlever la Silésie à la Prusse. Les
partisans de la guerre s'enflammèrent aussitôt; ils firent
violence aux sentimens personnels du roi; 40 couriers
partirent dans une seule nuit, et l'on courut aux armes.

La nouvelle de cette explosion soudaine parvint à
Paris, le 20 du même mois. On plaignit un allié si
cruellement abusé; on lui donna sur-le-champ des ex-

plications, des assurances précises, et comme une erreur manifeste était le seul motif de ces armemens imprévus, on espéra que la réflexion calmerait une effervescence aussi peu motivée.

Cependant le traité signé à Paris, ne fut pas ratifié à Saint-Pétersbourg, et des renseignemens de toute espèce ne tardèrent pas à faire connaître à la Prusse, que M. de *Lucchesini* avait puisé ses renseignemens dans les réunions les plus suspectes de la capitale, et parmi les hommes d'intrigue qui composaient sa société habituelle. En conséquence, il fut rappelé ; on annonça pour lui succéder M. le baron de *Knobelsdorff*, homme d'un caractère plein de droiture et de franchise, et d'une moralité parfaite.

Cet envoyé extraordinaire arriva bientôt à Paris, porteur d'une lettre du roi de Prusse, datée du 23 août.

Cette lettre était remplie d'expressions obligeantes et de déclarations pacifiques, et l'Empereur y répondit d'une manière franche et rassurante.

Le lendemain du jour où partit le courier porteur de cette réponse, on apprit que des chansons outrageantes pour la France avaient été chantées sur le théâtre de Berlin ; qu'aussitôt après le départ de M. de *Knobelsdorff*, les armemens avaient redoublé, et que quoique les hommes demeurés de sang-froid eussent rougi de ces fausses alarmes, le parti de la guerre soufflant la discorde de tous côtés, avait si bien exalté toutes les têtes que le roi se trouvait dans l'impuissance de résister au torrent.

On commença dès-lors à comprendre à Paris que le parti de la paix ayant lui-même été alarmé par des assurances mensongères et des apparences trompeuses, avait perdu tous ses avantages, tandis que le parti de la guerre mettant à profit l'erreur dans laquelle ses adversaires s'étaient laissés entraîner, avait ajouté provocation à provocation, et accumulé insulte sur insulte, et que les choses étaient arrivées à un tel point qu'on ne pourrait sortir de cette situation que par la guerre.

L'Empereur vit alors que telle était la force des circonstances, qu'il ne pouvait éviter de prendre les armes contre son allié. Il ordonna des préparatifs.

Tout marchait, à Berlin, avec une grande rapidité ;

les troupes prussiennes entrèrent en Saxe, arrivèrent sur les frontières de la confédération, et insultèrent les avant-postes.

Le 24 septembre, la garde impériale partit de Paris pour Bamberg, où elle est arrivée le 6 octobre. Les ordres furent expédiés pour l'armée, et tout se mit en mouvement.

Ce fut le 25 septembre que l'EMPEREUR quitta Paris; le 28 il était à Mayence, le 2 octobre à Wurtzbourg, et le 6 à Bamberg.

Le même jour, deux coups de carabine furent tirés par les hussards prussiens sur un officier de l'état-major français. Les deux armées pouvaient se considérer comme en présence.

Le 7, S. M. l'EMPEREUR reçut un courier de Mayence, dépêché par le prince de Bénévent, qui était porteur de deux dépêches importantes: l'une était une lettre du roi de Prusse, d'une vingtaine de pages, qui n'était réellement qu'un mauvais pamphlet contre la France, dans le genre de ceux que le cabinet anglais fait faire par ses écrivains à 500 liv. st. par an. L'EMPEREUR n'en acheva point la lecture, et dit aux personnes qui l'entouraient: « Je plains mon frère le roi de Prusse; il « n'entend pas le français, il n'a pas sûrement lu cette « rapsodie. » A cette lettre était jointe la célèbre note de M. de *Knobelsdorff*. « Maréchal, dit l'EMPEREUR au « maréchal *Berthier*, on nous donne un rendez-vous « d'honneur pour le 8; jamais un français n'y a man- « qué; mais comme on dit qu'il y a une belle reine, « qui veut être témoin des combats, soyons courtois, « et marchons, sans nous coucher, pour la Saxe. » L'EMPEREUR avait raison de parler ainsi; car la reine de Prusse est à l'armée, habillée en amazone, portant l'uniforme de son régiment de dragons; écrivant vingt lettres par jour pour exciter de toute part l'incendie. Il semble voir Armide dans son égarement, mettant le feu à son propre palais; après elle le prince *Louis de Prusse*, jeune prince plein de bravoure et de courage, excité par le parti, croit trouver une grande renommée dans les vicissitudes de la guerre. A l'exemple de ces deux grands personnages, toute la cour crie à la guerre; mais quand la guerre se sera présentée avec toutes ses horreurs, tout le monde s'excusera d'avoir été coupable, et d'avoir attiré la foudre sur les provinces paisibles du Nord; alors par une suite naturelle des inconséquences des gens de cour, on verra les auteurs de la guerre, non-seulement la trouver insensée, s'excuser de l'avoir provoquée, et dire qu'ils la voulaient, mais dans un autre tems; mais même en faire retomber le blâme sur le roi, honnête homme, qu'ils ont rendu la dupe de leurs intrigues et de leurs artifices.

Voici la disposition de l'armée française :

L'armée doit se mettre en marche par trois débouchés.

La droite, composée des corps des maréchaux *Soult* et *Ney* et d'une division des bavarois, part d'Amberg et de Nuremberg, se réunit à Bayreuth et doit se porter sur Hoff, où elle arrivera le 9.

Le centre, composé de la réserve du *grand duc de Berg*, du corps du maréchal *prince de Ponte-Corvo* et du maréchal *Davoust*, et de la garde impériale, débouche par Bamberg sur Cronach, arrivera le 8 à Saalbourg, et delà se portera par Saalbourg et Schleitz sur Géra.

La gauche, composée des corps des maréchaux *Lannes* et *Augereau*, doit se porter de Schweinfurth sur Cobourg, Graffental et Saalfeld.

## 2ᵉ. *Bulletin de la grande armée.*

Auma, le 12 octobre 1806.

L'EMPEREUR est parti de Bamberg le 8 octobre, à 3 heures du matin, et est arrivé à 9 heures à Cronach. S. M. a traversé la forêt de la Franconie à la pointe du jour du 9, pour se rendre à Ebersdorff, et de là elle s'est portée sur Schleitz, où elle a assisté au premier combat de la campagne. Elle est revenue coucher à Ebersdorff, et en est repartie le 10 pour Schleitz, et est arrivée le 11 à Auma, où elle a couché après avoir passé la journée à Géra. Le quartier-général part dans l'instant même pour Géra. Tous les ordres de l'EMPEREUR ont été parfaitement exécutés.

Le maréchal *Soult*, se portait le 7 à Bayreuth, se présentait le 9 à Hoff, a enlevé tous les magasins de l'ennemi, lui a fait plusieurs prisonniers, et s'est porté sur Planen le 10.

Le maréchal *Ney* a suivi son mouvement à une demi-journée de distance.

Le 8, le *grand duc de Berg* a débouché avec la cavalerie légère, de Cronach, et s'est porté devant Saalbourg, ayant avec lui le 25e. régiment d'infanterie légère. Un régiment prussien voulût défendre le passage de la Saale; après une canonnade d'une demi-heure, menacé d'être tourné, il a abandonné sa position et la Saale.

Le 9, *le grand duc de Berg* se porta sur Schleitz; un général prussien y était avec dix mille hommes. L'EMPEREUR y arriva à midi, et chargea le maréchal *Prince de Ponte-Corvo*, d'attaquer et d'enlever le village, voulant l'avoir avant la fin du jour. Le maréchal fit ses dispositions, se mit à la tête de ses colonnes, et le village fut enlevé et l'ennemi poursuivi. Sans la nuit, la plus grande partie de cette division eût été prise. Le général *Watier*, avec le 4e. régiment de hussards et le 5e. de chasseurs, fit une belle charge de cavalerie contre trois régimens prussiens; quatre compagnies du 27e. d'infanterie légère se trouvant en plaine, furent chargées par les hussards prussiens; mais ceux-ci virent comme l'infanterie française reçoit la cavalerie prussienne. Deux cents cavaliers restèrent sur le champ de bataille. Le général *Maisons* commandait l'infanterie légère. Un colonel ennemi fut tué, deux pièces de canon prises, 300 hommes furent faits prisonniers, et 400 tués. Notre perte a été de peu d'hommes; l'infanterie prussienne a jeté ses armes, et a fui, épouvantée, devant les baïonnettes françaises. Le *grand duc de Berg* était au milieu des charges le sabre à la main.

Le 10, le *Prince de Ponte-Corvo*, a porté son quartier-général à Auma; le 11, le *grand duc de Berg* est arrivé à Géra. Le général de brigade *Lasalle*, de la cavalerie de réserve, a culbuté l'escorte des bagages ennemis: 500 caissons et voitures de bagages ont été pris par les hussards français. Notre cavalerie légère est couverte d'or. Les équipages de pont et plusieurs objets importans font partie du convoi.

La gauche a eu des succès égaux. Le maréchal *Lannes* est entré à Cobourg le 8, se portait le 9 sur Graffenthal.

Il a attaqué, le 10, à Saalfeld, l'avant-garde du prince *Hohenlohe*, qui était commandée par le prince *Louis de Prusse*, un des champions de la guerre. La canonnade n'a duré que 2 heures; la moitié de la division du général *Suchet* a seule donné. La cavalerie prussienne a été culbutée par les 9ᵉ. et 10ᵉ. régimens d'hussards. L'infanterie prussienne n'a pu conserver aucun ordre de retraite; partie a été culbutée dans un marais, partie dispersée dans les bois. On a fait 1000 prisonniers, 600 hommes sont restés sur le champ de bataille: 30 pièces de canon sont tombées au pouvoir de l'armée.

Voyant ainsi la déroute de ses gens, le prince *Louis de Prusse*, en brave et loyal soldat, se prit corps à corps avec un maréchal-des-logis du 10ᵉ. régiment de hussards. *Rendez-vous, colonel*, lui dit le hussard, *ou vous êtes mort*. Le prince lui répondit par un coup de sabre; le maréchal-des-logis riposta par un coup de pointe, et le prince tomba mort. Si les derniers instans de sa vie ont été ceux d'un mauvais citoyen, sa mort est glorieuse et digne de regrets. Il est mort comme doit désirer de mourir tout bon soldat. Deux de ses aides-de-camp ont été tués à ses côtés. On a trouvé sur lui des lettres de Berlin, qui font voir que le projet de l'ennemi était d'attaquer incontinent, et que le parti de la guerre, à la tête duquel était le jeune prince et la reine, craignait toujours que les conditions pacifiques du roi, et l'amour qu'il porte à ses sujets, ne lui fissent adopter des tempéramens, et ne déjouassent leurs cruelles espérances. On peut dire que les premiers coups de la guerre ont tué un de ses auteurs.

Dresde ni Berlin ne sont couverts par aucun corps d'armée. Tournée par sa gauche, prise en flagrant délit, au moment où elle se livrait aux combinaisons les plus hazardées, l'armée prussienne se trouve, dès le début, dans une position assez critique. Elle occupe Eisenach, Gotha, Erfurt, Weimar. Le 12, l'armée française occupe Saalfeld et Géra, marche sur Naumbourg et Jena. Des coureurs de l'armée française inondent la plaine de Leipsick.

Toutes les lettres interceptées peignent le conseil du roi déchiré par des opinions différentes, toujours délibérant et jamais d'accord. L'incertitude, l'alarme et l'épouvante paraissent déjà succéder à l'arrogance, à l'inconsidération et à la folie.

Hier 11, en passant devant le 27<sup>e</sup>. régiment d'infanterie légère, l'EMPEREUR a chargé le colonel de témoigner sa satisfaction à ce régiment sur sa bonne conduite.

Dans tous ces combats, nous n'avons à regretter aucun officier de marque : le plus élevé en grade est le capitaine *Campobasso*, du 27<sup>e</sup>. régiment d'infanterie légère, brave et loyal officier. Nous n'avons pas eu 40 tués et 60 blessés.

### 3<sup>e</sup>. *Bulletin de la grande armée.*

Gera , le 13 octobre 1806.

Le combat de Schleitz qui a ouvert la campagne , et qui a été très-funeste à l'armée prussienne, celui de Saalfeld qui l'a suivi le lendemain, ont porté la consternation chez l'ennemi. Toutes les lettres interceptées disent que la consternation est à Erfurt , où se trouvent encore le roi, la reine, le duc de Brunswick , etc. , qu'on discute sur le parti à prendre , sans pouvoir s'accorder. Mais pendant qu'on délibère, l'armée marche. A cet esprit d'effervescence, à cette excessive jactance, commencent à succéder des observations critiques sur l'inutilité de cette guerre, sur l'injustice de s'en prendre à la France, sur l'impossibilité d'être secouru , sur la mauvaise volonté des soldats, sur ce qu'on n'a pas fait ceci , et mille et une autres observations qui sont toujours dans la bouche de la multitude , lorsque les princes sont assez faibles pour la consulter sur les grands intérêts politiques au-dessus de sa portée.

Cependant, le 12 au soir , les coureurs de l'armée française étaient aux portes de Leipsick ; le quartier-général du grand-duc de Berg, entre Zeist et Leipsick ; celui du prince de Ponte-Corvo à Zeist; le quartier-impérial à Gera : la garde impériale et le corps d'armée du maréchal *Soult* à Gera ; le corps d'armée du maréchal *Ney* à Neustadt ; en première ligne , le corps d'armée du maréchal *Davoust* à Naumbourg ; celui du maréchal *Lannes* à Jena ; celui du maréchal *Augereau* à Kala. Le prince *Jérôme* , auquel l'EMPEREUR a confié le commandement des alliés et d'un corps de troupes bavaroises , est arrivé à Schleitz , après avoir fait bloquer le fort de Culembach par un régiment.

L'ennemi, coupé de Dresde , était encore le 11 à Erfurt ,

et travaillait à réunir ses colonnes qu'il avait envoyées sur Cassel et Wurtzbourg, dans des projets offensifs, voulant ouvrir la campagne par une invasion en Allemagne. Le Weser, où il avait construit des batteries, la Saale, qu'il prétendait également défendre, et les autres rivières, sont tournées à-peu-près comme le fut l'Iller l'année passée; de sorte que l'armée française borde la Saale, ayant le dos à l'Elbe et marchant sur l'armée prussienne qui, de son côté, a le dos sur le Rhin : position assez bizarre d'où doivent naître des événemens d'une grande importance.

Le tems depuis notre entrée en campagne, est superbe, le pays abondant, le soldat plein de vigueur et de santé. On fait des marches de dix lieues et pas un traîneur; jamais l'armée n'a été si belle.

Toutefois les intentions du roi de Prusse se trouvent exécutées : il voulait que le 8 octobre l'armés française eût évacué le territoire de la confédération, et elle l'avoit évacué, mais au lieu de repasser le Rhin, elle a passé la Saale.

## 4ᵉ. *Bulletin de la grande armée.*

Gera, le 13 octobre, à 10 heures du matin.

Les événemens se succèdent avec rapidité. L'armée prussienne est prise en flagrant délit, ses magasins enlevés, elle est tournée.

Le maréchal *Davoust* est arrivé à Naumbourg le 12, à 9 heures du soir, y a saisi les magasins de l'armée ennemie, fait des prisonniers et pris un superbe équipage de 80 pontons de cuivre attelés.

Il paraît que l'armée prussienne se met en marche pour gagner Magdebourg, mais l'armée française a gagné trois marches sur elle. L'anniversaire des affaires d'Ulm sera célèbre dans l'histoire de la France.

La lettre ci-jointe qui vient d'être interceptée, fera connaître la vraie situation des esprits; mais cette bataille dont parle l'officier prussien, aura lieu dans peu de jours. Les résultats décideront du sort de la guerre.

Les français doivent être sans inquiétude.

*Lettre d'un officier prussien à un de ses amis à Berlin.*

Naumbourg, le 12 octobre.

Le commencement des hostilités contre les français s'est passé d'une manière très-triste pour les troupes allemandes; ils ont forcé un poste de l'aîle gauche du corps d'armée de *Hohenlohe*, et un combat meurtrier a eu lieu au corps de

Tauenzein, et le prince *Louis-Ferdinand de Prusse* qui est resté mort sur la place. Non-seulement les régimens Zastram et un bataillon de Bellet, les hussards verts et bruns, etc., mais encore les regimens saxons Princes Jean, Xavier et Rechten ont terriblement souffert depuis hier après-midi, et toute cette nuit nous n'avons vu que des fuyards qui couraient après leurs régimens; on croit que les français se portent en force sur notre gauche, pour couper la communication de Leipsick. Leur force doit être de 400,000 hommes commandés par l'Empereur qui, dans ce moment, doit être à Gera, 4 milles d'ici. Nous appercevons déjà ici quelques patrouilles. Nous avons ici des magasins immenses, sans trouver moyen de les sauver; on est ici dans des inquiétudes affreuses. Dieu veuille que le roi, qui ne peut pas manquer d'être attaqué sous peu, ne se laisse pas battre, car ce malheur serait irréparable.

D'après les dernières lettres, le corps d'avant-garde de Blichert s'est porté sur la Hesse. L'état-major du corps de Rüchel s'y est rendu aussi, de manière que, excepté à Hameln, il n'y a plus un seul soldat dans les états hanovriens. Actuellement il ne nous reste d'autre ressource que la bataille décisive qu'il faut livrer à Napoléon. Dans cette triste situation, mon sort ne tient à rien, pourvu que l'issue de la crise actuelle soit heureuse; je te répète encore, mon ami, que notre situation est des plus tristes et des moins rassurantes, etc.

### Cinquième Bulletin de la Grande Armée.

Jena, le 15 obtobre 1806.

La bataille de Jena a lavé l'affront de Rosbach et décidé, en 7 jours, une campagne qui a entièrement calmé cette frénésie guerrière qui s'étoit emparée des têtes prussiennes.

Voici la position de l'armée au 13: *Le grand-duc de Berg* et le maréchal *Davoust,* avec leurs corps, étaient à Naumbourg, ayant des partis sur Leipsick et Hall. Le corps du maréchal prince de *Ponte-Corvo* était en marche pour se rendre à Dornnbourg. Le corps du maréchal *Lannes* arrivoit à Jena. Le corps du maréchal *Augereau* était en position à Kahla. Le corps du marechal *Ney* était à Roda; le quartier-généal à Gera; l'empereur en marche pour se rendre à Jena. Le corps du maréchal *Soult,* de Gera, était en marche pour prendre une position plus rapprochée, à l'embranchement des routes de Naumbourg et de Jena.

Voici la position de l'ennemi; Le roi de Prusse voulant commencer les hostilités au 9 octobre, en débouchant sur Francfort par sa droite, sur Wurtzbourg par son centre, et sur Bamberg par sa gauche, toutes les divisions de son armée étaient disposées pour exécuter ce plan; mais l'armée française tournant sur l'extrémité de sa gauche, se trouva en peu de jours à Saalbourg, à Lobenstein, à Schleitz, à Gera, à Naumbourg. L'armée prussienne, tournée, employa les journée des 9, 10, 11 et 12 à rappeller tous ses détachemens, et le 13 elle se présenta en bataille entre Capelsdorf et Auerstædt, forte de près de cent cinquante mille hommes.

Le 13, à deux heures après-midi, l'empereur arriva à Jena, et sur un petit plateau qu'occupait notre avant-garde, il apperçut les dispositions de l'ennemi, qui paraissait manœuvrer pour attaquer le lendemain, et forcer les différens débouchés de la Saale. L'ennemi défendait en force, et par une position inexpugnable, la chaussée de Jena à Weimar, et paraissait penser que les français ne pourraient déboucher dans la plaine, sans avoir forcé ce passage. Il ne paraissait pas possible en effet de faire monter de l'artillerie sur le plateau qui, d'ailleurs, était si petit que quatre bataillons pouvaient à peine s'y déployer. On fit travailler toute la nuit à un chemin dans le roc, et l'on parvint à conduire l'artillerie sur la hauteur.

Le maréchal *Davoust* reçut l'ordre de déboucher par Naumbourg pour défendre les défilés de Koesen, si l'ennemi voulait marcher sur Naumbourg, ou pour se rendre à Apolda pour le prendre à dos, s'il restait dans la position où il était.

Le corps du maréchal prince de *Ponte-Corvo* fut destiné à déboucher par Dornnbourg, pour tomber sur les derrières de l'ennemi, soit qu'il se portât en force sur Naumbourg, soit qu'il se portât sur Jena.

La grosse cavalerie, qui n'avait pas encore rejoint l'armée, ne pouvait la rejoindre qu'à midi; la cavalerie de la garde impériale était à 36 lieues de distance, quelque fortes marches qu'elle eût faites depuis son départ de Paris. Mais il est des momens à la guerre où aucune considération ne doit balancer l'avantage de prévenir l'ennemi et de l'attaquer le premier. L'empereur fit ranger sur le plateau qu'occupait l'avant-garde, que l'ennemi paraissait avoir négligé, et vis-à-vis duquel il était en position, tout le corps du maréchal *Lannes;* ce corps d'armée fut rangé par les soins du général *Victor,* chaque division formant une aile. Le maréchal *Lefebvre* fit ranger au sommet la garde impériale en bataillon quarré. L'empereur bivouaqua au milieu de ses braves. La nuit offrait un spectacle digne d'observation, celui de deux armées dont l'une déployait son front sur 6 lieues d'étendue et embrasait de ses feux l'atmosphère, l'autre dont les feux apparens était concentrés sur un petit point; et dans l'une et l'autre armée, de l'activité et du mouvement; les feux des deux armées étaient à une demi-portée de canon; les sentinelles se touchaient presque, et il ne se faisait pas un mouvement qui ne fût entendu.

Les corps des maréchaux *Ney* et *Soult* passaient la nuit en marche. A la pointe du jour, toute l'armée prit les armes. La division Gazan était rangée sur trois lignes, sur la gauche du plateau. La division Suchet formait la droite; la garde impériale occupait le sommet du monticule, chacun de ces corps ayant ses canons dans les intervalles. De la ville et des vallées voisines, on avait pratiqué des débouchés qui permettaient le déployement le plus facile aux troupes qui n'avaient pu être placées sur le plateau ; car c'était peut-être la première fois qu'une armée devait passer par un si petit débouché.

Un brouillard épais obscurcissait le jour. L'empereur passa devant plusieurs lignes. Il recommanda aux soldats de se tenir en garde contre cette cavalerie prussienne qu'on peignait comme si redoutable. Il les fit souvenir qu'il y avait un an qu'à la même époque ils avaient pris Ulm, que l'armée prussienne, comme l'armée autrichienne, était aujourd'hui cernée, ayant perdu sa ligne d'opérations, ses magasins; que cherchant à faire une trouée sur différens points, les corps d'armée qui la laisseraient passer, seraient perdus d'honneur et de réputation. A ce discours animé, le soldat répondit par des cris de *marchons*. Les tirailleurs engagèrent l'action ; la fusillade devint vive. Quelque bonne que fut la position que l'ennemi occupait, il en fut débusqué, et l'armée française, débouchant dans la plaine, commença à prendre son ordre de bataille.

De son côté, le gros de l'armée ennemie, qui n'avait eu le projet d'attaquer que lorsque le brouillard serait dissipé, prit les armes. Un corps de 50,000 hommes de la gauche se posta pour couvrir les défilés de Naumbourg et s'emparer des débouchés de Koesen ; mais il avait déjà été prévenu par le maréchal *Davoust*. Les deux autres corps, formant une force de 80,000 hommes se portèrent en avant de l'armée française qui débouchait du plateau de Jena. Le brouillard couvrit les deux armées pendant deux heures, mais enfin il fut dissipé par un beau soleil d'automne. Les deux armées s'apperçurent à petite portée de canon. La gauche de l'armée française, appuyée sur un village et des bois, était commandée par le maréchal *Augereau*. La garde impériale la séparait du centre, qu'occupait le corps du maréchal *Lannes*. La droite était formée par le corps du maréchal *Soult* ; le maréchal *Ney* n'avait qu'un simple corps de 3000 hommes, seules troupes qui fussent arrivées de son corps d'armée.

L'armée ennemie était nombreuse et montrait une belle cavalerie. Ses manœuvres étaient exécutées avec précision et rapidité. L'empereur eût désiré retarder de deux heures d'en venir aux mains, afin d'attendre dans la position qu'il venait de prendre après l'attaque du matin, les troupes qui devaient le joindre et sur-tout sa cavalerie ; mais l'ardeur française l'emporta. Plusieurs bataillons s'étant engagés au village de Holl-stedt, il vit l'ennemi s'ébranler pour les en déposter. Le maréchal *Lannes* reçut ordre sur-le-champ de marcher en échelons pour soutenir ce village. Le maréchal *Soult* avait attaqué un bois sur la droite ; l'ennemi ayant fait un mouvement de sa droite sur notre gauche, le maréchal *Augereau* fut chargé de le repousser ; en moins d'une heure, l'action devint générale ; 250 ou 300,000 hommes avec 7 ou 800 pièces de canon, se-

maient par-tout la mort et offraient un de ces spectacles rares dans l'histoire. De part et d'autre, on ma-
nœuvra constamment comme à une parade. Parmi nos
troupes, il n'y eut jamais le moindre désordre, la
victoire ne fut pas un moment incertaine. L'empereur
eut toujours auprès de lui, indépendamment de la
garde impériale, un bon nombre de troupes de réserve pour pouvoir parer à tout accident imprévu.

Le maréchal *Soult* ayant enlevé le bois qu'il attaquait depuis deux heures, fit un mouvement en avant.
Dans cet instant, on prévint l'empereur que la division de cavalerie française de réserve commençait à
se placer, et que deux nouvelles divisions du corps
du maréchal *Ney* se plaçaient en arrière sur le champ-
de-bataille. On fit alors avancer toutes les troupes qui
étaient en réserve sur la première ligne, et qui se trouvant ainsi appuyées, culbutèrent l'ennemi dans un clin-
d'œil, et le mirent en pleine retraite. Il la fit en ordre
pendant la première heure ; mais elle devint un affreux
désordre du moment que nos divisions de dragons et
nos cuirassiers, ayant *le grand-duc de Berg* à leur
tête, purent prendre part à l'affaire. Ces braves cavaliers frémissant de voir la victoire décidée sans eux,
se précipitèrent par-tout où ils rencontrèrent des ennemis. La cavalerie, l'infanterie prussienne ne purent
soutenir leur choc. En vain l'infanterie ennemie se
forma en bataillons quarrés, cinq de ces bataillons
furent enfoncés ; artillerie, cavalerie, infanterie, tout
fut culbuté et pris. Les français arrivèrent à Weimar
en même tems que l'ennemi qui fut ainsi poursuivi
pendant l'espace de six lieues.

A notre droite, le corps du maréchal *Davoust* faisait des prodiges. Non-seulement il contint, mais mena
battant pendant plus de trois lieues, le gros des troupes
ennemies qui devait déboucher du côté de Koesen.
Ce maréchal a déployé une bravoure distinguée et de
la fermeté de caractère, première qualité d'un homme
de guerre. Il a été secondé par les généraux *Gudin,
Friant, Morand, Daultanne*, chef de l'état-major,
et par la rare intrépidité de son brave corps d'armée.

Les résultats de la bataille sont 30 à 40 mille prisonniers ; il en arrive à chaque moment ; 25 à 30 dra-

peaux , 3oo pièces de canon, des magasins immenses de subsistances. Parmi les prisonniers se trouvent plus de vingt généraux, dont plusieurs lieutenans-généraux, entr'autres le lieutenant-général *Schmettau*. Le nombre des morts est immense dans l'armée prussienne. On compte qu'il y a plus de vingt mille tués ou blessés ; le feld - maréchal *Mollendorff* et le duc de *Brunswick* ont été blessés ; le général *Ruchel* a été tué ; le prince *Henri de Prusse* grièvement blessé. Au dire des déserteurs, des prisonniers et des parlementaires , le désordre et la consternation sont extrêmes dans les débris de l'armée ennemie.

De notre côté , nous n'avons à regretter parmi les généraux que la perte du général de brigade *Debilly*, excellent soldat ; parmi les blessés, le général de brigade *Conroux*. Parmi les colonels morts , les colonels *Vergès*, du 12ᵉ. régiment d'infanterie de ligne ; *Lamotte*, du 36ᵉ. ; *Barbe-nègre* du 9ᵉ. de hussards ; *Marigny*, du 20ᵉ. de chasseurs ; *Harispe*, du 16ᵉ. d'infanterie légère ; *Dulembourg*, du 1ᵉʳ. de dragons ; *Nicolas*, du 61ᵉ. de ligne ; *Viala* , du 81ᵉ. ; *Higonet* du 108ᵉ.

Les hussards et les chasseurs ont montré dans cette journée une audace digne des plus grands éloges. La cavalerie prussienne n'a jamais tenu devant eux , et toutes les charges qu'ils ont faites devant l'infanterie , ont été heureuses.

Nous ne parlons pas de l'infanterie française ; il est reconnu depuis long-tems que c'est la meilleure infanterie du monde. L'empereur a déclaré que la cavalerie française , après l'expérience de deux campagnes et de cette dernière bataille, n'avait pas d'égale.

L'armée prussienne a dans cette bataille perdu toute retraite et toute sa ligne d'opérations. Sa gauche, poursuivie par le maréchal *Davoust*, opéra sa retraite sur Weimar, dans le tems que sa droite et son centre se retiraient de Weimar sur Naumbourg. La confusion fut donc extrême. Le roi a dû se retirer à travers champs , à la tête de son régiment de cavalerie.

Notre perte est évaluée à mille ou onze cents tués et trois mille blessés. *Le grand-duc de Berg* investit en ce moment la place d'Erfut, où se trouve un corps d'ennemis que commandent le maréchal de *Mollendorff* et le prince *d'Orange*.

L'état-major s'occupe d'une relation officielle qui fera connaître dans tous ses détails cette bataille et les services rendus par les différens corps d'armée et régimens. Si cela peut ajouter quelque chose aux titres qu'a l'armée, à l'estime et à la considération de la nation, rien ne pourra ajouter au sentiment d'attendrissement qu'ont éprouvé ceux qui ont été temoins de l'enthousiasme et de l'amour qu'elle témoignait à l'empereur au plus fort du combat. S'il y avait un moment d'hésitation, le seul cri de *vive l'Empereur!* ranimait les courages et retrempait toutes les ames. Au fort de la mêlée, l'Empereur voyant ses ailes menacées par la cavalerie, se portait au galop pour ordonner des manœuvres et des changemens de front en carrés; il était interrompu à chaque instant par des cris de *vive l'Empereur!* La garde impériale à pied voyait avec un dépit, qu'elle ne pouvait dissimuler, tout le monde aux mains et elle dans l'inaction. Plusieurs voix firent entendre les mots *en avant!* « Qu'est-« ce, dit l'Empereur; ce ne peut être qu'un jeune « homme qui n'a pas de barbe qui peut vouloir pré-« juger ce que je dois faire; qu'il attende qu'il ait com-« mandé dans trente batailles rangées, avant de pré-« tendre me donner des avis. » C'était effectivement des vélites, dont le jeune courage était impatient de se signaler.

Dans une mêlée aussi chaude, pendant que l'ennemi perdait presque tous ses généraux, on doit remercier cette providence qui gardait notre armée. Aucun homme de marque n'a été tué, ni blessé. Le maréchal *Lannes* a eu un biscayen qui lui a rasé la poitrine sans le blesser. Le maréchal *Davoust* a eu son chapeau emporté et un grand nombre de balles dans ses habits. L'empereur a toujours été entouré par-tout où il a paru, du prince de *Neufchâtel,* du maréchal *Bessières,* du grand-maréchal du palais *Duroc,* du grand écuyer *Caulaincourt* et de ses aides-de-camp et écuyers de service. Une partie de l'armée n'a pas donné, ou est encore sans avoir tiré un coup de fusil.

## 6<sup>e</sup>. *Bulletin de la grande armée.*

*Weimar, 15 octobre au soir.*

Six mille Saxons et plus de 300 officiers ont été faits prisonniers. L'Empereur a fait réunir les officiers et leur a dit qu'il voyait avec peine que leur armée lui faisait la guerre; qu'il n'avait pris les armes que pour assurer l'indépendance de la nation Saxonne, et s'opposer à ce qu'elle fût incorporée à la monarchie prussienne; que son intention était de les renvoyer chez eux, s'ils donnaient leur parole de ne jamais servir contre la France; que leur souverain, dont il reconnaissait les qualités, avait été d'une extrême faiblesse, en cédant ainsi aux menaces des prussiens et en les laissant entrer sur son territoire; mais qu'il fallait que tout cela finît; que les prussiens restassent en Prusse et qu'il ne se mêlassent en rien des affaires de l'Allemagne; que les saxons devaient se trouver réunis dans la confédération du Rhin, sous la protection de la France, protection qui n'était pas nouvelle, puisque depuis deux cents ans, sans la France, ils eussent été envahis par l'Autriche, ou par la Prusse; que l'Empereur n'avait pris les armes que lorsque la Prusse avait envahi la Saxe; qu'il fallait mettre un terme à ces violences; que le continent avait besoin de repos, et que malgré les intrigues et les basses passions qui agitent plusieurs cours, il fallait que ce repos existât, dût-il en coûter la chûte de quelques trônes.

Effectivement, tous les prisonniers saxons ont été renvoyés chez eux avec la proclamation de l'Empereur aux saxons, et des assurances qu'on n'en voulait point à leur nation. ( Ci-joint la déclaration signé par les officiers saxons au nombre de 122 ).

Nous soussignés général, colonels, lieutenans-colonels, majors, capitaines et officiers saxons, jurons, sur notre parole d'honneur, de ne point porter les armes contre S. M. l'Empereur des Français, roi d'Italie et ses alliés, et nous prenons l'engagement et faisons le même serment au nom de tous les bas-officiers et soldats qui ont été faits prisonniers avec nous, même si nous en recevions l'ordre formel de notre souverain l'Electeur de Saxe.

Jena, le 15 octobre 1806.　　　　　　　(Signés)

(Signés) Le baron de *Niesemeuschel*, lieutenant-général de la Saxe; *Matthias-Bogislaus de Zychlinski*, lieutenant-colonel; *François-Adolphe de Gablentz*, idem; *George-Frédéric Vogel*, major; *Adolphe-Got-thill-Guill. de Boxberg*, idem; *Frédéric d'Evidy*, idem; *Wolfram Klos*, idem; *Ferdinand de Funck*, idem; *Von Urlanb Wenckner*, idem; *Balthasar de Zeschau*, idem; *Guillaume de Goescheu*, idem; *de Sichart*, capitaine; *de Beust*, idem; *de Einsiedel*, idem; *de Salza*, idem; *de Lobkowitz*, idem; *de Zschuschen*, idem; *de Raichel*, idem; *de Schlieben*, idem; *de Clux*, idem; *de Settenborn*, idem; *de Sterntein*, idem; *Frédéric de Sussmilch-hornig*, major et aide-de-camp; *Charles-Frédéric de Gersdorff*, capitaine: *Jean-Frédéric de Marwltz*, idem; *Charles de Bode*, idem; *Otton*, baron d'Odeleben, chef d'escadron; *Jean-Henri de Nehr-hoff*, capitaine; *Jean-Henri-Louis de Bosse*, idem; *Jean-Frédéric-Guillaume de Polentz*, idem; *Guillaume de Kleist*, idem; *Jean-Charles-Godefroi Pabst d'O-hain*, idem; *Charles-Alexandre von der Flanitz*, idem; *Auguste de Naso*, idem; *Auguste de Vollruffen*, idem; *Auguste d'Unwerth*, idem; *Frédéric-Auguste Geibler*, idem; *Adolphe de Metzrath*, 1er. lieutenant; *Charles-Henri von der Planitz*, idem; *Charles de Kyau*, idem; *Charles Frédéric Anger*, idem; *Frédéric Brochowsky*, idem; *Reinhold de Schier-brandt*, idem; *Frédéric-Auguste de Wit-tern*, idem; *Henri-Guillaume de Mosel*, idem; *Charles de Lindedau*, idem; *Fré-déric-Henri de Koppenfels*, second lieu-tenant: *Fréd.-J. Schilling*, 1.er lieutenant d'artillerie; *Frédéric de Wangelin*, ca-pitaine; *Gedeon Geibler*, second lieute-nant; *Frédéric de Zimmermann*, sous-lieutenant; *George de Schultz*, idem; *Frédéric de Gersterberg*, idem; *Frédéric Auguste de Seydewitz*, 1.er lieutenant; *Ferdinand-Guillaume Braunau*, idem; *Wolff de Trebra*, capitaine au régiment de Polenz; *Charles-Ferd. de Schlieben*, sous-lieutenant; *Louis de Piesport*, 1er. lieutenant; *Charles-Alexandre d'Eltemheim*, sous-lieutenant; *Jean-Henri de Durfeld*, enseigne; *Charles-Auguste Einwald*, sous-lieuten.; *Charles d'Einsiedel*, idem; *Auguste-Fréd. Hennigst*, idem; *Auguste Sahr*, idem; *Maximilien de Schreibershofen*, enseigne; *Charles de Brandenstein*, sous-lieuten.; *Charles de Woltersdorff*, lieutenant; *Charles de Wenlin*, idem; *Charles Bartel*, sous-lieutenant; *Charles-Pierre von der Planitz*, enseigne; *Henri-Otton de Gablenz*, sous-lieuten.; *Maximilien de Dallwitz*, 1er. lieuten.; *Ferdinand de Rex*, enseig.; *Charles von der Pann*, 1er. lieutenant; *Charles de Trebra*, sous-lieutenant; *Ch. de Schindler*, idem; *Fréd. Slartzscher*, enseigne; *Lebrecht Wehleman*, volontaire de l'artillerie; *Frédéric de Sattza*, 1er. lieuten.; *Auguste de Staff*, enseigne; *Jean-Max. de Gablerits*, idem; *David de Doring*, idem; *Ernest de Jagemonn*, idem; *Charles de Blosel*, idem; *Fréd. Berge*, idem; *Guillaume de Linsingen*, sous-lieutenant; *Guillaume de Rade*, id.; *Charles Becker*, idem; *Adolphe de Zeschau*, enseigne; *Henri Kindler*, idem; *Ertmann Gottlob de Schœnaich* id.; *Auguste-Pabst d'Ohain*, enseigne; *Charles-Pabst d'Ohain*, idem; *Auguste de Rannhoff*, idem; *Louis de Peltzinger*, lieut.; *Léopold de Zychlinsky*, porte étendard; *Adolphe Barthel*, enseigne; *Loudolphe de Haussen*, 1er. lieutenant; *Joseph de Przygrodkhy*, enseigne; *Charl.-Antoine d'Obschelwitz*, idem ; *Godefroi Heïd-mann*, chirurgien du régim. de Charles-Louis de Lichtenstein ; *Otton de Dall-witz*, porte étendard ; *Guillaume-Fréd. de Schwartzbach*, idem ; *Clément de Cer-rine*, sous-lieuten. ; *Guillaume Lecoq*, enseigne ; *Charles d'Einsiedel*, idem ; *Otton de Gotz*, porte étendard ; *Fréd. de Zanthier*, sous-lieutenant d'artillerie ; *Frédéric-Ant. Franck*, porte étendard du régiment de Thummel ; *Henri-Charl. Frédéric de Klotz*, enseigne ; *Charles aus dem Winkell*, porte étendard ; *Ch. de Sichert*, idem ; *Guillaume de Szerl*, sous-lieutenant ; *Antoine Sixed*, porte étendard : *Louis de Weisse*, 1er. lieuten. *Comte Guillaume d'Oertzen*, sous-lieutenant ; *Fréderic de Krause*, volontaire ; *Charl.-Goulieb de Klittzing*, colonel ; *Alexandre-Ferd. de Mellentin*, major ; *Charles-Henri de Low*, capitaine.

### 7<sup>e</sup>. Bulletin de la grande armée.

Weimar, le 16 octobre.

Le grand-duc de Berg a cerné Erfurth le 15 dans la matinée. Le 16, la place a capitulé. Par ce moyen, quatorze mille hommes, dont huit mille blessés et six mille bien portans, sont devenus prisonniers de guerre, parmi lesquels sont le prince *d'Orange*, le feld-maréchal *Moellendorff*, le lieute-nant-général *Larisch*, le lieutenant-général *Graver*, les généraux-majors *Leffave* et *Zveilfel*. Un parc de cent-vingt pièces d'artillerie approvisionné est également tombé en notre pouvoir. On ramasse tous les jours des prisonniers.

*Capitulation de la ville et citadelle d'Erfurth, faite entre M. le colonel* Preval, *l'un des commandans de la légion d'honneur, muni de pleins pouvoirs de S. A. R. le prince* Joachim, *grand-duc de Berg et de Clèves, lieutenant de S. M. l'Empereur des Français, Roi d'Italie, d'une part ; et de l'autre, M. le major* Prueschenck, *com-mandant de la ville et citadelle d'Erfurth, ainsi que du fort Cyriaxbourg, pour S. M. le roi de Prusse.*

*Demande.* Art. I<sup>er</sup>. La garnison sortira le 17 d'octobre avec les honneurs de la guerre , avec armes , effets et bagages , y compris les pièces de bataillon , les batteries de campagne , les boulangeries et le train de l'armée. Elle marchera tambour battant , enseignes déployées et mèches allumées , pour se rendre dans la ville la plus proche des états de S. M. le roi de Prusse , à Hall.

*Réponse.* Les postes seront occupés dès-à-présent par les troupes de S. M. l'EMPEREUR et ROI : demain , 16 octobre 1806 , à midi , la garnison sortira avec armes , bagages , enseignes déployées et canons de bataillon. Elle déposera ses armes sur le glacis de la place , et sera prisonnière de guerre. MM. les officiers conserveront leur épée et leurs équipages. Ils rentreront en Prusse sur leur parole de ne servir qu'après leur échange. Les moyens de transport pour eux et leurs équipages leur seront accordés pour suppléer à l'insuffisance des leurs.

II. *D.* Les officiers , bas-officiers et soldats blessés qui se trouvent dans la place , seront compris dans l'article précédent. Ceux qui sont en état d'être transportés suivront immédiatement la garnison , et ceux qui ne sont point en état de faire la route resteront aux frais de S. M. prussienne , et seront soignés par ses employés. A mesure que ces blessés seront guéris , ils rejoindront leurs corps respectifs et obtiendront les passe-ports nécessaires à cet effet.

*R.* Les officiers , bas-officiers et soldats blessés sont compris dans l'article ci-dessus , et on doit s'en rapporter à la générosité française pour les soins qu'on invoque en leur faveur.

III. *D.* Demain , à midi , la porte de Saint-Jean sera remise pour être occupée extérieurement. La garde prussienne restera dans l'intérieur , et aussi long-tems que la garnison prussienne restera en place, il ne sera permis à personne d'y entrer, excepté les commissaires chargés de remettre la place.

*R.* Compris dans le premier article.

IV. *D.* Si, non-obstant le contenu de l'article ci-dessus, les bas-officiers et soldats venaient en ville , ils seraient arrêtés et remis sur-le-champ aux postes extérieurs. De même , il ne sera permis à aucun militaire prussien de sortir de la place aussi long-tems que la garnison y restera , à l'exception des officiers qu'on pourrait devoir envoyer au quartier-général de l'armée française.

*R.* Compris dans le premier article.

V. *D.* Il sera nommé des deux côtés des commissaires pour effectuer tout ce qui a rapport à la remise de la place , ainsi que pour convenir des objets qui exigent un travail commun.

Ceux-ci se réuniront du moment que la garde française aura occupé la porte de Saint-Jean, et les commissaires continue-ront leurs travaux après le départ de la garnison. A l'échéance de çe terme, il sera donné des passe-ports nécessaires aux commissaires prussiens pour retourner dans les états de S. M. le roi de Prusse.

*R.* Les commissaires s'occuperont dès demain matin, 16, du recensement et de la remise de l'artillerie et de tous les magasins. Les passe-ports seront accordés pour le retour de ceux de S. M. le roi de Prusse.

VI. *D.* Les propriétés particulières seront respectées et mises sous la protection de S. M. l'Empereur des Français et Roi d'Italie.

*R.* Les propriétés seront respectées.

VII. *D.* Les effets des individus, faisant partie de la garnison, ne pouvant point être tous emportés à-la-fois, il sera fixé un terme de trois mois, à dater du jour de la pré-sente capitulation pour que ces individus puissent faire suivre leurs propriétés sans qu'il leur soit fait de difficultés ni qu'ils soient chargés de droits quelconques.

*R.* Renvoyé au premier article; seulement les soldats ne seront point privés de leurs havresacs.

VIII. *D.* A dater du moment de la signature de cette capitulation, il sera envoyé un officier prussien à S. M. le roi de Prusse, et on le munira de tout ce qui peut accélérer son voyage.

*R.* Accordé.

IX. *D.* Les équipages de campagne de S. M. le roi de Prusse qui se trouvent dans ce moment à Erfurt seront en-voyés de suite dans une ville occupée encore par les troupes du roi.

*R.* Cet article sera soumis à S. A. R. le prince *Joachim*, grand-duc de Clèves et de Berg.

Cette capitulation comprend MM. les officiers-généraux qui se trouvent dans la place, pour quelque cause que ce soit.

A Erfurt, le 16 octobre 1806, à 11 heures du soir.

(L. S.) signé, *Charles de Prueschenck.*

(Signé) *Hypolite Preval.*


Le roi de Prusse a envoyé un aide-de-camp à l'Empereur, avec une lettre en réponse à celle que l'Empereur lui avait écrite avant la bataille; mais le roi de Prusse n'a répondu qu'après. Cette démarche de l'Empereur Napoléon était pareille à celle qu'il fit auprès de l'empereur de Russie, avant

la bataille d'Austerlitz ; il dit au roi de Prusse : » Le succès
» de mes armes n'est point incertain. Vos troupes seront bat-
» tues ; mais il en coûtera le sang de mes enfans ; s'il pou-
» vait être épargné par quelque arrangement compatible avec
» l'honneur de ma couronne , il n'y a rien que je ne fasse
» pour épargner un sang si précieux , il n'y a que l'honneur
» qui , à mes yeux , soit plus précieux que le sang de mes
» soldats. »

Il paraît que les débris de l'armée prussienne se retirent
sur Magdebourg. De toute cette immense et belle armée ,
il ne s'en réunira que des débris.

### 8<sup>e</sup>. *Bulletin de la grande armée.*

Weimar , le 16 octobre 1806 , au soir.

Les différens corps d'armée qui sont à la poursuite de l'ennemi , annoncent à chaque instant des prisonniers , la prise
de bagages , de pièces de canon , de magasin de munitions
de toute espèce. Le maréchal *Davoust* vient de prendre 30
pièces de canon ; le maréchal *Soult* un convoi de 300 ton-
neaux de farine ; le maréchal *Bernadotte* 1500 prisonniers ;
l'armée ennemie est tellement dispersée et mêlée avec nos
troupes , qu'un de ses bataillons vint se placer dans un de
nos bivouacs , se croyant dans le sien.

Le roi de Prusse tâche de gagner Magdebourg. Le général
*Mollendorf* est très-malade à Erfurt ; *le grand-duc de Berg*
lui a envoyé son médecin.

La reine de Prusse a été plusieurs fois en vue de nos postes ; elle est dans des transes et des alarmes continuelles. La
veille elle avait passé son régiment en revue. Elle excitait
sans cesse le roi et les généraux. Elle voulait du sang ; le
sang le plus précieux a coulé. Les généraux les plus marquans
sont ceux sur qui sont tombés les premiers coups.

Le général de brigade *Durosnel* a fait avec les 7<sup>e</sup>. et 70<sup>e</sup>.
de chasseurs , une charge hardie qui a eu le plus grand effet.
Le major du 20<sup>e</sup>. régiment s'y est distingué. Le général de
brigade *Colbert* , à la tête du 3<sup>e</sup>. de hussards , et du 12<sup>e</sup>. de
chasseurs a fait sur l'infanterie ennemie plusieurs charges
qui ont eu le plus grand succès.

### 9<sup>e</sup>. *Bulletin de la grande armée.*

Weimar , le 17 octobre 1806.

La garnison d'Erfurt a défilé. On y a trouvé beaucoup
plus de monde qu'on ne croyait. Il y a une grande quantité
de magasins. L'EMPEREUR a nommé le général *Clarke* gou-

verneur de la ville et citadelle d'Erfurt, et du pays environ-
nant. La citadelle d'Erfurt est un bel octogone bastionné,
avec casemates, et bien armée. C'est une acquisition précieuse qui nous servira de point d'appui au milieu de nos
opérations.

On a dit dans le 5e. bulletin qu'on avait pris 25 à 3o
drapeaux ; il y en a jusqu'ici 45 au quartier-général. Il est
probable qu'il y en aura plus de 6o. Ce sont des drapeaux
donnés par le grand *Frédéric* à ses soldats. Celui du régiment
des gardes, celui du régiment de la reine, brodé des mains
de cette princesse, se trouvent au nombre. Il paraît que
l'ennemi veut tâcher de se rallier sur Magdébourg ; mais
pendant ce tems-là on marche de tous côtés. Les différens
corps de l'armée sont à sa poursuite par différens chemins.
A chaque instant arrivent des couriers annonçant que des
bataillons entiers sont coupés, des pièces de canon prises,
des bagages, etc.

L'Empereur est logé au palais de Weimar, où logeait
quelques jours avant la reine de Prusse. Il paraît que ce
qu'on a dit d'elle est vrai. Elle était ici pour souffler le
feu de la guerre. C'est une femme d'une jolie figure, mais
de peu d'esprit, incapable de présager les conséquences de
ce qu'elle faisait. Il faut aujourd'hui, au lieu de l'accuser,
la plaindre ; car elle doit avoir bien des remords des maux
qu'elle a faits à sa patrie, et de l'ascendant qu'elle a exercé
sur le roi son mari, qu'on s'accorde à présenter, comme un
parfait honnête homme, qui voulait la paix et le bien de
ses peuples.

### 10ᵉ. *Bulletin de la grande armée.*

#### Naumbourg, le 18 octobre 1806.

Parmi les 6o drapeaux qui ont été pris à la bataille
de Jena, il s'en trouve plusieurs des gardes du roi de
Prusse, et un des gardes-du-corps, sur lequel la lé-
gende est écrite en français.

Le roi de Prusse a fait demander un armistice de
six semaines. L'Empereur a répondu qu'il était impossible, après une victoire, de donner à l'ennemi le
temps de se rallier.

Cependant les prussiens ont fait tellement courir
ce bruit, que plusieurs de nos généraux les ayant
rencontrés, on leur a fait croire que cet armistice était
conclu.

Le maréchal *Soult* est arrivé le 16 à Greussen, poursuivant devant lui la colonne où était le roi, qu'on estimait forte de 10 ou 12,000 hommes. Le général *Kalkreuth*, qui la commandait, fit dire au maréchal *Soult*, qu'un armistice avait été conclu. Ce maréchal répondit qu'il était impossible que l'Empereur eût fait cette faute, qu'il croirait à cet armistice, lorsqu'il lui aurait été notifié officiellement. Le général *Kalkreuth* témoigna le désir de voir le maréchal *Soult*, qui se rendit aux avant-postes. « Que voulez-vous de nous, « lui dit le général prussien, le duc de *Brunswick* « est mort, tous nos généraux sont tués, blessés ou « pris, la plus grande partie de notre armée est en « fuite, vos succès sont assez grands; le roi a demandé « une suspension d'armes, il est impossible que votre « Empereur ne l'accorde pas. » — M. le général, lui répondit le maréchal *Soult*, il y a long-temps qu'on en agit ainsi avec nous, on en appelle à notre générosité quand on est vaincu, et on oublie un instant après la magnanimité que nous avons coutume de montrer. Après la bataille d'Austerlitz, l'Empereur accorda un armistice à l'armée russe; cet armistice sauva l'armée. Voyez la manière indigne dont agissent les russes aujourd'hui. On dit qu'ils veulent revenir; nous brûlons du désir de les revoir. S'il y avait eu chez eux autant de générosité que chez nous, on nous aurait laissés tranquilles, enfin, après la modération que nous avons montrée dans la victoire. Nous n'avons en rien provoqué la guerre injuste que vous nous faites. Vous l'avez déclarée de gaîté de cœur; la bataille de Jena a décidé du sort de la campagne. Notre métier est de vous faire le plus de mal que nous pourrons. Posez les armes, et j'attendrai dans cette situation les ordres de l'Empereur. Le vieux général *Kalkreuth* vit bien qu'il n'avait rien à répondre. Les deux généraux se séparèrent, et les hostilités recommencèrent un instant après: le village de Greussen fut enlevé, l'ennemi culbuté et poursuivi l'épée dans les reins.

*Le grand-duc de Berg*, et les maréchaux *Soult* et *Ney* doivent, dans les journées des 17 et 18 se réunir par des marches combinées et écraser l'ennemi. Ils auront sans doute cerné un bon nombre de fuyards, les campagnes en sont couvertes et les routes sont encombrées de caissons et de bagage de toute espèce.

Jamais plus grande victoire ne fut signalée par de plus grands désastres. La réserve que commande le prince *Eugène de Wurtemberg*, est arrivée à Hall. Ainsi, nous ne sommes qu'au neuvième jour de la campagne, et déjà l'ennemi est obligé de mettre en avant sa dernière ressource. L'Empereur marche à elle; elle sera attaquée demain, si elle tient dans la position de Hall.

Le maréchal *Davoust* est parti aujourd'hui pour prendre possession de Leipsick et jetter un pont sur l'Elbe. La garde impériale à cheval vient enfin nous joindre.

Indépendamment des magasins considérables trouvés à Naumbourg, on en a trouvé un grand nombre à Weissenfels.

Le général en chef *Ruchel* a été trouvé dans un village, mortellement blessé; le maréchal *Soult* lui a envoyé son chirurgien. Il semble que ce soit un décret de la Providence que tous ceux qui ont poussé à cette guerre, aient été frappés par ses premiers coups.

### 11<sup>e</sup>. *Bulletin de la grande armée.*

Mersebourg, le 19 octobre 1806.

Le nombre des prisonniers qui ont été faits à Erfurth est plus considérable qu'on ne le croyait. Les passe-ports accordés aux officiers qui doivent retourner chez eux sur parole, en vertu d'un des articles de la capitulation, se sont montés à 600.

Le corps du maréchal *Davoust* a pris possession, le 18, de Leipsick.

Le prince de *Ponte-Corvo* qui se trouvait, le 17, à Eisleben, pour couper des colonnes prussiennes, ayant appris que la réserve de S. M. le roi de Prusse, commandée par le prince *Eugène* de Wurtemberg, était arrivée à Hall, s'y porta. Après avoir fait ses dispositions, le prince de *Ponte-Corvo* fit attaquer Hall par le général *Dupont*, et laissa la division *Drouet* en réserve sur sa gauche; le 32e. et le 9e. d'infanterie légère passèrent les trois ponts au pas de charge, et entrèrent dans la ville soutenus par le 96e.

En moins d'une heure tout fut culbuté. Les 2e. et 4e. régimens de hussards et toute la division du général *Rivaut* traversèrent la ville et chassèrent l'ennemi de Dientz, de Peissen et de Rabatz. La cavalerie prussienne voulut charger le 8e. et le 96e. d'infanterie ; mais elle fut vivement reçue et repoussée.

La réserve du prince de *Wurtemberg* fut mise dans la plus complète déroute et poursuivie l'espace de quatre lieues.

Les résultats de ce combat, qui mérite une relation particulière et soignée, sont cinq mille prisonniers, dont deux généraux et trois colonels, quatre drapeaux et trente-quatre pièces de canon.

Le général *Dupont* s'est conduit avec beaucoup de distinction.

Le général de division *Rouyer* a eu un cheval tué sous lui. Le général de division *Drouet* a pris en entier le régiment de *Treshow*.

De notre côté, la perte ne se monte qu'à quarante hommes tués et deux cents blessés. Le colonel du 9e. régiment d'infanterie légère a été blessé. Le général *Leopold Berthier*, chef de l'état-major du prince de *Ponte-Corvo*, s'est comporté avec distinction.

Par le résultat du combat de Hall, il n'est plus de troupes ennemies qui n'aient été entamées.

Le général prussien *Blucher*, avec cinq mille hommes, a traversé la division de dragons du général *Klein*, qui l'avait coupé. Ayant allégué au général *Klein* qu'il y avait une armistice de six semaines, ce général a eu la simplicité de le croire.

L'officier d'ordonnance près de l'empereur, *Montesquiou*, qui avait été envoyé en parlementaire auprès du roi de Prusse, l'avant-veille de la bataille, est de retour. Il a été entraîné pendant plusieurs jours avec les fuyards ennemis ; il dépeint le désordre de l'armée prussienne comme inexprimable. Cependant la veille de la bataille, leur jactance était sans égale. Il n'était question de rien moins que de couper l'armée française et d'enlever des colonnes de quarante mille hommes. Les généraux prussiens singeaient, autant qu'ils pouvaient, les manières du *Grand-Frédéric*.

Quoique nous fussions dans leur pays, les généraux

paraissaient être dans l'ignorance la plus absolue de nos mouvemens. Ils croyaient qu'il n'y avait sur le petit plateau d'Jena que quatre mille hommes ; et cependant la plus grande partie de l'armée a débouché sur ce plateau.

L'armée ennemie se retire à force sur Magdebourg. Il est probable que plusieurs colonnes seront coupées avant d'y arriver. On n'a point de nouvelles, depuis plusieurs jours, du maréchal *Soult*, qui a été détaché, avec quarante mille hommes, pour poursuivre l'armée ennemie.

L'empereur a traversé le champ de bataille de Rosbach ; il a ordonné que la colonne qui y avait été élevée fût transportée à Paris.

Le quartier-général de l'empereur a été, le 18, à Mersebourg ; il sera, le 19, à Hall. On a trouvé dans cette dernière ville des magasins de toute espèce très-considérables.

### 12e. *Bulletin de la grande armée.*

Hall, le 19 octobre 1806.

Le maréchal *Soult* a poursuivi l'ennemi jusqu'aux portes de Magdebourg. Plusieurs fois les prussiens ont voulu prendre position, et toujours ils ont été culbutés.

On a trouvé, à Nordhausen, des magasins considérables, et même une caisse du roi de Prusse, remplie d'argent.

Pendant les cinq jours que le maréchal *Soult* a employés à la poursuite de l'ennemi, il a fait 1200 prisonniers, et pris 30 pièces de canon, et 2 à 300 caissons.

Le premier objet de la campagne se trouve rempli. La Saxe, la Westphalie, et tous les pays situés sur la rive gauche de l'Elbe, sont délivrés de la présence de l'armée prussienne. Cette armée, battue et poursuivie l'épée dans les reins pendant plus de 50 lieues, est aujourd'hui sans artillerie, sans bagages, sans officiers, réduite au-dessous du tiers de ce qu'elle était il y a huit jours ; et ce qui est encore pis que cela, elle a perdu son moral et toute confiance en elle-même.

Deux corps de l'armée française sont sur l'Elbe, occupés à construire des ponts.

Le quartier-général est à Hall.

La lettre suivante, qui a été interceptée, contient un tableau fort détaillé de la situation des prussiens après la bataille d'Jena.

*Traduction.*

Ma très-chère épouse,

Je suis encore en vie et bien portant, après avoir assisté à la malheureuse bataille. Mais hélas! je ne puis m'empêcher de te dire que nous y avons perdu la moitié de notre armée ainsi que tous nos meilleurs généraux. Mon bataillon s'est parfaitement conduit au feu ; mais il a perdu ses canons dans la retraite. Ma compagnie seule a perdu 40 hommes et le lieutenant *Schweinnitz*. Si je te voulais faire part de tous nos malheurs, il me faudrait un tems infini. Tous les bagages de notre corps d'armée ont été pris à Weimar; nos domestiques mêmes n'ont pu se sauver.

Je suis arrivé le 16 au soir, à Nordhausen, sans cheval et dépourvu de tout. L'armée est en pleine retraite sur Magdebourg. Sa Majesté Royale a reçu une forte contusion; cependant elle se porte bien. Tu peux dire à la *Schuberten* que son fils aîné a été tué et qu'on ne sait ce qu'est devenu l'autre, ainsi que *Jarusch*, *Michalzeck* et *Joseph Tyralla*. Il nous manque en outre cinq sous-officiers, quatre musiciens, trois artilleurs et deux sapeurs, ainsi que tous les grenadiers. *Jablonouski* a perdu tout son monde. *Fontanius* de même. Ils sont tous nus comme des vers. Le major seul a pu conserver un cheval. Plusieurs généraux sont tués. *Sanitz* et *Melchitz* nous manquent. Le duc de *Brunswick* a perdu les deux yeux d'un coup de fusil. *Ruchel* et *Winnig* sont morts. Beaucoup de régimens sont sans officiers ; d'autres ont des officiers et pas de soldats. Notre perte est immense. On ne distingue plus les corps: tout est pêle-mêle. Les bataillons de *Lostin*, *Borck* et *Grodana* n'existent plus. Ils faisaient partie de l'arrière-garde qui a été entièrement hachée en morceaux. On ne peut pas se faire une idée de l'acharnement avec lequel les français nous ont poursuivis. Tu pourras m'écrire au corps d'armée à Magdebourg.

Nordhausen, le 17 octobre.

## 13ᵉ. *Bulletin de la grande armée.*

Hall, le 20 octobre 1806.

Le général *Macon*, commandant à Leipsick, a fait aux banquiers, négocians et marchands de cette ville la notification ci-jointe (*A*). Puisque les oppresseurs des mers ne respectent aucun pavillon, l'intention de l'Empereur est de saisir par-tout leurs marchandises et de les bloquer véritablement dans leur île.

On a trouvé dans les magasins militaires de **Leipsick** 15,000 quintaux de farine et beaucoup d'autres denrées d'approvisionnement.

*Le grand-duc de Berg* est arrivé à **Halberstadt le 19**. Le 20, il a inondé toute la plaine de Magdebourg, par sa cavalerie, jusqu'à la portée du canon. Les troupes ennemies, les détachemens isolés, les hommes perdus, seront pris au moment où ils se présenteront pour entrer dans la place.

Un régiment de hussards ennemi croyait que Halberstadt était encore occupé par les prussiens; il a été chargé par le 22<sup>e</sup>. de hussards, et a éprouvé une perte de 300 hommes.

Le général *Beaumont* s'est emparé de 600 hommes de la garde du roi et de tous les équipages de ce corps.

Deux heures auparavant, deux compagnies de la garde royale à pied avaient été prises par le maréchal *Soult*.

Le lieutenant-général comte de *Schmettau*, qui avait été fait prisonnier, vient de mourir à Weimar.

Ainsi, de cette belle et superbe armée qui, il y a peu de jours, menaçait d'envahir la confédération du Rhin, et qui inspirait à son souverain une telle confiance, qu'il osait ordonner à l'Empereur Napoléon de sortir de l'Allemagne avant le 8 octobre, s'il ne voulait pas y être contraint par la force; de cette belle et superbe armée, disons-nous, il ne reste que les débris, chaos informe, qui mérite plutôt le nom de rassemblement que celui d'armée. De 160 mille hommes qu'avait le roi de Prusse, il serait difficile d'en réunir plus de 50 mille, encore sont-ils sans artillerie et sans bagages, armés en partie, en partie désarmés. Tous ces événemens justifient ce que l'Empereur a dit dans la première proclamation, lorsqu'il s'est exprimé ainsi : « Qu'ils apprennent que s'il est facile d'acquérir un accroissement de domaines et de puissance avec l'amitié du Grand-Peuple, son inimitié est plus terrible que les tempêtes de l'Océan. »

Rien ne ressemble en effet davantage à l'état actuel de l'armée prussienne, que les débris d'un naufrage.

C'était une belle et nombreuse flotte qui ne prétendait pas moins qu'asservir les mers : les vents impétueux du nord ont soulevé l'Océan contre elle. Il ne rentre au port qu'une petite partie des équipages qui n'ont trouvé de salut qu'en se sauvant sur des débris.

Les lettres ci-jointes ( *B. C. D.* ) peignent au vrai la situation des choses.

Une autre lettre également ci-jointe (*E*), montre à quel point le cabinet prussien a été dupe de fausses apparences. Il a pris la modération de l'Empereur Napoléon pour de la faiblesse. De ce que ce monarque ne voulait pas la guerre, et faisait tout ce qui pouvait être convenable pour l'éviter, on a conclu qu'il n'était pas en mesure, et qu'il avait besoin de 200,000 conscrits pour recruter son armée.

Cependant l'armée française n'était plus claquemurée dans les camps de Boulogne ; elle était en Allemagne : M. *Ch. Louis de Hesse* et M. d'*Haugwitz* auraient pu la compter. Reconnaissons donc ici la volonté de cette providence qui ne laisse pas à nos ennemis des yeux pour voir, des oreilles pour entendre, du jugement et de la raison pour raisonner.

Il paraît que M. *Ch. Louis de Hesse* convoitait seulement Mayence. Pourquoi pas Metz? Pourquoi pas les autres places de l'ouest de la France? Ne dites donc plus que l'ambition des français vous a fait prendre les armes ; convenez que c'est votre ambition mal raisonnée qui vous a excité à la guerre. Parce qu'il y avait une armée française à Naples, une autre en Dalmatie, vous avez projeté de tomber sur le grand peuple ; mais en sept jours vos projets ont été confondus. Vous vouliez attaquer la France sans courir aucun danger, et déjà vous avez cessé d'exister.

On rapporte que l'Empereur Napoléon ayant, avant de quitter Paris, rassemblé ses ministres, leur dit : « Je suis innocent de cette guerre ; je ne l'ai provoquée en rien : elle n'est point entrée dans mes calculs. Que je sois battu si elle est de mon fait. Un des principaux motifs de la confiance dans laquelle je suis que mes ennemis seront détruits, c'est que je vois dans leur conduite le doigt de la providence, qui, voulant que les traîtres soient punis, a tellement éloigné toute

sagesse de leurs conseils, que, lorsqu'ils pensent m'attaquer dans un moment de faiblesse, ils choisissent
l'instant même où je suis le plus fort. »

(*A*)      N O T I F I C A T I O N.

*Le général Macon, sous-gouverneur des Tuileries, com-
mandant de la légion d'honneur, grand' croix de l'Ordre
du Lion, et commandant de la ville de Leipsick, aux
banquiers, négocians et marchands de la ville.*

M E S S I E U R S,

Le sort des armes a mis Leipsick dans les mains du GRAND
NAPOLÉON.

Votre ville est reconnue en Europe pour l'entrepôt principal
des marchandises anglaises, et sous ce rapport une ennemie
dangereuse pour la France.

L'EMPEREUR et ROI m'ordonne ce qui suit :

Art. Ier. Dans les vingt-quatre heures qui suivront la
présente notification, tout banquier, négociant ou marchand,
ayant des fonds ou marchandises provenant des manufactures
anglaises, soit qu'elles appartiennent aux anglais ou au marchand, en fera sa déclaration par écrit sur un registre établi
chez le commandant de la place.

II. Ces déclarations authentiquement faites, il sera fait des
visites domiciliaires chez les déclarans ou non déclarans, pour
compulser leur registre et vérifier les marchandises, afin de
s'assurer de leur bonne-foi, et punir militairement la fraude
si elle est reconnue.

III. MM. les magistrats feront également sous leur respon-
sabilité, la déclaration juste et détaillée des magasins militaires appartenant, tant à la Saxe qu'à la Prusse, ainsi que
des magasins de poudre, même ceux du commerce.

IV. Il sera nommé une commission chargée d'apposer les
scellés après-demain sur tous les magasins ou fonds qui auront
été découverts.

V. Toute contribution ou réquisition particulière, soit en
drap, argent ou chevaux, si elle n'émane d'une autorité
compétente, est rigoureusement défendue. L'habitant ou le
magistrat qui aura eu la faiblesse d'y souscrire sans en prévenir le commandant de la place, sera puni de 15 jours de
prison.

VI. La présente notification sera lue et affichée à tous les
coins, places et carrefours de la ville.

Donné à Leipsick, 18 octobre 1806.      *MACON.*

(*B*)  C O P I E.

### Suscription.

*A S. A. R. M.<sup>me</sup> la princesse de Suède, tante du roi, princesse-abbesse de Quedlinbourg, par Brunswick, à Stockholm.*

A Quedlinbourg, le 19 octobre 1806,
à 8 heures du matin.

M A D A M E ,

V. A. R. aura daigné voir, par la lettre que ma femme a eu l'honneur de lui adresser, jusqu'à quel point le commencement de la guerre a été désastreux. Je pourrais ajouter beaucoup de traits à ce triste tableau ; mais il suffit d'appliquer le mot de François I<sup>er</sup>., *que tout est perdu, fors l'honneur*, car les troupes ont bien fait leur devoir. Pour ce qui regarde la situation de cet endroit, je ne parlerai pas de la mienne, elle est affreuse ; on attend les français à chaque instant. Hier, et dans la nuit passée, l'arrière-garde, commandée par le prince de *Hohenlohe*, accompagné de M. de *Tauendzien*, a eu le quartier-général dans la ville : elle se portait sur Magdebourg, où les débris de l'armée se rassemblent. Depuis le départ du dernier courier, la terreur panique et le passage des troupes et des bagages n'a pas discontinué à répandre l'alarme. Les troupes et les bagages arrivèrent tous à la débandade ; cela fendait le cœur. Ce matin à 3 heures le signal du départ fut donné, apparemment sur un rapport absolument faux, car il était dit que les français arriveraient en trois heures de tems, et qu'ils avaient incendié plusieurs villages au Gartz, que le rapporteur disait avoir vu brûler. Malgré l'authenticité qu'un pareil rapport devrait avoir, je n'ai pu voir la moindre trace d'incendie à mon lever, et à l'heure qu'il est, on ne voit pas non plus de troupes françaises. Cependant il est certain qu'ils ont suivi l'arrière-garde de fort près, car avant-hier au soir le général *Blucher* a eu un engagement avec les français près de Nordhausen, mais il a été repoussé. Jusqu'à quel point la retraite a été précipitée, et combien la perte des bagages doit avoir été considérable ! V. A. R. daignera le juger, parce que ni le prince *Hohenlohe*, ni mon beau-frère *Tauendzien* ne s'étaient point déshabillés de huit jours ni changé de chemise que je leur fournissais, parce qu'ils avaient perdu leurs bagages.

Le duc de *Brunswick* a été mortellement blessé d'un coup de mitraille. Il a déjà perdu les deux yeux, et l'on croit qu'il ne survivra pas long-tems. Il a passé la nuit d'avant-hier à
Ballenstadt ,

Ballenstadt, de-là il a été porté par Neustedt et Thale à Blankenbourg, d'où il doit être parti hier à mi-chemin de Brunswick. Grand Dieu ! si ce prince s'était borné à faire le bonheur de ses sujets ! D'après ce que disaient des officiers prussiens de l'état-major, le feld-maréchal *Mollendorff* et le prince *d'Orange* doivent se trouver à Erfurt, dans le cas de capituler. On dit aussi que sur la proposition faite d'un armistice, l'EMPEREUR NAPOLÉON aurait répondu qu'il signerait la paix à Dresde et à Berlin.

Les réflexions que tout cela peut autoriser à faire se présent d'elles-mêmes, et les sujets sont incalculables. Pour mon particulier, je sens que je suis à la veille de devenir le plus malheureux des hommes ; mais je m'étourdis là-dessus, et l'espérance me soutient, que V. A. R. n'abandonnera pas un fidèle serviteur.

Recevez, en attendant, Madame, avec bienveillance l'expression des très-humbles hommages de ma femme, de *Caroline*, et de la famille *d'Amstedt*. Au reste, je supplie V. A. R. de se charger gracieusement de nos complimens pour sa cour, le comte et la comtesse de *Henbock*, et pour le petit *Magnus*.

J'ai écrit au général français une lettre que *Dube* lui portera, dès qu'on verra arriver les français. J'y réclame sa protection pour l'abbaye en général ; et pour la résidence, les domaines et la maison de Goetze, je demande une sauve-garde.

Je suis avec le plus profond respect, Madame, de V. A. R., le très-humble, très-obéissant et très-fidèle serviteur.

*De Mottzer.*

( C )        *Lettre d'un officier à son frère.*

De Appenrode, 16 octobre 1806.

Le reste du régiment d'Aschersleben, d'à-peu-près 60 hommes, s'est retiré d'Elbingerode par Wernigerode, ainsi que le régiment des gardes-du-corps. Notre armée est tout à-fait battue ; non-seulement le corps du duc de *Brunswick*, mais aussi celui du général *Ruchel*. On accuse un général prussien d'avoir trahi le mot de l'ordre. Le roi se trouve depuis quelques jours, tout alarmé. L'artillerie française nous a fait beaucoup de dommages.

(*D*) *Lettre d'un gendarme de la maison du roi à sa femme.*

De Klostersteib, 17 octobre 1806.

Depuis cinq jours nous n'avons à manger que du mauvais pain ; tous les chevaux qui nous restaient tombent de fatigue. Il n'est resté que seize hommes du régiment de la reine, du régiment des carabiniers et du régiment d'Aschersleben. Le prince *Louis-Ferdinand* est mort, le prince *Hohenlohe* mortellement blessé. Le roi deux fois blessé ; le prince *Guillaume de Brunswick* et le duc de *Brunswick* blessés ; tout notre bagage a été pris. Depuis dix-huit jours nous n'avons pas été payés. Les français sont toujours derrière nous. On dit que la paix se fera bientôt. Nous marchons d'ici vers Magdebourg, où nous serons peut-être encore battus.

( *E.* )　　　　COPIE.

Suscription.

*A S. Exc. M. le comte* de Haugwitz, *ministre-d'état et du cabinet de S. M. le roi de Prusse, chevalier de ses ordres, au quartier-général du roi.*

Louisenlund, 12 octobre 1806.

MONSIEUR,

C'est toujours avec un vrai plaisir que je reçois le renouvellement si flatteur des anciens sentimens de V. Exc. pour moi ; conservez-les moi comme à un ami qui vous a toujours inaltérablement chéri, et qui vous est tendrement attaché. Je n'ai point manqué de mettre sous les yeux du prince royal la lettre de V. Exc., mais je n'ai pu obtenir qu'une réponse évasive ; le prince préfère les voies ministérielles, et je ne suis point en état de vous marquer ses sentimens : pour les miens, vous les connaissez, mon très-cher ami, et ne sauriez en douter. Je ne me permets point de revenir sur une matière que vous avez traitée dans la lettre que vous venez de me faire l'honneur de m'écrire, si lumineusement et si entièrement à fond. Dieu veuille donner tous les succès les plus heureux au roi et à ses armées ! Il est à présent le vrai champion de la liberté universelle. Je ne crois pas que NAPOLÉON voudra lutter dans ce moment contre les forces prussiennes et celles de l'Europe presque entière réunies contre lui, sans coalition, par l'impulsion de la seule sûreté personnelle de chaque État, combattant pour sa propre cause, qui est en même-tems la cause générale, mais qu'il préférera de négocier, et de sacrifier même peut-être quelques provinces envahies à la Prusse, gagnant par-là du tems nécessaire pour la formation de 200 mille conscrits. Mais l'année prochaine, après avoir rempli ses autres vues et vastes plans, il tâchera de faire payer avec usure, quand on s'y attendra le moins, d'avoir été pris cette année au dépourvu. C'est pourquoi il serait à souhaiter qu'on pût absolument ravoir Wesel à la paix, ainsi que le présent grand-duché de Berg, en compensation d'Anspach. Mayence servira toujours, ainsi que Wesel, d'ailleurs, à des rassemblemens considérables de troupes qui inonderaient l'Allemagne septentrionale, quand on y penserait le moins.

Si le Rhin et le Mein ne sont pas décidément frontières de la confédération septentrionale, celle-ci ne sera pas en état de résister à aucune agression imprévue des français ; car qui peut être toujours armé ? Si Francfort, avec son territoire, Hochsh, Konigstein, ne deviennent pas Hessois, avec tout le pays intermédiaire, la Hesse sera mangée sans pouvoir faire de résistance, tôt ou tard, et l'état de la Prusse devient très-précaire. En dédommageant le primat en Franconie, par Bamberg, Aschaffenburg pourrait dédommager Darmstadt de toutes ses possessions en-deçà du Rhin ; le cours entier du Bas-Rhin, depuis la Lahn, devrait appartenir à la Prusse. Tout autre arrangement est sans aucune consistance, et la guerre serait dans ce moment bien préférable.

Pardonnez-moi, mon cher ami, mes rêveries ; mais comme vous voulez me témoigner quelque confiance, je me croirais coupable de ne pas vous ouvrir mon cœur sans retenue ; c'est peut-être le dernier moment où on pourra prévenir la ruine totale de l'Europe, en mettant quelques bornes à ce torrent dévastateur qui va tout engloutir. D'ailleurs, s'il peut parvenir à former de nouveau un royaume de la Pologne, principal but présent de ses négociations, la monarchie universelle sera faite en peu. Je crains d'en avoir déjà trop dit ; mais, si vous le permettez, je ne vous laisserai rien ignorer, persuadé que vous ne me compromettrez point.

C'est avec une amitié parfaite, et la considération la plus distinguée, que je ne cesserai d'être,

Monsieur,

De Votre Excellence,

Le très-humble, très-obéissant serviteur et ancien fidèle ami,

*Ch. L. de Hesse.*

Un décret rendu par S. M. l'Empereur, au quartier-général-impérial de Hall, le 19 octobre 1806, contient les dispositions suivantes :

1. M. *Daru*, conseiller-d'état, intendant-général de notre maison, est nommé intendant-général de l'armée.

2. L'intendant-général de l'armée organisera et dirigera l'administration des pays conquis. Il nous présentera des sujets pour remplir les fonctions d'intendant des provinces.

## 14ᵉ. *Bulletin de la grande armée.*

Dessau, le 22 octobre 1806.

Le maréchal *Davoust* est arrivé le 20 à Wittemberg, et a surpris le pont sur l'Elbe, au moment où l'ennemi y mettait le feu.

Le maréchal *Lannes* est arrivé à Dessau ; le pont était brûlé, il a fait travailler sur le-champ à le réparer.

Le marquis de *Lucchesini* s'est présenté aux avant-postes avec une lettre du roi de Prusse. L'EMPEREUR a envoyé le grand-maréchal de son palais, *Duroc*, pour conférer avec lui.

Magdebourg est bloqué. Le général de division *Legrand*, dans sa marche sur Magdebourg, a fait quelques prisonniers. Le maréchal *Soult* a ses postes autour de la ville. *Le grand-duc de Berg* y a envoyé son chef d'état-major, le général *Belliard*. Ce général y a vu le prince de *Hohenlohe*. Le langage des officiers prussiens était bien changé. Ils demandent la paix à grands cris. « Que veut votre EMPEREUR, nous disent-ils ? Nous poursuivra-t-il toujours l'épée dans les reins ? Nous n'avons pas un moment de repos depuis la bataille. » Ces messieurs étaient sans doute accoutumés aux manœuvres de la guerre de sept ans. Ils voulaient demander trois jours pour enterrer les morts. « Songez aux vivans, a répondu l'EMPEREUR, « et laissez nous le soin d'enterrer les morts ; il n'y « a pas besoin de trêve pour cela. »

La confusion est extrême dans Berlin. Tous les bons citoyens, qui gémissaient de la fausse direction donnée à la politique de leur pays, reprochent avec raison, aux boute-feux excités par l'Angleterre, les tristes effets de leurs menées. Il n'y a qu'un cri contre la reine dans tout le pays.

Il paraît que l'ennemi cherche à se rallier derrière l'Oder.

Le souverain de Saxe a remercié L'EMPEREUR de la générosité avec laquelle il l'a traité, et qui va l'arracher à l'influence prussienne. Cependant bon nombre de ses soldats ont péri dans toute cette bagarre.

Le quartier-général était, le 21, à Dessau.

### 15ᵉ *Bulletin de la grande armée.*

Wittemberg, le 23 septembre 1806.

Voici les renseignemens qu'on a pu recueillir sur les causes de cette étrange guerre.

Le général *Schmettau* ( mort prisonnier à Weimar ) fit un mémoire écrit avec beaucoup de force et dans lequel il établissait que l'armée prussienne devait se regarder comme déshonorée, qu'elle était cependant en état de battre les français, et qu'il fallait faire la guerre.

Les généraux *Ruchel* ( tué ) et *Blucher* ( qui ne s'est sauvé que par un subterfuge, et en abusant de la bonne foi française ), souscrivirent ce mémoire, qui était rédigé en forme de pétition au roi. Le prince *Louis-Ferdinand* de Prusse ( tué ) l'appuya de toutes sortes de sarcasmes. L'incendie gagna toutes les têtes. Le duc de *Brunswick* ( blessé très-grièvement ), homme connu pour être sans volonté et sans caractère, fut enrôlé dans la faction de la guerre. Enfin le mémoire étant ainsi appuyé, on le présenta au roi. La reine se chargea de disposer l'esprit de ce prince, et de lui faire connaître ce qu'on pensait de lui. Elle lui rapporta qu'on disait qu'il n'était pas brave, et que, s'il ne faisait pas la guerre, c'est qu'il n'osait pas se mettre à la tête de l'armée. Le roi, réellement aussi brave qu'aucun prince de Prusse, se laissa entraîner sans cesser de conserver l'opinion intime qu'il faisait une grande faute.

Il faut signaler les hommes qui n'ont pas partagé les illusions des partisans de la guerre. Ce sont le respectable feld-maréchal *Moellendorf* et le général *Kalkreuth.*

On assure qu'après la belle charge du 9ᵉ. et du 10ᵉ. régiment de hussards à Saalfeld, le roi dit : « Vous prétendiez que la cavalerie française ne valait rien, voyez cependant ce que fait la cavalerie légère, et jugez ce que feront les cuirassiers. Ces troupes ont acquis leur supériorité par 15 ans de combats. Il en faudrait autant, afin de parvenir à les égaler; mais qui de nous serait assez ennemi de la Prusse, pour désirer cette terrible épreuve ? »

L'Empereur, déjà maître de toutes les communications et des magasins de l'ennemi écrivit, le 12 de ce mois, la lettre ci-jointe, qu'il envoya au roi de Prusse par l'officier d'ordonnance *Montesquiou.*

Cet officier arriva le 13, à quatre heures après-midi, au quartier du général *Hohenlohe,* qui le retint auprès de lui, et qui prit la lettre dont il était porteur.

Le camp du roi de Prusse était à deux lieues en arrière. Ce prince devait donc recevoir la lettre de l'Empereur au plus tard à six heures du soir. On assure cependant qu'il ne la reçut que le 14, à neuf heures du matin, c'est-à-dire, lorsque déjà l'on se battait.

On rapporte aussi que le roi de Prusse dit alors : « Si cette lettre était arrivée plutôt, peut-être aurait-on pu ne pas se battre ; mais ces jeunes gens ont la tête tellement montée, que s'il eût été question hier de la paix, je n'aurais pas ramené le tiers de mon armée à Berlin. »

Le roi de Prusse a eu deux chevaux tués sous lui, et a reçu un coup de fusil dans la manche.

Le duc de *Brunswick* a eu tous les torts dans cette guerre ; il a mal conçu et mal dirigé les mouvemens de l'armée ; il croyait l'Empereur à Paris lorsqu'il se trouvait sur ses flancs ; il pensait avoir l'initiative des mouvemens, et il était déjà tourné.

Au reste, la veille de la bataille, la consternation était déjà dans les chefs ; ils reconnaissaient qu'on était mal posté, et qu'on allait jouer le va-tout de la monarchie. Ils disaient tous : Eh bien ! nous paierons de notre personne. » Ce qui est d'ordinaire le sentiment des hommes qui conservent peu d'espérance.

La reine se trouvait toujours au quartier-général à Weimar ; il a bien fallu lui dire enfin que les circonstances étaient sérieuses, et que le lendemain il pouvait se passer de grands événemens pour la monarchie prussienne. Elle voulait que le roi lui dît de s'en aller, et en effet elle fut mise dans le cas de partir.

Lord *Morpeth,* envoyé par la cour de Londres pour marchander le sang prussien, mission véritablement indigne d'un homme tel que lui, arriva le 11 à Weimar, chargé de faire des offres séduisantes et de proposer des subsides considérables. L'horizon s'était déjà fort obscurci : le cabinet ne voulut pas voir cet envoyé: il lui fit dire qu'il y avait peut-être peu de sûreté pour sa personne, et il l'engagea à retourner à Hambourg pour y attendre l'événement. Qu'aurait dit la duchesse de *Devonshire*, si elle avait vu son gendre chargé de souffler le feu de la guerre, de venir offrir un or empoisonné , et obligé de retourner sur ses pas, tristement et en grande hâte? On ne peut que s'indigner de voir l'Angleterre compromettre de la sorte des agens estimables et jouer un rôle aussi odieux.

On n'a point encore de nouvelles de la conclusion d'un traité entre la Prusse et la Russie, et il est certain qu'aucun russe n'a paru jusqu'à ce jour sur le territoire prussien. Du reste, l'armée désire fort les voir: ils trouveront Austerlitz en Prusse.

Le prince *Louis-Ferdinand* de Prusse et les autres généraux qui ont succombé sous les premiers coups des français , sont aujourd'hui désignés comme les principaux moteurs de cette incroyable frénésie. Le roi, qui en a couru toutes les chances, et qui supporte tous les malheurs qui en ont été le résultat, est de tous les hommes entraînés par elle , celui qui y était demeuré le plus étranger.

Il y a à Leipsick une telle quantité de marchandises anglaises, qu'on a déjà offert soixante millions pour les racheter.

On se demande ce que l'Angleterre gagnera à tout ceci. Elle pouvait recouvrer le Hanovre, garder le Cap-de-Bonne-Espérance, conserver Malte, faire une paix honorable, et rendre la tranquillité au monde. Elle a voulu exciter la Prusse contre la France; pousser l'EMPEREUR et la France à bout; eh bien! elle a conduit la Prusse à sa ruine, procuré à L'EMPEREUR une plus grande gloire, à la France une plus grande puissance, et le tems approche où l'on pourra déclarer l'Angleterre en état de blocus continental. Est-ce donc avec du sang que les anglais ont espéré alimenter leur commerce, et ranimer leur industrie? De grands malheurs peuvent fondre sur l'Angleterre ; l'Europe les attribuera à la perte de ce ministre honnête homme,

qui voulait gouverner par des idées grandes et libé-
rales, et que le peuple anglais pleurera un jour avec
des larmes de sang.

Les colonnes françaises sont déjà en marche sur
Potzdam et Berlin. Les députés de Potzdam sont arrivés pour demander une sauve-garde.

Le quartier impérial est aujourd'hui à Wittemberg.

*Lettre au roi de Prusse, portée par M.* de Montesquiou,
*capitaine, officier d'ordonnance, parti de Géra, le 13
octobre 1806, à 10 heures du matin, arrivé au camp
du général* Hohenlohe *à 4 heures après-midi.*

» Monsieur mon frère, je n'ai reçu que le 7 la lettre de
» V. M, du 25 septembre. Je suis fâché qu'on lui ai fait
» signer cette espèce de pamphlet (1). Je ne lui réponds que
» pour lui protester que jamais je n'attribuerai à elle les choses
» qui y sont contenues ; toutes sont contraires à son caractère
» et à l'honneur de tous deux. Je plains et dédaigne les ré-
» dacteurs d'un pareil ouvrage. J'ai reçu immédiatement
» après, la note de son ministre, du 1er. octobre. Elle m'a
» donné rendez-vous le 8 ; en bon chevalier, je lui ai tenu
» parole ; je suis au milieu de la Saxe. Qu'elle m'en croie,
» j'ai des forces telles que toutes ses forces ne peuvent balan-
» cer long-tems la victoire. Mais pourquoi répandre tant de
» sang ? à quel but ? Je tiendrai à V. M. le même langage
» que j'ai tenu à l'empereur *Alexandre* deux jours avant la
» bataille d'Austerlitz. Fasse le ciel que des hommes vendus
» ou fanatisés, plus les ennemis d'elle et de son règne qu'ils
» ne le sont des miens et de ma nation, ne lui donnent pas
» les mêmes conseils pour la faire arriver au même résultat !

» Sire, j'ai été votre ami depuis six ans. Je ne veux point
» profiter de cette espèce de vertige qui anime les conseils de
» V. M. et qui lui ont fait commettre des erreurs politiques
» dont l'Europe est encore tout étonnée, et des erreurs mili-
» taires de l'énormité desquelles l'Europe ne tardera pas à re-
» tentir. Si elle m'eût demandé des choses possibles par sa
» note, je les lui eusse accordées ; elle a demandé mon dés-
» honneur, elle devait être certaine de ma réponse. La guerre

---

(1) Ceci a rapport à une lettre du roi de Prusse, composée de vingt pages, véritable
rapsodie, et que très-certainement le roi n'a pu lire ni comprendre. Nous ne pouvons
l'imprimer, attendu que tout ce qui tient à la correspondance particulière des souverains, reste dans le porte-feuille de l'Empereur, et ne vient point à la connaissance
du public. Si nous publions celle de S. M., c'est parce que beaucoup d'exemplaires en
ayant été faits au quartier-général des prussiens, où on la trouva très-belle, une copie
en est tombée entre nos mains.

» est donc faite entre nous, l'alliance rompue pour jamais.
» Mais pourquoi faire égorger nos sujets? Je ne prise point
» une victoire qui sera achetée par la vie d'un bon nombre
» de mes enfans. Si j'étais à mon début dans la carrière mili-
» taire, et si je pouvais craindre les hasards des combats, ce
» langage serait tout-à-fait déplacé. Sire, Votre Majesté sera
» vaincue ; elle aura compromis le repos de ses jours, l'exis-
» tence de ses sujets sans l'ombre d'un prétexte. Elle est
» aujourd'hui intacte et peut traiter avec moi d'une manière
» conforme à son rang ; elle traitera avant un mois dans une
» situation différente ; elle s'est laissée aller à des irritations
» qu'on a calculées et préparées avec art ; elle m'a dit qu'elle
» m'avait souvent rendu des services ; eh bien ! je veux lui
» donner la plus grande preuve du souvenir que j'en ai ; elle
» est maîtresse de sauver à ses sujets les ravages et les mal-
» heurs de la guerre : à peine commencée, elle peut la ter-
» miner, et elle fera une chose dont l'Europe lui saura gré.
» Si elle écoute les furibonds qui il y a quatorze ans voulaient
» prendre Paris, et qui aujourd'hui l'ont embarquée dans une
» guerre, et immédiatement après dans des plans offensifs
» également inconcevables, elle fera à son peuple un mal
» que le reste de sa vie ne pourra guérir. Sire, je n'ai rien
» à gagner contre V. M. ; je ne veux rien et n'ai rien voulu
» d'elle : la guerre actuelle est une guerre impolitique. Je
» sens que peut-être j'irrite dans cette lettre une certaine
» susceptibilité naturelle à tout souverain ; mais les circons-
» tances ne demandent aucun ménagement ; je lui dis les
» choses comme je les pense. Et d'ailleurs, que V. M. me
» permette de le lui dire, ce n'est pas pour l'Europe une
» grande découverte, que d'apprendre que la France est du
» triple plus populeuse et aussi brave et aguerrie que les
» Etats de V. M. Je ne lui ai donné aucun sujet réel de guerre.
» Qu'elle ordonne à cet essaim de malveillans et d'inconsi-
» dérés de se taire à l'aspect de son trône dans le respect qui
» lui est dû ; et qu'elle rende la tranquillité à elle et à ses
» états. Si elle ne retrouve plus jamais en moi un allié, elle
» retrouvera un homme désireux de ne faire que des guerres
» indispensables à la politique de mes peuples, et de ne point
» répandre le sang dans une lutte avec des souverains qui
» n'ont avec moi aucune opposition d'industrie, de commerce
» et de politique. Je prie V. M. de ne voir dans cette lettre
» que le désir que j'ai d'épargner le sang des hommes et
» d'éviter à une nation, qui géographiquement ne saurait être
» ennemie de la mienne, l'amer repentir d'avoir trop écouté

» des sentimens éphémères qui s'excitent et se calment avec
» tant de facilité parmi les peuples.

» Sur ce je prie Dieu, monsieur mon frère, qu'il vous
» ait en sa sainte et digne garde.

» De Votre Majesté, le bon frère. »

(Signé) NAPOLÉON.

De mon camp impérial à Géra, le 12 octobre 1806.

### *Seizième bulletin de la grande armée.*

Le duc de *Brunswick* a envoyé son maréchal du palais à L'EMPEREUR. Cet officier était chargé d'une lettre par laquelle le duc recommandait ses états à S. M.

L'EMPEREUR lui a dit : « Si je faisais démolir la
« ville de *Brunswick*, et si je n'y laissais pas pierre
« sur pierre, que dirait votre prince? La loi du talion
« ne me permet-elle pas de faire à *Brunswick* ce
« qu'il voulait faire dans ma capitale? Annoncer le
« projet de démolir des villes, cela peut être insensé ;
« mais vouloir ôter l'honneur à toute une armée de
« braves gens, lui proposer de quitter l'Allemagne
« par journées d'étapes, à la seule sommation de l'ar-
« mée prussienne, voilà ce que la prostérité aura
« peine à croire. Le duc de *Brunswick* n'eût jamais
« dû se permettre un tel outrage : lorsqu'on a blanchi
« sous les armes, on doit respecter l'honneur mili-
« taire; et ce n'est pas d'ailleurs dans les plaines de
« Champagne que ce général a pu acquérir le droit
« de traiter les drapeaux français avec un tel mépris.
« Une pareille sommation ne déshonorera que le
« militaire qui l'a pu faire. Ce n'est pas au roi de
« Prusse que restera ce déshonneur, c'est au chef de
« son conseil militaire, c'est au général à qui, dans
« ces circonstances difficiles, il avait remis le soin des
« affaires, c'est enfin le duc de *Brunswick* que la France
« et la Prusse peuvent accuser seul de la guerre. La
« frénésie dont ce vieux général a donné l'exemple,
« a autorisé une jeunesse turbulente et entraîné le roi
« contre sa propre pensée et son intime conviction.
« Toutefois, Mr., dites aux habitans du pays de *Bruns-
« wick* qu'ils trouveront dans les français des ennemis
« généreux; que je désire adoucir à leur égard les

« rigueurs de la guerre, et que le mal que pourrait
« occasionner le passage des troupes, serait contre
« mon gré. Dites au général *Brunswick* qu'il sera
« traité avec tous les égards dus à un officier prussien,
« mais que je ne puis reconnaître dans un général
« prussien, un souverain. S'il arrive que la maison de
« *Brunswick* perde la souveraineté de ses ancêtres,
« elle ne pourra s'en prendre qu'à l'auteur de deux
« guerres, qui dans l'une voulut saper jusque dans
« ses fondemens la grande capitale, qui, dans l'autre,
« prétendit déshonorer deux cents mille braves qu'on
« parviendrait peut-être à vaincre, mais qu'on ne
« surprendra jamais hors du chemin de l'honneur et
« de la gloire. Beaucoup de sang a été versé en peu
« de jours, de grands désastres pèsent sur la monar-
« chie prussienne. Il est digne de blâme cet homme
« qui d'un mot pouvait les prévenir, si comme *Nestor*,
« élevant la parole au milieu des conseils, il avait dit :
« « Jeunesse inconsidérée, taisez-vous ; femmes, re-
« tournez à vos fuseaux et rentrez dans l'intérieur de
« vos ménages ; et vous, Sire, croyez-en le compagnon
« du plus illustre de vos prédécesseurs : puisque
« l'Empereur Napoléon ne veut pas la guerre, ne le
« placez pas entre la guerre et le déshonneur ; ne vous
« engagez pas dans une lutte dangereuse avec une
« armée qui s'honore de quinze ans de travaux glo-
« rieux, et que la victoire a accoutumée à tout sou-
« mettre. — Au lieu de tenir ce langage qui convenait
« si bien à la prudence de son âge et à l'expérience
« de sa longue carrière, il a été le premier à crier
« aux armes. Il a méconnu jusqu'aux liens du sang en
« armant un fils contre son père ; il a menacé de planter
« ses drapeaux sur le palais de Stuttgard ; et accom-
« pagnant ces démarches d'imprécations contre la
« France, il s'est déclaré l'auteur de ce manifeste in-
« sensé qu'il avait désavoué pendant 14 ans, quoiqu'il
« n'osât pas nier l'avoir revêtu de sa signature. »
On a remarqué que pendant cette conversation
l'Empereur, avec cette chaleur dont il est quelquefois
animé, a répété souvent : « Renverser et détruire les
« habitations des citoyens paisibles, c'est un crime qui
« se répare avec du tems et de l'argent ; mais déshonorer

« une armée, vouloir qu'elle fuie hors de l'Allema-
« gne devant l'aigle prussienne, c'est une bassesse que
« celui-là seul qui la conseille, était capable de com-
« mettre. »

M. de Lucchesini est toujours au quartier-général.
L'Empereur a refusé de le voir; mais on observe qu'il
a de fréquentes conférence avec le grand-maréchal du
palais, Duroc.

L'Empereur a ordonné de faire présent, sur la grande
quantité de drap anglais qui a été trouvée à Leipsick,
d'un habillement complet à chaque officier, et d'une
capotte et d'un habit à chaque soldat.

Le quartier-général est à Kropstadt.

### Dix-septième bulletin de la grande armée.

A Potzdam, le 25 octobre 1806.

Le corps du maréchal *Lannes* est arrivé le 24 à
Potzdam.

Le corps du maréchal *Davoust* a fait son entrée,
le 25, à dix heures du matin, à Berlin.

Le corps du maréchal prince de *Ponte-Corvo*, est
à Brandenbourg.

Le corps du maréchal *Augereau* fera son entrée à
Berlin, demain 26.

L'Empereur est arrivé hier à Potsdam, et est descendu
au palais. Dans la soirée, il est allé visiter le nouveau
palais Sans-Soucy, et toutes les positions qui environnent Potzdam. Il a trouvé la situation et la dis-
tribution du château de Sans-Soucy agréables. Il est
resté quelque tems dans la chambre du grand Frédéric,
qui se trouve tendue et meublée telle qu'elle l'était
à sa mort.

Le prince *Ferdinand*, frère du grand Frédéric,
est demeuré à Berlin.

On a trouvé dans l'arsenal de Berlin cinq cents pièces
de canon, plusieurs centaines de milliers de poudre,
et plusieurs milliers de fusils.

Le général *Hullin* est nommé commadant de Berlin.

Le général *Bertrand*, aide-de-camp de l'Empereur,
s'est rendu à Spandau; la forteresse se défend; il en a
fait l'investissement avec les dragons de la division
*Dupont*.

*Le grand duc de Berg* s'est rendu à Spandau pour se mettre à la poursuite d'une colonne qui file de Spandau sur Stettin, et qu'on espère couper.

Le maréchal *Lefebvre*, commandant la garde impériale à pied, et le maréchal *Bessières*, commandant la garde impériale à cheval, sont arrivés à Potzdam, le 24, à 9 heures du soir. La garde à pied a fait 14 lieues dans un jour.

L'Empereur reste toute la journée du 25 à Potzdam.

Le corps du maréchal *Ney* bloque Magdebourg.

Le corps du Maréchal *Soult* a passé l'Elbe à une journée de Magdebourg, et poursuit l'ennemi sur Stettin.

Le tems continue à être superbe; c'est le plus bel automne que l'on ait vu.

En route, L'Empereur étant à cheval, pour se rendre de Wittemberg à Potzdam, a été surpris par un orage, et a mis pied à terre dans la maison du grand-veneur de Saxe. S. M. a été fort étonnée de s'entendre appeler par son nom par une jolie femme; c'était un égyptienne, veuve d'un officier français de l'armée d'Egypte, et qui se trouvait en Saxe depuis trois mois elle demeurait chez le grand-veneur de Saxe, qui l'avait recueillie et honorablement traitée. L'Empereur lui a fait une pension de 1200 fr., et s'est chargé de placer son enfant. « C'est la première fois, a dit L'Empereur, que je mets pied à terre pour un orage; j'avais le pressentiment qu'une bonne action m'attendait-là. »

On remarque comme une singularité, que L'Empereur Napoléon est arrivé à Potzdam et descendu dans le même appartement, le jour même et presqu'à la même heure que l'empereur de Russie, lors du voyage que fit ce prince, l'an passé, et qui a été si funeste à la Prusse. C'est de ce moment que la reine a quitté le soin de ses affaires intérieures et les graves occupations de la toilette pour se mêler des affaires d'état, influencer le roi, et susciter par-tout ce feu dont elle était possédée.

La saine partie de la nation prussienne regarde ce voyage comme un des plus grands malheurs qui soit arrivé à la Prusse. On ne se fait point d'idée de l'activité de la faction pour porter le roi à la guerre malgré lui.

Le résultat du célèbre serment fait sur le tombeau du Grand-Frédéric, le 4 novembre 1805, a été la bataille d'Austerlitz, et l'évacuation de l'Allemagne par l'armée russe à journées d'étapes. On fit, quarante-huit heures après, sur ce sujet une gravure qu'on trouve dans toutes les boutiques et qui excite le rire même des paysans. On y voit le bel empereur de Russie, près de lui la reine, et de l'autre côté le roi qui lève la main sur le tombeau du Grand-Frédéric; la reine elle-même, drapée d'un schall à-peu-près comme les gravures de Londres représentent lady Hamilton, appuie la main sur son cœur, et a l'air de regarder l'empereur de Russie. On ne conçoit point que la police de Berlin ait laissé répandre une aussi pitoyable satyre.

Toutefois l'ombre du grand Frédéric n'a pu que s'indigner de cette scène scandaleuse. Son esprit, son génie et ses vœux étaient avec la nation qu'il a tant estimée, et dont il disait que s'il en était roi, il ne se tirerait pas un coup de canon, en Europe, sans sa permission.

18ᵉ *Bulletin de la grande armée.*

Potzdam, le 26 octobre 1806.

L'empereur a passé à Potzdam la revue de la garde à pied, composée de dix bataillons et de soixante pièces d'artillerie, servies par l'artillerie à cheval. Ces troupes qui ont éprouvé tant de fatigues, avaient la même tenue qu'à la parade de Paris.

A la bataille d'Jena, le général de division *Victor* a reçu un biscayen qui lui a fait une contusion: il a été obligé de garder le lit pendant quelques jours. Le général de brigade *Gardanne,* aide-de-camp de l'empereur, a eu un cheval tué, et a été légèrement blessé. Quelques officiers supérieurs ont eu des blessures, d'autres des chevaux tués, et tous ont rivalisé de courage et de zèle.

L'empereur a été voir le tombeau du Grand-Frédéric. Les restes de ce grand-homme sont renfermés dans un cercueil de bois recouvert en cuivre, placé dans un caveau sans ornement, sans trophées, sans aucunes distinctions qui rappellent les grandes actions qu'il a faites.

L'empereur a fait présent à l'hôtel des invalides de Paris, de l'épée de Frédéric, de son cordon de l'Aigle Noire, de sa ceinture de général, ainsi que des drapeaux que portait sa garde dans la guerre de sept ans. Les vieux invalides de l'armée de Hanovre accueilleront avec un respect religieux tout ce qui a appartenu à un des premiers capitaines dont l'histoire conservera le souvenir.

Lord *Morpeth*, envoyé d'Angleterre auprès du cabinet prussien, ne se trouvait, pendant la journée d'Jena, qu'à six lieues du champ de bataille. Il a entendu le canon; un courier vint bientôt lui annoncer que la bataille était perdue, et en un moment il fut entouré de fuyards qui le poussaient de tous côtés. Il courait en criant: *Il ne faut pas que je sois pris!* Il offrit jusqu'à 60 guinées pour obtenir un cheval; il en obtint un et se sauva.

La citadelle de Spandau, située à trois lieues de Berlin, et à quatre lieues de Potzdam, forte par sa situation au milieu des eaux, et renfermant 1200 hommes de garnison, et une grande quantité de munitions de guerre et de bouche, a été cernée le 24 dans la nuit. Le général *Bertrand*, aide-de-camp de l'empereur, avait déja reconnu la place. Les pièces étaient disposées pour jeter des obus, et intimider la garnison. Le maréchal *Lannes* a fait signer par le commandant, la capitulation ci-jointe.

On a trouvé à Berlin des magasins considérables d'effets de campement et d'habillement; on en dresse les inventaires.

Une colonne, commandée par le duc de Weimar, est poursuivie par le maréchal *Soult*. Elle s'est présentée le 23 devant Magdebourg. Nos troupes étaient là depuis le 20. Il est probable que cette colonne, forte de 15,000 hommes, sera coupée et prise. Magdebourg est le premier point de rendez-vous des troupes prussiennes. Beaucoup de corps s'y rendent. Les français les bloquent.

Une lettre de Helmstadt, récemment interceptée, contient des détails curieux. Elle est ci-jointe.

MM. les princes *d'Hatzfeld, Busching*, président de la police, le président de *Kercheizen, Formey*, conseillers intimes; *Polzig*, conseiller de la municipalité; MM. *Rueg*, *Sierg* et de *Hermensdorf*, conseillers députés de la ville de Berlin , ont remis ce matin à l'empereur, à Potzdam, les clefs de la ville de Berlin. Ils étaient accompagnés de MM. *Grotte*, conseiller des finances, le baron de *Vichnitz* et le baron *d'Eckarlstein*. Ils ont dit que les bruits qu'on avait répandus sur l'esprit de cette ville, étaient faux; que les bourgeois et la masse du peuple avaient vu la guerre avec peine ; qu'une poignée de femmes et de jeunes officiers avaient fait seuls ce tapage; qu'il n'y avait pas un seul homme sensé qui n'eût vu ce qu'on avait à craindre, et qui pût deviner ce qu'on avait à espérer. Comme tous les prussiens, ils accusent le voyage de l'empereur Alexandre des malheurs de la Prusse. Le changement qui s'est dès-lors opéré dans l'esprit de la reine, qui, de femme timide et modeste, s'occupant, de son intérieur, est devenue turbulente et guerrière, a été une révolution subite. Elle a voulu tout-à-coup avoir un régiment, aller au conseil, et elle a si bien mené la monarchie, qu'en peu de jours elle l'a conduite au bord du précipice.

Le quartier-général est à Charlottenbourg.

*Copie de la capitulation de la forteresse de Spandau.*

Nous, général divisionnaire au service de S. M. I. et R. , grand-cordon de la légion d'honneur, chef de l'état-major-général du 5e. corps de la grande armée, fondé de pouvoirs de M. le maréchel d'empire *Lannes*, commandant en chef ledit corps d'armée ;

Et M. le major de *Benekendorff*, major au service de S. M. le roi de Prusse, commandant de la forteresse de Spandau, Sommes convenus de ce qui suit :

Art. Ier. MM. les officiers de la garnison de Spandau se retireront où ils voudront avec leurs armes, hardes, et autres effets à eux appartenans.

II. M. le maréchal *Lannes* s'engage à demander à S. M. I. et R. , que les invalides et leurs femmes conservent aussi leurs effets, et qu'ils puissent rester dans la citadelle.

III. Les sous-officiers et soldats formant la garnison de la forteresse de Spandau , sont prisonniers de guerre.

IV. La forteresse sera sur-le-champ remise à l'armée française, avec l'artillerie, armes, munitions, et en général tous ses approvisionnemens.

V.

V. MM. les officiers seront libres de se retirer où il leur plaira. Il leur sera délivré un passe-port par le chef-d'état-major du 5e. corps de la grande armée.

VI. Tout ce qui n'est pas militaire, sortira de la place sans aucune condition, et emportera ses hardes et autres effets.

Spandau, le 25 octobre 1806.

Signé, le général de division, *Victor*, et *V. Benekendorff*.

### *Lettre écrite d'Helmstadt, dans le duché de Brunswick, le 18 octobre 1806.*

A mon épouse et à mes enfans :

Au milieu du fracas de la guerre qui s'approche de plus en plus de notre paisible demeure, et des nouvelles d'une défaite totale qu'annoncent ici les fuyards prussiens qui y passent par troupes, et (ce qu'il y a de plus affreux pour moi) sans aucune nouvelle sur le sort de mes deux fils aînés, je suis dans une telle anxiété que je suis à peine capable de penser ou d'écrire quelque chose de raisonnable.

Notre bon duc est blessé à mort ; on dit même qu'il n'est déjà plus. Le prince Louis de Prusse a été tué. Mollendorff a de fortes blessures et garde le lit ; le roi est parvenu avec peine à échapper aux ennemis ; Halberstadt est plein de blessés. Dieu ! que seront devenus mes deux fils, sur-tout l'aîné ? Plût au ciel qu'il fût mort pour sa patrie les armes à la main, pourvu qu'il ait pu contribuer à battre l'ennemi. Mais mourir d'une manière aussi ignominieuse ! Ce serait pour moi un pas de plus vers la tombe, de le savoir une des victimes d'une journée où les français se sont vengés au centuple de leur défaite de Rosbach, et qui donnera le coup de grace à la réputation militaire des prussiens. Il ne reste qu'environ cent hommes du régiment du duc ; il n'y a pas la moindre possibilité pour les prussiens de livrer encore une seule bataille pour réparer une aussi grande perte : c'est ce qu'affirment les généraux prussiens mêmes qui passent ici. Et quand on leur demande ce que sont devenus leurs camarades, et où ils se sont sauvés, ils ne peuvent donner aucune réponse satisfaisante : on dirait que leur armée a été dispersée vers les quatre points cardinaux.

» J'ai fait enfin ce que vous désiriez, et en voici le résultat. » C'est le langage que peut tenir à juste titre le bon roi Frédéric-Guillaume à ces jeunes officiers qui, à la parade, témoignaient hautement leur mécontentement de ce qu'il tardait autant à les mener contre les français.

E

Il est tems que les prussiens, russes, autrichiens soient enfin convaincus que les français sont et resteront invincibles tant que les autres puissances de l'Europe s'obstineront et s'entêteront, malgré les leçons de l'expérience, à conserver leur ancienne routine militaire, au lieu d'adopter le systême des français et de chercher à les vaincre avec leurs propres armes. Un officier prussien en passant ici, disait d'eux: » Ces » français sont de petits bons hommes, des nains. S'il s'agis- » sait simplement de se mesurer avec eux corps à corps, je » me ferais fort de venir à bout de six d'entre eux et de les » faire sauter par la fenêtre : mais en troupe et dans les rangs, » ce sont des diables : cela marche, cela se déploie avec une » promptitude sans exemple ; les boulets passent par-dessus ; » et pendant qu'un inutile et lourd serre-file prussien fait » une seule fois demi-tour à droite, les français ont déjà » répété ce mouvement une demi-douzaine de fois. »

Que ne pourrait-on pas encore ajouter à ces paroles d'un officier très-distingué? Par exemple : ces petits bons hommes ne deviennent pas des machines militaires à force de coups de bâton, comme des chiens ; mais le point d'honneur en fait de vrais héros qui commencent, il est vrai, par se vouer fort à contre-cœur au métier de soldat qu'ils sont forcés d'em-brasser, ainsi que les recrues prussiens, mais finissent par le préférer à tout autre, tant à cause de l'humanité avec laquelle on les traite, que de la perspective honorable que peut avoir le simple soldat même.

Malgré l'impossibilité que, de 400,000 hommes, chacun puisse atteindre au grade d'officier et encore moins aux pre-mières dignités militaires, il n'en est pas moins vrai que le soldat qui peut se dire à lui-même : » Il n'est pas impossible » que je devienne maréchal d'empire, prince ou duc, ainsi » que tout autre, » doit être bien encouragé par cette pensée. Un homme qui ne saurait pas ce que c'est que l'honneur, doit en acquérir le sentiment, en se familiarisant avec cette pensée, et doit aller au combat avec un courage sans exemple, quand il sait qu'il affronte la mort pour un but plus élevé que celui de recevoir 5 s. par jour. Quand je me représente au contraire, un pauvre diable de soldat au service de telle ou telle puissance ; quand je pense aux innombrables coups de bâton que j'ai vus distribuer, et que je me convaincs que chez un ancien soldat, vieilli au service de ces puissances, ce serait une pensée digne des petites maisons d'oser espérer, après tant de mauvais traitemens, de services pénibles et de batailles auxquelles il aura assisté, de parvenir seulement au grade de porte-drapeau ou de cornette ; quand je réfléchis à tout cela, je ne m'étonne plus un instant que les prussiens aient été battus par les français, et j'aurais regardé comme une merveille de les voir vaincre.

A Rosbach, cela était tout différent. Alors, aussi étaient à la tête de l'armée française des gens de qualité qui ne devaient leur rang qu'à leur naissance et à la protection d'une *Pompadour*, et qui commandaient à des soi-disant soldats, sur la trace desquels, après leur fuite, on ne trouva que des bourses à cheveux et des sacs à poudre. Mais combien tout cela a changé de face !

Il est bien malheureux que les puissances belligérantes fassent si peu attention à ce changement, et qu'elles cherchent aussi peu à prendre des mesures analogues à ces nouvelles circonstances. Elles préfèrent se laisser battre par les français, à prendre des leçons d'eux, et cependant il n'y a d'autre moyen que de prendre ce parti, pendant qu'il en est encore tems, ou de se résoudre à une ruine inévitable.

*P. S. Du 20 octobre.* — Sur le point de faire partir cette lettre, j'ai été retenu un instant par la pensée que les détails que je vous donne, quoique venant de source sûre, pourraient paraître exagérés, et augmenter inutilement vos alarmes ; mais malheureusement les nouvelles les plus récentes sont encore plus affligeantes, et le deviennent plus d'un moment à l'autre.

Aujourd'hui lundi, j'ai eu à dîner un officier de dragons du corps du général Blucher, faisant partie de l'un des deux régimens qui ont escorté le roi pendant la nuit, à travers l'armée française, qui était placée ainsi :

et c'est dans l'intervalle marqué A, que S. M. a été obligée de passer avec son escorte pour n'être point coupée. Pendant cette marche on distinguait aisément les cris d'allégresse des deux corps français pour célébrer la victoire. Les officiers prussiens persistent à dire qu'il est impossible à leur armée de se réunir en corps pour s'opposer aux français. Il est douteux encore qu'il y ait une armée russe en mouvement et dans le voisinage, etc,

## 19<sup>c.</sup> *Bulletin de la grande armée.*

Chalottenbourg, le 27 octobre 1806.

L'empereur parti de Potzdam aujourd'hui à midi a été visiter la forteresse de Spandau. Il a donné des ordres au général de division *Chasseloup*, commandant le génie de l'armée, sur les améliorations à faire aux fortifications de cette place. C'est un ouvrage superbe ; les magasins sont magnifiques. On a trouvé à Spandau des farines, des grains, de l'avoine pour nourir l'armée pendant deux mois ; des munitions de guerre, pour doubler l'approvisionnement de l'artillerie. Cette forteresse située sur la Sprée, à deux lieues de Berlin, est une acquisition inestimable. Dans nos mains, elle soutiendra deux mois de tranchée ouverte. Si les prussiens ne l'ont pas défendue, c'est que le commandant n'avait pas reçu d'ordre, et que les français y sont arrivés en même tems que la nouvelle de la bataille perdue. Les batteries n'étaient pas faites et la place était désarmée.

Pour donner une idée de l'extrême confusion qui règne dans cette monarchie, il suffit de dire que la reine, à son retour de ses ridicules et tristes voyages d'Erfurt et de Weimar, a passé la nuit à Berlin, sans voir personne, qu'on a été long-tems sans avoir des nouvelles du roi ; que personne n'a pourvu à la sûreté de la capitale, et que les bourgeois ont été obligés de se réunir, pour former un gouvernement provisoire.

L'indignation est à son comble contre les auteurs de la guerre. Le manifeste, que l'on appelle à Berlin un indécent libelle où aucun grief n'a été articulé, a soulevé la nation contre son auteur, misérable scribe nommé *Gentz,* un de ces hommes sans honneur qui se vendent pour de l'argent.

Tout le monde avoue que la reine est l'auteur des maux que souffre la nation prussienne. On entend dire par-tout : Elle était si bonne, si douce, il y a un an. Mais depuis cette fatale entrevue avec l'empereur *Alexandre,* combien elle est changée !

Il n'y a aucun ordre dans les palais ; de manière qu'on a trouvé à Potzdam l'épée du *Grand-Frédéric,* la ceinture de général qu'il portait à la guerre de sept ans, et son cordon de l'Aigle noire. L'empereur s'est saisi de ces trophées avec empressement, et a dit : « J'aime mieux cela que vingt millions » Puis, pensant un moment à qui il confierait ce précieux dépôt : « Je les enverrai, dit-il, à mes vieux soldats de la guerre d'Hanovre ; j'en ferai présent au gouverneur des invalides ; cela restera à l'hôtel. »

On a trouvé dans l'appartement qu'occupait la reine, à Potzdam, le portrait de l'empereur de Russie dont ce prince lui avait fait présent ; on a trouvé à Charlottenbourg sa correspondance avec le roi, pendant trois ans, et des mémoires rédigés par des écrivains anglais, pour prouver qu'on ne devait tenir aucun compte des traités conclus avec l'empereur Napoléon, mais se tourner tout-à-fait du côté de la Russie. Ces pièces sur-tout sont des pièces historiques ; elles démontreraient, si cela avait besoin d'un démonstration, combien sont malheureux les princes qui laissent prendre aux femmes l'influence sur les affaires politiques. Les notes, les rapports, les papiers d'état étaient musqués et se trouvaient mêlés avec des chiffons et d'autres objets de la toilette de la reine. Cette princesse avait exalté les têtes de toutes les femmes de Berlin ; mais aujourd'hui elles ont bien changé ; les premiers fuyards ont été mal reçus ; on leur a rappellé, avec ironie, le jour où ils aiguisaient leurs sabres sur les places de Berlin, voulant tout tuer et tout pourfendre.

Le général *Savary*, envoyé avec un détachement de cavalerie, à la recherche de l'ennemi, mande que le prince de *Hohenlohe*, obligé de quitter Magdebourg, se trouvait, le 25, entre Rathenau et Ruppin, se retirant sur Stettin.

Le maréchal *Lannes* était déjà à Zehdenick ; il est probable que les débris de ce corps ne parviendront pas à se sauver, sans être de nouveaux entamés.

Le corps bavarois doit être entré ce matin à Dresde : on n'en a pas encore de nouvelles.

Le prince *Louis-Ferdinand*, qui a été tué dans la première affaire de la campagne, est appelé publiquement, à Berlin, le petit *duc d'Orléans*. Ce jeune homme abusait de la bonté du roi au point de l'insulter. C'est lui qui, à la tête d'une troupe de jeunes officiers, se porta, pendant une nuit, à la maison de M. d'Haugwitz, lorsque ce ministre revint de Paris, et cassa ses fenêtres.

On ne sait si l'on doit le plus s'étonner de tant d'audace, ou de tant de faiblesse.

Uun grande partie de ce qui a été dirigé de Berlin sur Magdebourg et sur l'Oder a été intercepté par la cavalerie légère. On a déjà arrêté plus de soixante bateaux chargés d'effets d'habillement, de farine et d'artillerie. Il y a des régimens d'hussards qui ont plus de 5oo,ooo fr. On a rendu compte qu'ils achetaient de l'or pour de l'argent à 5o pour cent de perte.

Le château de Charlottenbourg, où loge l'empereur, est situé à une lieu de Berlin, sur la Sprée.

### 20<sup>e</sup> *Bulletin de la grande armée.*

Charlottenbourg, le 27 Octobre 1806.

Si les événemeus militaires n'ont plus l'intérêt de l'incertitude, ils ont toujours l'intérêt des combinaisons, des marches et des manœuvres. L'infatigable *grand-duc de Berg* se trouvait à Zehdenick le 26, à trois heures après-midi, avec la brigade de cavalerie légère du général *Lasalle ;* et les divisions de dragons des généraux *Beaumont* et *Grouchy* étaient en marche pour arriver sur ce point.

La brigade du général *Lasalle* contint l'ennemi, qui lui montra près de six mille hommes de cavalerie. C'était toute la cavalerie de l'armée prussienne, qui, ayant abandonné Magdebourg, formait l'avant-garde du corps du prince de *Hohenlohe,* qui se dirigeait sur Stettin. A quatre heures après-midi, les deux divisions de dragons étant arrivées, la brigade du général *Lasalle* chargea l'ennemi avec cette singulière intrépidité qui a caractérisé les hussards et les chasseurs français dans cette campagne. La ligne de l'ennemi, quoique triple, fut rompue, l'ennemi poursuivi dans le village de Zehdenick et culbuté dans les défilés. Le régiment des dragons de la reine voulut se reformer; mais les dragons de la division *Grouchy* se présentèrent, chargèrent l'ennemi, et en firent un horrible carnage. De ces six mille hommes de cava-

lerie, partie a été culbutée dans les marais; trois cents
sont restés sur le champ de bataille : sept cents ont
été pris avec leurs chevaux : le colonel du régiment
de la reine et un grand nombre d'officiers sont de ce
nombre. L'étendart de ce régiment a été pris. Le corps
du maréchal *Lannes* est en pleine marche pour soutenir la cavalerie. Les cuirassiers se portent en colonne
sur la droite, et un autre corps d'armée se porte sur
Gransée. Nous arriverons à Stettin avant cette armée,
qui, attaquée dans sa marche en flanc, est déjà débordée par sa tête. Démoralisée comme elle l'est, on a
lieu d'espérer que rien n'en échappera, et que toute
la partie de l'armée prussienne qui a inutilement
perdu deux jours à Magdebourg pour se rallier, n'arrivera pas sur l'Oder.

Ce combat de cavalerie de Zehdenick a son intérêt
comme fait militaire. De part et d'autre, il n'y avait
pas d'infanterie ; mais la cavalerie prussienne est si
loin de la nôtre, que les événemens de la campagne
ont prouvé qu'elle ne pouvait tenir vis-à-vis de
forces moindres de la moitié.

Un adjoint de l'état-major, arrêté par un parti ennemi du côté de la Thuringe, lorsqu'il portait des
ordres au maréchal *Mortier*, a été conduit à Custrin,
et y a vu le roi. Il rapporte qu'au-delà de l'Oder, il
n'est arrivé que très-peu de fuyards, soit à Stettin,
soit à Custrin, il n'a presque point vu de troupes
d'infanterie.

*Lettre du chirurgien qui traite la blessure du duc*
*de Brunswick, au roi de Prusse.*

Votre Majesté m'a fait la grace de me mander que vu
l'approche des troupes françaises, du pays de Brandebourg,
où elles sont effectivement arrivées le jour même de notre
départ, elle s'était résolue à faire transporter ici S. A. le duc.
J'ai la satisfaction de lui annoncer que nous y sommes arrivés
très-heureusement aujourd'hui. La santé de ce prince est un
peu améliorée, et le serait davantage, si S. A. avait le repos
et le contentement de l'ame ; mais c'est ce qui est impossible
dans des circonstances aussi malheureuses.

Brunswick, le 22 octobre 1806.

(Signé) FALLWIST.

*Autre bulletin de la santé du duc. (On ne sait à qui il est adressé.)*

La santé du duc s'est beaucoup améliorée depuis le 17 ; la fièvre a tout-à-fait cessé, et la figure n'est plus enflée ; la blessure est sur-tout en bon état. On ne peut encore rien décider quant à ce qui a rapport à la vue, car il a été jusqu'à présent impossible à S. A. d'ouvrir les yeux. S. A. serait dans un meilleur état de santé, sans ces inquiétudes et cette impression que les malheurs ont faites sur son ame. Tous les moyens qu'on emploie pour le distraire sont vains. C'est par cette raison que l'on ne peut pas encore positivement répondre de la vie de S. A.

Brunswick, le 22 octobre 1806.

### 21<sup>e</sup>. *Bulletin de la grande armée.*

Berlin, le 28 octobre 1806.

L'Empereur a fait hier 27 une entrée solemnelle à Berlin. Il était environné du prince de *Neufchâtel*, des maréchaux *Davoust* et *Augereau*, de son grand-maréchal du palais, de son grand-écuyer et de ses aides-de-camp. Le maréchal *Lefebvre* ouvrait la marche à la tête de la garde impérial à pied ; les cuirassiers de la division *Nansouty* étaient en bataille sur le chemin. L'Empereur marchait entre les grenadiers et les chasseurs à cheval de sa garde. Il est descendu au palais à trois heures après midi ; il y a été reçu par le grand-maréchal du palais, *Duroc*. Une foule immense était accourue sur son passage. L'avenue de Charlottenbourg à Berlin est très-belle ; l'entrée par cette porte est magnifique. La journée était superbe. Tout le corps de la ville, présenté par le général *Hullin*, commandant de la place, est venu à la porte offrir les clefs de la ville à l'Empereur. Ce corps s'est rendu ensuite chez S. M. Le général prince *d'Hatzfeld* était à la tête.

L'Empereur a ordonné que les 2 mille bourgeois les plus riches se réunissent à l'hôtel-de-ville, pour nommer 60 d'entre-eux qui formeront le corps municipal. Les vingt cantons fourniront une garde de 60 hommes chacun, ce qui fera 1200 des plus riches bourgeois, pour garder la ville et en faire la police. L'Empereur a dit au prince *d'Hatzfeld*: « Ne vous

« présentez pas devant moi, je n'ai pas besoin de vos
« services. Retirez-vous dans vos terres » Il a reçu
le chancelier et les ministres du roi de Prusse.

Le 28, à neuf heures du matin, les ministres de
Bavière, d'Espagne, de Portugal et de la Porte, qui
étaient à Berlin, ont été admis à l'audience de l'Empereur. Il a dit au ministre de la Porte d'envoyer
un courier à Constantinople, pour porter des nouvelles
de ce qui se passait, et annoncer que les russes n'entreraient pas aujourd'hui en Moldavie, et qu'ils ne
tenteraient rien contre l'empire ottoman. Ensuite il
a reçu tout le clergé protestant et calviniste. Il y a à
Berlin plus de dix ou douze mille français réfugiés
par suite de l'édit de Nantes. S. M. a causé avec les
principaux d'entre eux. Il leur a dit qu'ils avaient de
justes droits à sa protection, et que leurs priviléges
et leur culte seraient maintenus. Il leur a recommandé
de s'occuper de leurs affaires, de rester tranquilles,
et de porter obéissance et respect à *César*.

Les cours de justice lui ont été présentées par le
chancelier. Il s'est entretenu avec les membres de la
division des cours d'appel et de première instance;
il s'est informé de la manière dont se rendait la justice.

M. Le comte de *Néale* s'étant présenté, dans les
salons de l'Empereur, S. M. lui a dit: « Eh bien !
« Monsieur, vos femmes ont voulu la guerre; en voici
« le résultat; vous devriez mieux contenir votre famille. » Des lettres de sa fille avaient été interceptées.
« Napoléon, disaient ces lettres, ne veut pas faire
la guerre, il faut la lui faire. » « Non, dit S. M à
M. de *Néale*, je ne veux pas la guerre; non pas que
je me méfie de ma puissance, comme vous le pensez;
mais parce que le sang de mes peuples m'est précieux,
et que mon premier devoir est de ne le répandre que
pour sa sûreté et son honneur. Mais ce bon peuple de
Berlin est victime de la guerre, tandis que ceux qui
l'ont attirée se sont sauvés. Je rendrai cette noblesse
de cour si petite, qu'elle sera obligée de mendier son
pain. »

En faisant connaître ses intentions au corps municipal, « J'entends, dit l'Empereur, qu'on ne casse les
fenêtres de personne. Mon frère le roi de Prusse a

cessé d'être roi le jour où il n'a pas fait pendre le prince *Louis-Ferdinand* lorsqu'il a été assez osé pour aller casser les fenêtres de ses ministres. »

Aujourd'hui 28, l'Empereur est monté à cheval pour passer en revue le corps du maréchal *Davoust*; demain, S. M. passera en revue le corps du maréchal *Augereau.*

*Le grand-duc de Berg* et les maréchaux *Lannes*, et prince de *Ponte-Corvo*, sont à la poursuite du prince de *Hohenlohe.* Après le brillant combat de cavalerie de Zehdenick, *le grand-duc de Berg* s'est porté à Templin; il y a trouvé les vivres et le dîné préparé pour les généraux et les troupes prussiennes.

A Gransé, le prince de *Hohenlohe* a changé de route et s'est dirigé sur Furstemberg. Il est probable qu'il sera coupé de l'Oder, et qu'il sera enveloppé et pris.

*Le duc de Weimar* est dans une position semblable vis-à-vis du maréchal *Soult.* Ce duc a montré l'intention de passer l'Elbe à Tanger-Munde, pour gagner l'Oder. Le 25, le maréchal *Soult* l'a prévenu. S'il est joint, pas un homme n'échappera; s'il parvient à passer, il tombe dans les mains du *grand-duc de Berg* et des maréchaux *Lannes* et prince de *Ponte-Corvo.* Une partie de nos troupes borde l'Oder. Le roi de Prusse a passé la Vistule.

M. le comte de *Zastrow* a été présenté à l'Empereur le 27, à Charlottenbourg, et lui a remis une lettre du roi de Prusse.

Au moment même l'Empereur reçoit un aide-de-camp du prince *Eugène*, qui lui annonce une victoire remportée sur les russes en Albanie.

Voici la proclamation que l'Empereur a faite à ses soldats :

### *Proclamation de l'Empereur et Roi.*

Soldats !

» Vous avez justifié mon attente et répondu dignement à la confiance du peuple français. Vous avez supporté les privations et les fatigues avec autant de courage que vous avez montré d'intrépidité et de sang-froid au milieu des combats. Vous êtes les dignes défenseurs de l'honneur de ma couronne et de la gloire du grand peuple ; tant que vous serez animé de cet esprit, rien ne pourra vous résister. La cavalerie a rivalisé avec l'infanterie et l'artillerie ; je ne sais désormais à quelle arme je dois donner la préférence.... Vous êtes tous de bons soldats. Voici les résultats de nos travaux.

Une des premières puissances militaires de l'Europe, qui osa naguères nous proposer une honteuse capitulation, est anéantie. Les forêts, les défilés de la Franconie, la Saale, l'Elbe, que nos pères n'eussent pas traversés en sept ans, nous les avons traversés en sept jours, et livré dans l'intervalle quatre combats et une grande bataille. Nous avons précédé à Potzdam, à Berlin, la renommée de nos victoires. Nous avons fait 60,000 prisonniers, pris 65 drapeaux parmi lesquels ceux des gardes du roi de Prusse, 600 pièces de canon, trois forteresses, plus de vingt généraux. Cependant près de la moitié de vous regrettent de n'avoir pas encore tiré un coup de fusil. Toutes les provinces de la monarchie prussienne jusqu'à l'Oder, sont en notre pouvoir.

Soldats, les russes se vantent de venir à nous. Nous marcherons à leur rencontre, nous leur épargnerons la moitié du chemin ; ils retrouveront Austerlitz au milieu de la Prusse. Une nation qui a aussitôt oublié la générosité dont nous avons usé envers elle après cette bataille, où son empereur, sa cour, les débris de son armée n'ont dû leur salut qu'à la capitulation que nous leur avons accordée, est une nation qui ne saurait lutter avec succès contre nous.

Cependant, tandis que nous marchons au-devant des russes, de nouvelles armées, formées dans l'intérieur de l'empire, viennent prendre notre place pour garder nos conquêtes. Mon peuple tout entier s'est levé, indigné de la honteuse capitulation que les ministres prussiens, dans leur délire, nous ont proposée. Nos routes et nos villes frontières sont remplies de conscrits qui brûlent de marcher sur vos traces. Nous ne serons plus désormais les jouets d'une paix traîtresse, et nous ne poserons plus les armes que nous n'ayons obligé les anglais, ces éternels ennemis de notre nation, à renoncer au projet de troubler le continent, et à la tyrannie des mers.

Soldats, je ne puis mieux vous exprimer les sentimens que j'ai pour vous, qu'en vous disant que je vous porte dans mon cœur l'amour que vous me montrez tous les jours.

De notre camp impérial de Potzdam, le 26 octobre 1806. »

( Signé ) NAPOLÉON.

## *Lettre de S. M. I. et R. à MM. les archevêques et évêques de l'empire.*

« Monsieur l'évêque, les succès que nous venons « de remporter sur nos ennemis, avec l'aide de la di- « vine providence, imposent à nous et à notre peuple « l'obligation d'en rendre au Dieu des armées de so- « lennelles actions de graces. Vous avez vu, par la « dernière note du roi de Prusse, la nécessité où nous « nous sommes trouvés de tirer l'épée pour défendre « le bien le plus précieux de notre peuple, l'honneur. « Quelque répugnance que nous ayons eue, nous « avons été poussés à bout par nos ennemis ; ils ont « été battus et confondus. Au reçu de la présente, « veuillez donc réunir nos peuples, dans les temples, « chanter un *Te Deum,* et ordonner des prières pour « remercier Dieu de la prospérité qu'il a accordée à « nos armes.

« Cette lettre n'étant pas à autre fin, je prie Dieu, « monsieur l'évêque, qu'il vous ait en sa sainte garde.

« De notre camp impérial de Weimar, le 15 octobre « 1806. (Signé) NAPOLÉON.

## 22ᵉ. *Bulletin de la grande armée.*

Berlin, le 29 octobre 1806.

Les événemens se succèdent avec rapidité. *Le grand-duc de Berg* est arrivé le 27, à Hasleben avec une division de dragons. Il avait envoyé à Boitzenbourg le général *Milhaud* avec le 13ᵉ. régiment de chasseurs et la brigade de cavalerie légère du général *Lasalle,* sur Prentzlow. Instruit que l'ennemi était en force à Boitzenbourg, il s'est porté à Wigneensdorf. A peine arrivé-là, il s'apperçut qu'une brigade de cavalerie ennemie s'était portée sur la gauche, dans l'intention de couper le général *Milhaud.* Les voir, les charger, jeter le corps des gendarmes du roi dans le lac, fut l'affaire d'un moment. Ce régiment se voyant perdu, demanda à capituler. Le prince, toujours généreux, le lui accorda. Cinq cents hommes mirent pied à terre et remirent leurs chevaux. Les officiers se retirent chez eux sur parole. Quatre étendards de la garde, tous d'or, furent le trophée du petit combat de Wig-

neensdorf, qui n'était que le prélude de la belle affaire
de Prentzlow.

Ces célèbres gendarmes, qui ont trouvé tant de
commisération après la défaite, sont les mêmes qui,
pendant trois mois, ont révolté la ville de Berlin
par toutes sortes de provocations. Ils allaient sous
les fenêtres de M. *Laforét*, ministre de France,
aiguiser leurs sabres : les gens de bon sens haussaient
les épaules; mais la jeunesse sans expérience, et les
femmes passionnées à l'exemple de la reine, voyaient
dans cette ridicule fanfaronnade un pronostic sûr des
grandes destinées qui attendaient l'armée prussienne.

Le prince de *Hohenlohe* avec les débris de la
bataille d'Jena, cherchait à gagner Stettin. Il avait été
obligé de changer de route, parce que le *Grand-duc
de Berg* était à Templin avant lui. Il voulut déboucher de Boitzenbourg sur Hasleben; il fut trompé dans
son mouvement. Le *grand duc de Berg* jugea que l'ennemi cherchait à gagner Prentzlow; cette conjecture
était fondée. Le prince marcha toute la nuit avec les
divisions de dragons des généraux *Beaumont* et
*Grouchy*, éclairées par la cavalerie légère du général *Lasalle*. Les premiers postes de nos hussards arrivèrent à Prentzlow avec l'ennemi, mais ils furent
obligés de se retirer le 28 au matin devant les forces
supérieures que déploya le prince de *Hohenlohe*. A
9 heures du matin, le *grand-duc de Berg* arriva à
Prentzlow, et à dix heures il vit l'armée ennemie en
pleine marche. Sans perdre de tems en vains mouvemens, le prince ordonna au général *Lasalle* de charger
dans les faubourgs de Prentzlow, et le fit soutenir
par les généraux *Grouchy* et *Beaumont*, et leurs six
pièces d'artillerie légère. Il fit traverser à Golmitz la
petite rivière qui passe à Prentzlow, par 3 régimens
de dragons, attaquer le flanc de l'ennemi, et chargea
son autre brigade de dragons de tourner la ville. Nos
braves canonniers à cheval placèrent si bien leurs
pièces, et tirèrent avec tant d'assurance, qu'ils mirent
de l'incertitude dans les mouvemens de l'ennemi.
Dans le moment, le général *Grouchy* reçut ordre
de charger, ses braves dragons s'en acquittèrent avec
intrépidité. Cavalerie, infanterie, artillerie, tout fut

culbuté dans les faubourgs de Prentzlow. On pouvait entrer pêle-mêle avec l'ennemi dans la ville; mais le prince préféra le faire sommer par le général *Béliard*. Les portes de la ville étaient déjà brisées. Sans espérance, le prince de *Hohenlohe*, un des principaux boutefeux de cette guerre impie, capitula, et défila devant l'armée française avec 16,000 hommes d'infanterie, presque tous gardes ou grenadiers, six régimens de cavalerie, 45 drapeaux, et 64 pièces d'artillerie attelées. Tout ce qui avait échappé des gardes du roi de Prusse à la bataille d'Jena, est tombé en notre pouvoir. Nous avons tous les drapeaux des gardes à pied et à cheval du roi. Le prince de *Hohenlohe*, commandant en chef après la blessure du duc de *Brunswick*, un prince de *Mecklembourg-Schwerin*, et plusieurs généraux sont nos prisonniers.

« Mais il n'y a rien de fait tant qu'il reste à faire, « écrivit l'EMPEREUR au *grand duc de Berg*. Vous avez « débordé une colonne de 8000 hommes commandée « par le général *Blucher* ; que j'apprenne bientôt « qu'elle a éprouvé le même sort. »

Une autre de 10,000 hommes a passé l'Elbe; elle est commandée par le duc de Weimar. Tout porte à croire que lui et toute sa colonne vont être enveloppés.

Le prince *Auguste-Ferdinand*, frère du prince *Louis*, tué à Saalfeld, et fils du prince *Ferdinand*, frère du *Grand-Fréderic*, a été pris par nos dragons les armes à la main.

Ainsi, cette grande et belle armée prussienne a disparu comme un brouillard d'automne au lever du soleil. Généraux en chef, généraux commandant les corps d'armée, princes, infanterie, cavalerie, artillerie, il n'en reste plus rien. Nos postes étant entrés à Francfort-sur-l'Oder, le roi de Prusse s'est porté plus loin. Il ne lui reste pas 15,000 hommes; et pour un tel résultat, il n'y a presque aucune perte de notre côté.

Le général *Clarke*, gouverneur du pays d'Erfurth, a fait capituler un bataillon saxon qui errait sans direction.

L'EMPEREUR a passé, le 28, la revue du corps du maréchal *Davoust*, sous les murs de Berlin. Il a nommé à toutes les places vacantes; il a récompensé les braves. Il a ensuite réuni les officiers et sous-officiers en cercle, et leur a dit : « Officiers et sous-officiers « du 3<sup>e</sup>. corps d'armée, vous vous êtes couverts de « gloire à la bataille d'Jena; j'en conserverai un « éternel souvenir. Les braves qui sont morts, sont « morts avec gloire. Nous devons désirer de mourir « dans des circonstances si glorieuses. » En passant la revue des 12<sup>e</sup>., 71 et 85<sup>e</sup>. régimens de ligne qui ont le plus perdu à cette bataille, parce qn'ils ont dû soutenir les plus grands efforts, l'EMPEREUR a été attendri de savoir morts ou grièvement blessés beaucoup de ses vieux soldats dont il connaissait le dévoucment et la bravoure depuis 14 ans. Le 12<sup>e</sup>. régiment sur-tout a montré une intrépidité digne des plus grands éloges.

Aujourd'hui à midi, l'EMPEREUR a passé la revue du septième corps que commande le maréchal *Augereau*. Ce corps a très-peu souffert. La moitié des soldats n'a pas eu occasion de tirer un coup de fusil, mais tous avaient la même volonté et la même intrépidité. La vue de ce corps était magnifique. « Votre corps seul, « a dit l'EMPEREUR, est plus fort que tout ce qui reste « au roi de Prusse, et vous ne composez pas le dixième « de mon armée. »

Tous les dragons à pied que l'EMPEREUR avait fait venir à la Grande-Armée sont montés, et il y a au dépôt de Spandau 4000 chevaux sellés et bridés dont on ne sait que faire, parce qu'il n'y a pas de cavaliers qui en aient besoin. On attend avec impatience l'arrivée des dépôts.

Le prince *Auguste* a été présenté à l'EMPEREUR au palais de Berlin, après la revue du septième corps d'armée. Ce prince a été renvoyé chez son père, le prince *Ferdinand*, pour se reposer et se faire panser de ses blessures.

Hier, avant d'aller à la revue du maréchal *Davoust*, l'EMPEREUR avait rendu visite à la veuve du prince *Henri*, et au prince et à la princesse *Ferdinand*, qui se sont toujours fait remarquer par la manière distinguée avec laquelle ils n'ont cessé d'accueillir les Français.

Dans le palais qu'habite l'EMPEREUR à Berlin, se trouve la sœur du roi de Prusse, princesse électorale de *Hesse-Cassel.* Cette princesse est en couche. L'Empereur a ordonné à son grand-maréchal du palais de veiller à ce qu'elle ne fût pas incommodée du bruit et des mouvemens du quartier-général.

Le dernier Bulletin rapporte la manière dont l'Empereur a reçu le prince *d'Hatzfeld* à son audience. Quelques instans après ce prince fut arrêté. Il aurait été traduit devant une commission militaire et inévitablement condamné à mort. Des lettres de ce prince au prince *Hohenlohe,* interceptées aux avant-postes, avaient appris que quoiqu'il se dît chargé du gouvernement civil de la ville, il instruisait l'ennemi des mouvemens des Français. Sa femme, fille du ministre *Schulembourg,* est venue se jeter aux pieds de l'Empereur ; elle croyait que son mari était arrêté à cause de la haine que le ministre *Schulembourg* portait à la France : l'Empereur la dissuada bientôt, et lui fit connaître qu'on avait intercepté des papiers dont il résultait que son mari faisait un double rôle; et que les lois de la guerre étaient impitoyables sur un pareil délit. La princesse attribuait à l'imposture de ses ennemis cette accusation qu'elle appelait une calomnie. « Vous connaissez l'écriture de votre mari, dit l'Empereur, je vais vous faire juge. » Il fit apporter la lettre interceptée et la lui remit. Cette femme, grosse depuis plus de huit mois, s'évanouissait à chaque mot qui lui découvrait jusqu'à quel point était compromis son mari dont elle reconnaissait l'écriture. L'Empereur fut touché de sa douleur, de sa confusion, des angoisses qui la déchiraient. « Eh ! bien, lui dit-il, vous tenez cette lettre, jetez-la au feu; cette pièce anéantie, je ne pourrai plus faire condamner votre mari. » ( Cette scène touchante se passait près de la cheminée.) Madame *d'Hatzfeld* ne se le fit pas dire deux fois. Immédiatement après, le prince de *Neufchâtel* reçut ordre de lui rendre son mari. La commission militaire était déjà réunie. La lettre seule de M. *d'Hatzfeld* le condamnait: trois heures plus tard, il était fusillé.

On est convenu entre M. *Shée,* capitaine aide-de-camp du général de division *Clarke,* et délégué par lui, et M. le baron *de Hund,* commandant le 2ᵉ. bataillon

taillon des grenadiers saxons, de la capitulation suivante :

Art. I$^{er}$. Le bataillon déposera, demain à midi, les armes à Sommerda, sur des voitures, pour être conduit de suite à la citadelle d'Erfurt; les officiers conserveront leurs chevaux, leurs épées et tout leur bagage, et les soldats leurs sacs.

II. Les fusils, gibernes et sabres des soldats seront déposés à la citadelle d'Erfurt, pour être ensuite rendus, s'il y a lieu, d'après les ordres de S. M. l'Empereur et Roi, ainsi que les caissons de munitions et les canons.

III. MM. les officiers donneront leur parole d'honneur par écrit, pour eux et pour leurs soldats, dont il sera fourni une liste exacte, signée du commandant, de ne pas servir contre S. M. l'Empereur et Roi ou ses alliés, pendant la guerre actuelle et jusqu'à leur parfait échange.

IV. Un capitaine, deux lieutenans et deux sous-lieutenans conduiront le bataillon en Saxe, par une route dont l'itinéraire sera donné par M. le général *Clarke*, gouverneur d'Erfurt. MM. les officiers recevront des passe-ports pour s'y rendre individuellement.

V. La présente capitulation ne sera valable qu'après avoir été ratifiée par M. le général *Clarke*.

Fait double entre nous, au petit Sommerda, le 25 octobre 1806.

(Signé) *L. Shée*, aide-de-camp du général de division *Clarke*.

Baron *de Hund*, lieutenant-colonel et commandant d'un bataillon des grenadiers au service de S. A. E. de Saxe.

Sur la demande de M. le baron *de Hund* et des officiers de son bataillon de grenadiers, et au nom de S. M. l'Empereur des Français, Roi d'Italie, par égard pour S. A. S. M. l'électeur de Saxe, j'accorde, en ratifiant la présente capitulation, que les armes déposées sur des voitures au petit Sommerda, en vertu de l'article I$^{er}$., c'est-à-dire les fusils, gibernes et sabres seulement des soldats, lesquels devaient être déposés à la citadelle d'Erfurt, resteront sous la garde d'un officier, de dix grenadiers saxons, et que ces armes suivront le bataillon saxon vingt-quatre heures après son départ, par la même route, et pour être remis au bataillon à Rochlitz, le 31 octobre. Le bataillon partira demain du petit Sommerda, et se rendra à une lieue au-delà de Buttelstadt, le 27 à Cambourg, le 28 à Zeitz, le 29 à Altenbourg, le 30 à Rochlitz. Il restera, le 31 à Rochlitz, pour recevoir les armes, et le 1er. novembre il ira à Eltzdorff, le 2 à Wildsdruff, et le 3 à Dresde.

A Erfurt, le 25 octobre 1806.

Le général de division, gouverneur<br>d'Erfurt, signé Clarke.

## 23e. *Bulletin de la grande armée.*

Berlin, 30 octobre 1806.

Le duc de Weimar est parvenu à passer l'Elbe à Havelberg. Le maréchal *Soult* s'est porté le 29 à Rathnau, et le 30 à Wertenhausen.

Le 29, la colonne du duc de Weimar était à Rhinsberg, et le maréchal prince de *Ponte-Corvo* à Furstemberg. Il n'y a pas de doute que ces 14,000 hommes ne soient tombés ou ne tombent, dans ce moment, au pouvoir de l'armée française. D'un autre côté, le général *Blucher* avec 7000 hommes quittait Rhinsberg, le 29 au matin, pour se porter sur Stettin. Le maréchal *Lannes* et *le grand-duc de Berg* avaient trois marches d'avance sur lui. Cette colonne est tombée en notre pouvoir, ou y tombera sous 48 heures.

Nous avons rendu compte, dans le dernier Bulletin, qu'à l'affaire de Prentzlow, *le grand-duc de Berg* avait fait mettre bas les armes au prince de *Hohenlohe* et à ses 17,000 hommes. Le 29, une colonne ennemie de 6000 hommes a capitulé dans les mains du général *Milhaud* à Passewalk. Cela nous donne encore 2000 chevaux sellés et bridés, avec les sabres. Voilà plus de 6000 chevaux que l'Empereur a ainsi à Spandau, après avoir monté toute sa cavalerie.

Le maréchal *Soult*, arrivé à Rathnau, a rencontré cinq escadrons de cavalerie saxonne qui ont demandé à capituler. C'est encore 500 chevaux pour l'armée.

Le maréchal *Davoust* a passé l'Oder à Francfort. Les alliés bavarois et wirtembourgeois, sous les ordres du prince *Jérôme*, sont en marche de Dresde sur Francfort.

Le roi de Prusse a quitté l'Oder et a passé la Vistule ; il est à Graudentz. Les places de Silésie sont sans garnison et sans approvisionnemens. Il est probable que la place de Stettin ne tardera pas à tomber en notre pouvoir. Le roi de Prusse est sans armée, sans artillerie, sans fusils. C'est beaucoup que d'évaluer à 12 ou 15 mille homme ce qu'il aura pu réunir sur la Vistule. Rien n'est curieux comme les mouvemens actuels. C'est une espèce de chasse où la cavalerie légère, qui va aux aguets des corps d'armée, est sans cesse détournée par des colonnes ennemies qui sont coupées.

Jusqu'à cette heure, nous avons cent cinquante drapeaux, parmi lesquels sont ceux brodés des mains de la belle reine, beauté aussi funeste aux peuples de Prusse, que le fut Hélène aux Troyens.

Les gendarmes de la garde ont traversé Berlin pour se rendre prisonniers à Spandau. Le peuple qui les avait vus si arrogans, il y a peu de semaines, les a vus dans toute leur humiliation.

L'Empereur a fait aujourd'hui une grande parade qui a duré depuis onze heures du matin jusqu'à six heures du soir. Il a vu en détail toute sa garde à pied et à cheval, et les beaux régimens de carabiniers et de cuirassiers de la division *Nansouty*; il a fait différentes promotions en se faisant rendre compte de tout dans le plus grand détail.

Le général *Savary*, avec deux régimens de cavalerie, a déjà atteint le corps du duc de Weimar, et sert de communication pour transmettre les renseignemens du *grand-duc de Berg* au *prince de Ponte-Corvo* et au maréchal *Soult*.

On a pris possession des Etats du duc de *Brunswick*. On croit que ce duc s'est réfugié en Angleterre. Toutes ses troupes ont été désarmées. Si ce prince a mérité, à juste titre, l'animadversion du peuple français, il a aussi encouru celle du peuple et de l'armée prussienne ; du peuple qui lui reproche d'être l'un des auteurs de la guerre ; de l'armée, qui se plaint de ses manœuvres et de sa conduite militaire. Les faux calculs des jeunes gendarmes sont pardonnables ; mais la conduite de ce vieux prince, âgé de 72 ans, est un excès de délire, et dont la catastrophe ne saurait exciter de regrets. Q'aura donc de respectable la vieillesse, si, aux défauts de son âge, elle joint la fanfaronnade et l'inconsidération de la jeunesse ?

*Capitulation provisoirement conclue entre M.* Hagel, *brigadier commandant le régiment de Truenfels et la colonne détachée du prince de* Hohenlohe, *et le lieutenant-colonel* Guillaume, *du* 13ᶜ. *régiment de chasseurs à cheval, au nom de M. le général* Milhaud, *commandant la cavalerie d'avant-garde, et par ordre de S. A. I.* le grand-duc de Berg et de Clèves.

Art. I. La colonne tournée par la cavalerie du général *Milhaud*, est composée ainsi qu'il suit :

*Des régimens : Infanterie.* — De Truenfels, de Zeuge, de Siech, du prince Ferdinand. *Cavalerie.* — Du comte de Heukel, d'Husing, de Carabiniers, de Suenting, de Holzendorf, de Balliodz. Un reste du train d'artillerie, huit pièces de 6, un caisson et un détachement de hussards de Bela, sont mis au pouvoir des troupes françaises.

II. L'infanterie et la cavalerie mettront bas les armes sur le terrein qui sera désigné, et la colonne ainsi désarmée sera prisonnière de guerre. MM. les officiers de cavalerie, d'infanterie, d'artillerie et train d'artillerie, conserveront leurs chevaux et bagages, et se retireront sur parole, si S. A. Mgr. *le grand-duc de Berg* et de *Clèves* veut bien le permettre.

*R.* Accordé par ordre du grand-duc.

III. MM. les officiers feront la remise de tous les effets et chevaux appartenant au roi de Prusse ; et considérant que la colonne est entièrement tournée et mise dans l'impossibilité d'agir, les chevaux de suite des officiers seront conservés, jusqu'à ce que le prince *grand-duc de Berg* et de *Clèves* ait statué sur la faveur accordée aux officiers prussiens de pouvoir reprendre tous leurs chevaux.

*R.* Par ordre du grand-duc, les officiers conserveront tous leurs chevaux.

IV. Les régimens prussiens mettront bas les armes devant le 13e. régiment de chasseurs à cheval et le 9e. de dragons. MM. les colonels *Demangeot*, commandant les chasseurs, et *Maupetit*, commandant les dragons, seront chargés de l'exécution de cette capitulation.

GRANDE ARMÉE. — *Quatrième corps.*

Au quartier-général de Rathnau,
le 29 octobre 1806.

S. E. M. le maréchal de l'empire *Soult*, commandant en chef le quatrième corps de la grande armée, prenant en considération la confiance avec laquelle les troupes saxonnes ci-après dénommées se sont rendues à lui, et la déclaration que lui ont faite les principaux officiers de ces troupes, que cette démarche a eu pour motif l'intime persuasion où ils sont qu'il existe entre S. M. l'EMPEREUR DES FRANÇAIS et ROI d'ITALIE, et S. A. E. de Saxe, une convention qui ne permet pas de douter que la paix ne soit déjà rétablie entre les deux puissances,

Autorise ces troupes saxonnes à se retirer à Dessau, à la charge par elles de tenir la promesse qu'elles ont faite sur parole d'honneur de ne pas porter les armes pendant la guerre actuelle, ou jusqu'à parfait échange, contre les armées de S. M. l'EMPEREUR et ROI, ni contre celles de ses alliés, dans le cas où la convention dont il a été question n'existerait pas réellement.

S. E. M. le maréchal invite les autorités militaires de la grande armée à laisser passer librement ces corps de troupes saxonnes, et à leur prêter assistance.

Ils tiendront l'itinéraire suivant :

Partant le 29 de Rathnau, ils iront le même jour à Bamme ; le 30, à Brandebourg ; le 31 à Belzig ; le 1er. novembre à Dessau, destination provisoire.

M. le commandant de ce corps aura l'attention de se faire précéder dans les endroits de passage par un officier qui en annoncera l'arrivée.

Ce corps est composé ainsi qu'il suit ; savoir :

Détachement du régiment, 15 officiers, 124 sous-officiers et soldats, et 117 chevaux. Détachement du prince *Albert*, 14 officiers, 134 sous-officiers et soldats, et 128 chevaux. Détachement du prince *Clément*, 18 officiers, 173 sous-officiers et soldats, et 168 chevaux. Détachement cuirassiers de Kochlizki; 3 officiers, 60 sous-officiers et soldats, et 54 chevaux.

Détachement de Polenz, 1 sous-officier et 2 chevaux. Détachement de carabiniers, 4 sous-officiers et soldats, et 4 chevaux. Détachement de hussards, 14 sous-officiers et soldats, et 9 chevaux. Corps du génie, 1 officier, 3 sous-officiers et soldats, et 2 chevaux. Détachement d'artillerie volante, 2 sous-officiers et soldats, et 2 chevaux. Total, 51 officiers 515 sous-officiers et soldats, et 486 chevaux.

A Rathnau, l'an et jour ci-dessus.

Par ordre de M. le maréchal,

 (Signé) *Le général de brigade, chef de l'état-major-général.*

  Au quartier-général de Rathnau,
   le 29 octobre 1806.

Nous soussignés, officiers de tout grade faisant partie de divers détachemens composant un corps de troupes saxonnes, qui, dans l'intime persuasion qu'il existe entre S. M. l'Empereur des Français et Roi d'Italie, et S. A. l'électeur de Saxe, une convention qui ne permet pas de douter que la paix ne soit déjà rétablie entre ces deux puissances, s'est rendu au corps d'armée commandé par S. E. M. le maréchal d'empire *Soult*, sur la demande de S. E., et en considération des bons motifs sur lesquels il l'a fondée, acceptons l'autorisation qu'il a bien voulu nous accorder de nous retirer avec nos troupes à Dessau ou tout autre endroit qui pourrait être ultérieurement désigné par S. A. le prince de *Neufchâtel* et *Vallengin*, ministre de la guerre, à la charge par nous de nous engager, comme en effet nous nous engageons sur notre parole d'honneur, pour vous et nos subordonnés, à ne plus porter les armes contre les troupes de S. M. l'Empereur et Roi et celles de ses alliés, dans le cas où, contre notre persuasion, la convention précitée n'existerait pas réellement : nous nous engageons en outre, dans ce

cas, à faire à l'armée française à sa première réquisition, la remise de nos armes et de nos chevaux ; notre
engagement cesserait dans le cas de paix ou de parfait
échange.

En foi de quoi, nous avons signé la présente promesse à Rathnau, l'an et jour ci-dessus.

(Signé) *Wedies Christophe Barner*, colonel et commandant le détachement de
cavalerie saxonne.

*Suivent les signatures de tous les officiers des diffé-
rens corps compris dans la capitulation.*

*24ᵉ Bulletin de la grande armée.*

Berlin, le 31 octobre 1806.

Stettin est en notre pouvoir. Pendant que la gauche
du *grand-duc de Berg*, commandée par le général
*Milhaud*, faisait mettre bas les armes à une colonne
de 6000 hommes à Passewalk, la droite, commandée
par le général *Lasalle*, sommait la ville de Stettin
et lui imposait une capitulation. Stettin est une
place en bon état, bien armée et bien palissadée,
160 pièces de canon, des magasins considérables,
une garnison de 6000 hommes de belles troupes prisonnière, beaucoup de généraux, tel est le résultat
de la capitulation de Stettin, qui ne peut s'expliquer
que par l'extrême découragement qu'a produit sur
l'Oder et dans tous les pays de la rive droite, la dis-
parition de la grande armée prussienne.

De toute cette belle armée de 180,000 hommes, rien
n'a passé l'Oder. Tout a été pris, tué ou erre encore
entre l'Elbe et l'Oder, et sera pris avant quatre jours.
Le nombre des prisonniers montera à près de 100,000
hommes. Il est inutile de faire sentir l'importance de la
prise de la ville de Stettin, une des places les plus com-
merçantes de la Prusse, et qui assure à l'armée un bon
pont sur l'Oder et une bonne ligne d'opérations.

Du moment que les colonnes du duc de Weymar et
du général *Blucher*, qui sont débordées par la droite
et par la gauche, et poursuivies par la queue, seront
rendues, l'armée prendra quelques jours de repos.

On n'entend point encore parler des russes. Nous
désirons fort qu'il en vienne une centaine de milliers.

Mais le bruit de leur marche est une vraie fanfaronnade. Ils n'oseront pas venir à notre rencontre. La
journée d'Austerlitz se représente à leurs yeux. Ce qui
indigne les gens sensés, c'est d'entendre l'empereur
*Alexandre* et son sénat dirigeant, dire que ce sont
les alliés qui ont été battus. Toute l'Europe sait bien
qu'il n'y a pas de familles en Russie qui ne portent
le deuil. Ce n'est point la perte des alliés qu'elles pleu-
rent. 195 pièces de bataille russes qui ont été prises,
et qui sont à Strasbourg, ne sont pas les canons des
alliés. Les 50 drapeaux russes qui sont suspendus à
Notre-Dame de Paris, ne sont point les drapeaux des
alliés. Les bandes de russes qui sont morts dans nos
hôpitaux ou sont prisonniers dans nos villes, ne sont
pas les soldats des alliés.

L'empereur *Alexandre*, qui commandait à Austerlitz
et à Vischau avec un si grand corps d'armée, et qui
faisait tant de tapage ne commandait pas les alliés.

Le prince qui a capitulé et s'est soumis à évacuer
l'Allemagne par journée d'étapes, n'était pas sans doute
un prince allié. On ne peut que hausser les épaules
à de pareilles forfanteries. Voilà le résultat de la faiblesse des princes et de la vénalité des ministres. Il
était bien plus simple pour l'empereur *Alexandre* de
ratifier le traité de paix qu'avait conclu son plénipotentiaire, et de donner le repos au continent. Plus
la guerre durera, plus la chimère de la Russie s'effa-
cera, et elle finira par être anéantie : autant la sage
politique de Catherine était parvenue à faire de sa
puissance un immense épouvantail, autant l'extrava-
gance et la folie des ministres actuels la rendront
ridicule en Europe.

Le roi de Hollande avec l'avant-garde de l'armée du
Nord, est arrivé le 21 à Gottingue. Le maréchal *Mortier*, avec les deux divisions du huitième corps de la
grande-armée, commandées par les généraux *Lagrange* et *Dupas*, est arrivé le 26 à Fulde.

Le roi de Hollande a trouvé, à Munster, dans le
comté de la Marck, et autres états prussiens, des magasins et de l'artillerie.

On a ôté à *Fulde* et à *Brunswich*, les armes du
prince d'Orange et celles du duc. Ces deux princes ne

règneront plus. Ce sont les principaux auteurs de cette nouvelle coalition.

Les anglais n'ont pas voulu faire la paix ; ils la feront ; mais la France aura plus d'états et de côtes dans son systême fédératif.

Voici le rapport que le prince de *Hohenlohe* a adressé au roi de Prusse après la capitulation de son corps d'armée, et qui a été intercepté :

### A Sa Majesté le Roi.

Je n'ai pas eu le bonheur de pouvoir passer l'Oder avec l'armée qui m'était confiée, et de la soustraire ainsi aux poursuites de l'ennemi. Ayant atteint, après les marches les plus pénibles les environs de Boitzembourg, et me trouvant au moment de passer ce défilé pour atteindre Prentzlow, le même soir je le trouvai déjà occupé par l'ennemi. Quoique parvenu à le forcer, je ne jugeai pas à propos de poursuivre directemens ma marche, ma cavalerie se trouvant sans fourrages et extrêmement fatiguée, et devant m'attendre à la pointe du jour à une attaque dont l'issue malheureuse était bien à craindre : je me tournai en conséquence le plus promptement possible vers la gauche, et atteignis, dans la nuit, les environs de Schonemárck. J'avais, dès deux heures du matin, ordonné que de fortes patrouilles fussent poussées au-devant de l'ennemi : ces patrouilles revinrent sans l'avoir rencontré. Pour éviter de tomber dans un cul-de-sac, j'envoyai encore une patrouille jusqu'à Prentzlow. Elle rendit compte qu'aucun ennemi ne s'était montré dans les environs, et qu'à Prentzlow, on n'avait pas apperçu de ses patrouilles. Je me mis alors en marche pour atteindre cette ville, où j'espérais trouver du pain et des fourrages ; tout autour de moi on en demandait, la détresse était parvenue à son comble. A peine avais-je atteint les hauteurs de Prentzlow, que l'ennemi parut sur mon flanc droit ; on en vint aussitôt aux mains. La supériorité de l'ennemi, et son artillerie, me forcèrent à la retraite par Prentzlow ; l'espoir d'y trouver du pain et des fourrages fut donc déçu par l'arrivée de l'ennemi. Des corps ennemis se montrèrent sur mon flanc droit. Les français, bien supérieurs à moi en artillerie et en cavalerie, se disposaient à renouveler l'attaque sur mon centre ; plusieurs bataillons se trouvaient sans cartouches ; une batterie entière d'artillerie légère était perdue ; et d'après le rapport du colonel *Hozen*, il ne restait plus à la plupart des autres pièces que cinq charges.

Je me trouvais encore à sept milles de Stettin, et même toute apparence de secours, fondée sur cette marche, était évanouie. Coupé des secours restés à Lichen et du corps du général *Blucher*, sans cavalerie en état de combattre, puisque l'abattement des hommes et la fatigue des chevaux lui avait ôté toute confiance en elle-même, sans munitions et sur-tout sans vivres ; enfin, persuadé que je sacrifierais la vie de cette poignée d'hommes, sans aucune utilité pour le service de V. M., je me suis soumis à ma triste destinée et j'ai capitulé avec l'ennemi. Je suis à même de justifier ma conduite pendant tout le cours de cette campagne aux yeux de mes contemporains et de la postérité, à ceux de V. M. et devant mes propres regards, que je puis tourner avec calme et avec sérénité sur moi-même.

Je pense pouvoir prouver que j'ai été la malheureuse victime de la non-exécution de mes premiers plans. Le malheur seul m'atteint, et non la honte. La supériorité de la cavalerie ennemie avait déjà détruit en grande partie le détachement du général *Schimmelpenning*, et cependant la possibilité de ma retraite ne reposait que sur l'existence de ce corps, qui devait brûler tous les ponts sur le Rhinau, la Havel et le canal de Finaw.

J'ai conduit une armée qui, manquant de pain, de munitions, de fourrages, devait atteindre un passage difficile, dans un cercle dans toute l'étendue duquel l'ennemi était en mouvement. L'impossibilité de l'exécution ne tenait ni à mon zèle, ni à ma bonne volonté, ni à la chose en elle-même, ni à l'insuffisance de mes dispositions. On doit plaindre l'étendue de mon malheur : et l'on ne saurait me condamner. Je me réserve de déposer aux pieds de V. M. un rapport détaillé sur tous les événemens qui m'ont accablé depuis le 14.

Prentzlow, le 29 octobre 1806.

(Signé) *F. L. prince de Hohenlohe.*

## Capitulation de la ville de Stettin.

*Après que le fort dit Preussen et la place de Stettin ont été sommés par le général* Lasalle, *au nom de S. A. I. et R. le grand-duc de Berg, et que cette sommation, après un premier refus, a été répétée avec instance, il a été conclu par le lieutenant-général, le baron* Romberg, *gouverneur, et le général-major* Knobelsdorff, *assistés par les généraux du génie de* Raudem *et le major du génie de* Barun, *de rendre la ville de Stettin et le fort de Preussen, seulement sous les conditions suivantes, à M. le général* Lasalle, *commandant l'avant-garde de S. A. I. et R. le grand-duc de Berg.*

Art. Ier. Toute la garnison actuelle, y compris le petit état-major et tous les militaires ne faisant pas partie de la garnison, obtiendront librement la sortie avec armes et bagages, pour se rendre, soit en Prusse occidentale et septentrionale, ou en Silésie.

*R.* La garnison sortira avec les honneurs de la guerre, déposera les armes sur les glacis, sera prisonnière de guerre et envoyée en France. Les officiers seront prisonniers sur parole; et il leur sera accordé des passe-port pour se rendre où bon leur semblera.

II. La garnison susmentionnée conserve ses propriétés, et se rend sur parole au lieu qu'elle choisira.

*R.* Les officiers conserveront leur épée, leurs bagages, leurs chevaux, et tout ce qui peut leur appartenir.

III. Il n'y a que les propriétés royales qui seront remises aux troupes françaises.

*R.* Tout ce qui se trouve dans la place appartenant à S. M. le roi de Prusse, sera remis aux troupes françaises.

IV. La garnison sortante recevra tous les secours nécessaires.

*R.* Accordé.

V. Il sera accordé aux troupes prussiennes au moins 24 heures pour l'arrangement de leurs affaires.

*R.* Il sera accordé jusqu'à midi aux troupes prussiennes pour l'arrangement de leurs affaires.

VI. Pendant cette intervalle de 24 heures, on remettra aux troupes de S. M. l'Empereur des Français la porte de Berlin.

*R.* La porte de Berlin sera remise aux troupes françaises, qui auront un poste sur le pont de l'Oder. Ces deux postes seront occupés à 6 heures du matin par les troupes françaises.

VII. Les troupes impériales françaises respecteront et protégeront les propriétés des habitans de la place de Stettin, du fort de Preussen et des faubourgs.

*R.* Accordé.

VIII. Les familles de tous les militaires peuvent compter sur la protection des troupes impériales françaises.

*R.* Accordé.

IX. A dater de la ratification de cette capitulation, cesseront toutes les hostilités contre la ville de Stettin.

*R.* Accordé.

X. Les malades et blessés de l'armée prussienne qui se trouvent dans la place, sont abandonnés au traitement généreux des troupes françaises.

Stettin, le 29 octobre 1806, à six heures du soir.

*R.* Accordé.

XI. Le trésor qui se trouve dans la place sera remis aux troupes françaises.

XII. Il sera nommé de part et d'autre des officiers d'artillerie et du génie, pour remettre et recevoir tous les magasins, munitions, cartes, plans, etc., qui sont dans la place.

Au quartier-général de Mohringen, le 29 octobre 1806.

*Le général de brigade commandant l'avant-garde du corps de cavalerie de réserve, aux ordres de S. A. I. et R. le grand-duc de Berg, lieutenant de l'Empereur.*

(Signé) LASALLE.

Vu et approuvé la présente capitulation pour être exécutée.

Le baron de ROMBERG, gouverneur.

Par ordre de S. A. *le grand-duc de Berg et de Clèves,* lieutenant de l'Empereur, vu et approuvé la présente capitulation pour être exécutée.

*Le général en chef de l'état-major-général,*

(Signé) AUGUSTE BELIARD.

A Mohringen, le 29 octobre, à onze heures et demie du soir.

## 25ᵉ. *Bulletin de la grande armée.*

Berlin, le 2 novembre 1806.

Le général de division de *Beaumont* a présenté aujourd'hui à l'Empereur cinquante nouveaux drapeaux et étendards pris sur l'ennemi ; il a traversé toute la ville avec les dragons qu'il commande, et qui portaient ces trophées : le nombre des drapeaux, dont la prise a été la suite de la bataille d'Jena, s'élève en ce moment à 200.

Le maréchal *Davoust* a fait cerner et sommer Custrin, et cette place s'est rendue. On y a fait 4000 hommes prisonniers de guerre. Les officiers retournent chez eux sur parole, et les soldats sont conduits en France. Quatre-vingt-dix pièces de canon ont été trouvées sur les remparts : la place, en très-bon état, est située au milieu des marais ; elle renferme des magasins considérables. C'est une des conquêtes les plus importantes de l'armée ; elle a achevé de nous rendre maîtres de toutes les places sur l'Oder.

Le maréchal *Ney* va attaquer en règle Magdebourg, et il est probable que cette forteresse fera peu de résistance.

*Le duc de Berg* avait son quartier-général le 31 a Friedland. Ses dipositions faites, il a ordonné l'attaque de la colonne du général prussien *Bila*, que le général *Becker* a chargé sur la plaine en avant de la petite ville d'Anklam, avec la brigade de dragons du général *Boussart*. Tout a été enfoncé, cavalerie et infanterie, et le général *Becker* est entré dans la ville avec les ennemis, qu'il a forcé de capituler. Le résultat de cette capitulation a été 4000 prisonniers de guerre : les officiers sont renvoyés sur parole, et les soldats sont conduits en France. Parmi ces prisonniers se trouve le régiment des hussards de la garde du roi, qui après la guerre de sept ans, avait reçu de l'impératrice *Catherine*, en témoignage de leur bonne conduite, des pelisses de peaux de tigre.

La caisse du corps du général *Bila*, et une partie des bagages avaient passé la Penne et se trouvaient dans la Poméranie suédoise. *Le grand duc de Berg* les a fait réclamer.

Le 1.<sup>er</sup> novembre au soir, le grand-duc avait son quartier général à Demmin.

Le général *Blucher* et le duc de *Weimar* voyant le chemin de Stettin fermé, se portaient sur leur gauche, comme pour retourner sur l'Elbe; mais le maréchal *Soult* avait prévu ce mouvement, et il y a peu de doute que ces deux corps ne tombent bientôt entre nos mains.

Le maréchal a réuni son corps d'armée à Stettin, où l'on trouve encore chaque jour des magasins et des pièces de canon.

Nos coureurs sont déjà entrés en Pologne.

Le prince *Jérôme*, avec les bavarois et les wurtembergeois, formant un corps d'armée, se porte en Silésie.

S. M. a nommé le général *Clarke* gouverneur-général de Berlin et de la Prusse, et a déjà arrêté toutes les bases de l'organisation intérieure du pays.

Le roi de Hollande marche sur Hanovre, et le maréchal *Mortier* sur Cassel.

### 26<sup>e</sup> *Bulletin de la grande armée.*

Berlin, le 3 novembre 1806.

On n'a pas encore reçu la nouvelle de la prise des colonnes du général *Blucher* et du duc de *Weimar*. Voici la situation de ces deux divisions ennemis et celle de nos troupes. Le général *Blucher* avec sa colonne s'était dirigé sur Stettin. Ayant appris que nous étions déjà dans cette ville, et que nous avions gagné deux marche sur lui, il se reploya, de Gransée où nous arrivions en même-tems que lui, sur Neustrelitz, où il arriva le 30 octobre, ne s'arrêtant point là, et se dirigeant sur Wharen, où on le suppose arrivé le 31, avec le projet de chercher à se retirer du côté de Rostock pour s'y embarquer.

Le 31, six heures après son départ, le général *Savary*, avec une colonne de 600 chevaux, est arrivé à Strelitz où il a fait prisonnier le frère de la reine de Prusse, qui est général au service du roi.

Le 1<sup>er</sup>. novembre, *le grand-duc de Berg* était à Demmin, filant pour arriver à Rostock et couper la mer au général Blucher.

Le maréchal prince de *Ponte-Corvo* avait débordé

le général *Blucher*. Ce maréchal se trouvait le 31, avec son corps d'armée, à Neubrandebourg, et se mettait en marche sur Wharen, ce qui a dû le mettre aux prises dans la journée du 1er., avec le général *Blucher*.

La colonne commandée par le duc de *Weimar* était arrivée le 29 octobre à Neustrelitz. Mais instruit que la route de Stettin était coupée, et ayant rencontré les avant-postes français, il fit une marche rétrograde le 29, sur Wistock. Le 30, le maréchal *Soult* en avait connaissance par ses hussards, et se mettait en marche sur Wertenhausen. Il l'a immanquablement rencontré le 31 ou le 1er. Ces deux colonnes ont donc été prises hier ou aujourd'hui au plus tard.

Voici leurs forces. Le général *Blucher* a 30 pièces de canon, sept bataillons d'infanterie et 1500 hommes de cavalerie. Il est difficile d'évaluer la force de ce corps; ses équipages, ses caissons, ses munitions ont été pris. Il est dans la plus pitoyable situation.

Le duc de *Weimar* a douze bataillons et trente-cinq escadrons en bon état; mais il n'a pas une pièce d'artillerie.

Tels sont les faibles débris de toute l'armée prussienne. Il n'en restera rien. Ces deux colonnes prises, la puissance de la Prusse est anéantie, et elle n'a presque plus de soldats; et en évaluant à 10000 hommes ce qui s'est retiré avec le roi, sur la Vistule, ce serait exagérer.

M. *Schulembourg* s'est présenté à Strelitz pour demander un passe-port pour Berlin. Il a dit au général *Savary*: « Il y a huit heures que j'ai vu passer les débris de la monarchie prussienne. Vous les aurez aujourd'hui ou demain. Quelle destinée inconcevable et inatendue! La foudre nous a frappés. » Il est vrai que depuis que l'EMPEREUR est entré en campagne, il n'a pas pris un moment de repos, toujours en marches forcées, devinant constamment les mouvemens de l'ennemi. Les résultats en sont tels qu'il n'y en a aucun exemple dans l'histoir. De plus de 150,000 hommes qui se sont présentés à la bataille d'Jena, pas un ne s'est échappé pour en porter la nouvelle au-delà de l'Oder. Certes, jamais agression ne fut plus injuste ; jamais guerre ne fut plus intempestive. Puisse cet exemple servir de leçon aux princes faibles, que les intrigues, les cris et l'or de l'Angleterre excitent toujours à des entreprises insensées!

La division bavaroise, commandée par le général *Wrede*, est partie de Dresde le 31 octobre ; celle commandée par le général *Deroi* est partie le 1<sup>er</sup>. novembre ; la colonne wurtbourgeoise est partie le 3. Toutes ces colonnes se rendent sur l'Oder : elles forment le corps d'armée du prince *Jérôme*.

Le général *Durosnel* a été envoyé à Odesberg avec un parti de cavalerie immédiatement après notre entrée à Berlin, pour intercepter tout ce qui se jetterait du canal dans l'Oder. Il a pris plus de 80 bateaux chargés de munitions de toute espèce, qu'il a envoyés à Spandau.

On a trouvé à Custrin des magasins de vivres suffisans pour nourrir l'armée pendant deux mois.

Le général de brigade *Macon*, que l'Empereur avait nommé commandant de Leipsick, est mort dans cette ville d'une fièvre putride. C'était un brave soldat et un parfait honnête homme. L'Empereur en faisait cas, et a été très-affligé de sa mort.

## ÉTAT-MAJOR-GÉNÉRAL.

*Au quartier-général impérial, à Berlin, le 2 novembre* 1806.

### ORDRE DU JOUR.

L'armée est instruite que Custrin s'est rendu au maréchal *Davoust*. Le général de division *Gudin* y est entré hier à sept heures du soir. S. M. a vu avec plaisir les corps de cette division, qui se sont tant distingués à la bataille d'Jena, recueillir la plus belle récompense, en entrant les premiers dans cette belle et magnifique place forte.

Il y avait dans la place 4000 hommes qui ont été faits prisonniers, 90 pièces d'artillerie sur les remparts, parfaitement approvisionnées, et des magasins de subsistances considérables.

La colonne du général prussien de *Bila* a été faite prisonnière le 31 octobre sur les frontières de la
Poméranie

Poméranie suédoise, après le combat d'Anclam. Le général de division *Becher*, à la tête de la brigade de dragons *Boussard*, a chargé vigoureusement l'ennemi, l'a fait prisonnier, et l'a obligé à capituler. S. M. témoigne sa satisfaction au général de division *Becher* et à la brigade de dragons *Boussard*. Elle a déjà vu avec plaisir la conduite du général *Becker* aux combats de Zehdenick et de Viemendorf.

*Le major-général de la grande armée, prince*
*de Neuſchâtel et Vallengin,*

Maréchal ALEX. BERTHIER.

**27ᵉ. *Bulletin de la grande armée.***

Berlin, le 6 novembre 1806.

On a trouvé à Stettin une grande quantité de marchandises anglaises, à l'entrepôt sur l'Oder : on y a trouvé 5oo pièces de canon et des magasins considérables de vivres.

Le 1ᵉʳ. novembre, *le grand-duc de Berg* était à Demmin, le 2 à Teterow, ayant sa droite sur Rostock. Le général *Savary* était le 1ᵉʳ. à Kratzebourg, et le 2 de bonne heure à Wharen et à Jabel. Le prince de *Ponte-Corvo* attaqua le soir du 1ᵉʳ., l'arrière-garde de l'ennemi à Jabel. Le combat fut assez soutenu, le corps ennemi fut plusieurs fois mis en déroute ; il eût été entièrement enlevé, si les lacs et la difficulté de passer le pays de Mecklembourg ne l'eussent encore sauvé ce jour-là. Le prince de *Ponte-Corvo*, en chargeant avec la cavalerie, a fait une chûte de cheval, qui n'a eu aucune suite. Le maréchal *Soult* est arrivé le 2 à Planer.

Ainsi l'ennemi a renoncé à se porter sur l'Oder. Il change tous les jours de projets. Voyant que la route de l'Oder lui était fermée, il a voulu se retirer sur la Poméranie suédoise. Voyant celle-ci également interceptée, il a voulu retourner sur l'Elbe ; mais le maréchal *Soult* l'ayant prévenu, il paraît se diriger sur le point le plus prochain des côtes. Il doit avoir été à bout le 4 ou le 5 novembre. Cependant tous les jours un ou deux bataillons, et même des escadrons de cette colonne tombent en notre pouvoir. Elle n'a plus ni caissons ni bagages.

BIBLIOTHÈQUE — COLLECTION DU BARON LARREY — IMPRIMÉS

Le maréchal *Lannes* est à Stettin ;

Le maréchal *Davoust* à Francfort ;

Le prince *Jérôme* en Silésie.

Le duc de *Weimar* a quitté le commandement pour retourner chez lui, et l'a laissé à un général peu connu.

L'EMPEREUR a passé aujourd'hui la revue de la division de dragons du général *Beaumont*, sur la place du palais de Berlin : il a fait différentes promotions.

Tous les hommes de cavalerie qui se trouvaient à pied, se sont rendus à Potzdam, où l'on a envoyé les chevaux de prise. Le général de division *Bourcier* a été chargé de la direction de ce grand dépôt. Deux mille dragons à pied qui suivaient l'armée, sont déjà montés.

On travaille avec activité à armer la forteresse de Spandau, et à rétablir les fortifications de Wittemberg, d'Erfurt, de Custrin et de Stettin.

Le général *Mortier*, commandant le 8e. corps de la grande armée, s'est mis en marche le 30 octobre sur Cassel. Il y est arrivé le 31.

Voici la note que le chargé d'affaires de France a présentée au prince 24 heures auparavant, ainsi que la proclamation qu'a faite le maréchal *Mortier*.

*Edouard-Joseph-Casimir Mortier*, maréchal de l'empire, colonel-général de la garde de S. M. l'empereur et roi, grand-croix de la légion d'honneur, grand-croix de l'ordre du Christ, et commandant en chef du 8e. corps de la grande-armée, au peuple hessois.

« Habitans de la Hesse ! je viens prendre possession de votre pays ; c'est le seul moyen de vous épargner les horreurs de la guerre. Vous avez été témoins de la violation de votre territoire par les troupes prussiennes ; vous avez dû voir avec peine la bonne réception que le prince électoral leur a faite. Comme, en outre, votre souverain et son fils sont au service de Prusse, ils doivent obéir aux ordres du commandant en chef de l'armée prussienne. La dignité d'un souverain est incompatible avec celle d'un officier au service d'une puissance étrangère, et dépendant lui-même de tribunaux étrangers. Votre religion, vos lois,

vos usages, vos privilèges seront respectés; la discipline sera observée. De votre côté, restez tranquilles;
ayez confiance dans le grand chef duquel votre sort
dépend, et alors vous n'éprouverez que des améliorations.

Donné au quartier-général à Cassel, le 1er. novembre 1806.                    (Signé) *Ed. Mortier.*

*Note remise le 31 octobre au soir 1806, par le chargé
d'affaires de S. M. l'Empereur des Français et
Roi d'Italie, à S. A. S le prince de Hesse-Cassel,
feld-maréchal au service de Prusse.*

Le soussigné chargé d'affaires de S. M. l'Empereur
des français et Roi d'Italie, a ordre de déclarer à
S. A. S. le prince de Hesse-Cassel, que S. M. l'Empereur est parfaitement instruit de la part que la cour
de Hesse-Cassel a prise à la coalition prussienne; que
c'est en conséquence de cette adhésion, que les sémes-
triers ont été rappelés, les chevaux distribués à la
cavalerie; que la ville de Hanau a été pourvue de
vivres et d'une nombreuse garnison. C'est en vain que
S. M. fit connaître à M. de *Malzbourg*, ministre de
S. A. S. à Paris, que cet armement de la part de S. A. S.
le prince de Hesse-Cassel devait être regardé comme
une mesure hostile. Au lieu de faire une réponse, la
cour de Hesse-Cassel a envoyé ordre à M. de *Malzbourg*,
de demander des passe-ports, et de retourner à Cassel.
Depuis, les troupes prussiennes sont entrées à Cassel;
elles y ont été reçues avec la plus grande joie par le
prince héréditaire, général au service de Prusse, il
les a même conduites à travers la ville. Ces troupes
ont passé par les états hessois pour attaquer l'armée
française près de Francfort. Le plan de campagne de
l'armée française a prouvé ensuite aux généraux prussiens la nécessité de rappeler leurs détachemens. C'est
donc par suite des circonstances militaires et non à
cause de la neutralité de la Hesse, que les prussiens
se sont retirés vers leur point de rassemblement. Pendant tout le tems que le sort des armes a été incertain,
la cour de Cassel a continué ses armemens, quoique
l'Empereur eût déclaré qu'il les regarderait comme hos-

tiles. L'armée prussienne ayant été battue et culbutée jusqu'à l'Oder, il serait aussi imprudent qu'insensé de la part du général de l'armée française, de laisser réunie cette armée hessoise, qui serait toujours prête à tomber sur les derrières de l'armée française si celle-ci éprouvait une défaite. Le soussigné a, en conséquence, reçu l'ordre formel de déclarer que la sûreté de l'armée française exige que la ville de Hanau et tous les pays de Hesse-Cassel soient occupés ; que les armes, canons, arsenaux, soient livrés à l'armée française, et que toutes les mesures soient prises pour assurer ses derrières contre les intentions hostiles que la maison de Hesse-Cassel a constamment montrées contre la France. Dans cet état de choses, il reste à M. le prince de Hesse-Cassel à décider s'il veut repousser la force par la force, et exposer son pays à toutes les horreurs de la guerre. Comme de telles scènes ne s'accordent pas avec une mission diplomatique, le soussigné a ordre de demander des passe-ports et de s'éloigner aussitôt.                    *Saint-Genest.*

Le prince de Hesse-Cassel, maréchal au service de Prusse, et son fils, général au service de la même puissance, se sont retirés ; le prince de Hesse-Cassel, pour réponse à la note qui lui fut remise, demanda de marcher à la tête de ses troupes avec l'armée française contre nos ennemis ; le maréchal *Mortier* répondit qu'il n'avait pas d'instructions sur cette proposition ; que ce prince ayant armé après la déclaration qui avait été faite à Paris, à M. de *Malzbourg*, son ministre, que le moindre armement serait considéré comme un acte d'hostilité, son territoire n'avait pas été seulement violé par les prussiens, mais qu'ils y avaient été accueillis avec pompe par le prince héréditaire ; que depuis ils avaient évacué Cassel par suite de combinaisons militaires, et que ce ne fut qu'à la nouvelle de la bataille d'Jena que les armemens discontinuèrent à Cassel ; qu'à la vérité le prince héréditaire avait eu le grand bonheur de marcher à la tête des troupes prussiennes et d'insulter les français par toutes sortes de provocations.

Il paiera cette frénésie de la perte de ses états. Il

n'y a pas en Allemagne une maison qui ait été plus constamment ennemie de la France. Depuis bien des années, elle vendait le sang de ses sujets à l'Angleterre pour nous faire la guerre dans les deux mondes, et c'est à ce trafic de ses troupes que le prince doit les trésors qu'il a amassés, dont une partie est dit-on, enfermée à Magdebourg, et une autre a été transportée à l'étranger. Cette avarice sordide a entraîné la catastrophe de sa maison, dont l'existence sur nos frontières est incompatible avec la sûreté de la France. Il est tems enfin qu'on ne se fasse plus un jeu d'inquiéter quarante millions d'habitans et de porter chez eux le trouble et le désordre. Les Anglais pourront encore corrompre quelque souverains avec de l'or ; mais la perte des trônes de ceux qui le recevront, sera la suite infaillible de la corruption. Les alliés de la France prospéreront et s'agrandiront ; ses ennemis seront confondus et détrônés.

Les peuples de Hesse-Cassel seront plus heureux. Déchargés de ses immenses corvées militaires, ils pourront se livrer paisiblement à la culture de leurs champs ; déchargés d'une partie des impôts, ils seront aussi gouvernés par des principes généraux et libéraux, principes qui dirigent l'administration de la France et de ses alliés. Si les français eusent été battus, on aurait envahi et distribué nos provinces ; il est juste que la guerre ait aussi des chances sérieuses pour les souverains qui la font, afin qu'ils réfléchissent plus mûrement dans leurs conseils avant de la commencer. Dans ce terrible jeu, les chances doivent être égales. L'Empereur a ordonné que les forteresses de Hanau et de Marbourg soient détruites, tous les magasins et arsenaux transportés à Mayence, toutes les troupes désarmées, et les armes de Hesse-Cassel enlevées de toutes parts.

La suite prouvera que ce n'est point une ambition insatiable ni la soif des conquêtes qui a porté le cabinet des Tuilleries à prendre ce parti, mais bien la nécessité de terminer enfin cette lutte, et de faire succéder une longue paix à cette guerre insensée, provoquée par les misérables intrigues et les basses manœuvres d'agens tels que les lords *Paget* et *Morpeth*.

Ci-joint différentes lettres qui ont été interceptées.

### M<sup>r</sup>. Hoch *à M<sup>r</sup>. Pachner, à Brunn.*

Hambourg, 28 octobre.

Les événemens actuels causent au commerce une stagnation absolue. Le cours des postes est interrompu, et on ne peut rien faire passer. Cette situation des choses nous cause le plus grand tort. Comme la communication directe est interrompue, j'achemine cette lettre par Stettin : j'espère qu'elle vous arrivera sûrement. Que Dieu nous donne paix et tranquillité ; sans cela nous sommes tous ruinés.

### *A* M<sup>r</sup>. Strans Rhans, *à Stettin.*

Londres, le 17 octobre.

L'envoyé de Prusse est de retour ici, et tous les différens entre sa cour et celle-ci paraissent applanis. L'ordre a été donné de ne plus prendre de bâtimens prussiens.

### *A* M<sup>r</sup>. Stolle, *à Stettin.*

Londres, le 21 octobre.

L'amirauté a condamné vos deux bâtimens, la *Marguerite* et l'*Orion*. Nous en joignons ici le procès-verbal ; mais nous nous flattons que les différens entre votre cour et la nôtre ne tarderont pas à être applanis, comme tout semble l'annoncer et comme on le dit ici. *Geo. Dorica et comp.*

### *A* M<sup>r</sup>. Pilzochki, *à Stettin.*

Londres, le 18 octobre.

Les négociations avec la France paraissent tout-à-fait rompues. Lord Lauderdale est en route. Cela fait un grand effet dans le commerce. *S. Petta, Molling.*

### *A* M<sup>r</sup>. Reffelman, *à Stettin.*

Londres, le 10 octobre.

Les postes de Hambourg nous parlent des préparatifs de guerre du continent, du départ de l'empereur de France et du roi de Prusse pour leurs armées respectives. On ne connaît point les motifs de différend entre ces deux cours, et on espère, en conséquence, que l'épée ne sera pas tirée, et qu'une paix générale pourrait être le résultat des préparatifs actuels. La nouvelle télégraphique du retour de lord *Lauderdale* a fait tomber les effets de 4 p. % ; cela prouve qu'on s'attendait à un résultat plus satisfaisant du séjour de lord *Lauderdale* à Paris. Notre ministère se conduit, dans la circonstance actuelle, avec beaucoup de circonspection ; car quoique lord *Morpeth* ait été envoyé à Berlin, et que l'on assure que le baron de *Jacobi* soit en route pour ici, il n'a encore été donné aucun ordre pour suspendre la prise des bâtimens prussiens et papenbourgeois ; seulement tous ceux pris postérieurement au 14 septembre doivent être soigneusement gardés, jusqu'à ce que le roi ait fait connaître ses intentions sur leur condamnation ou restitution. De toutes manières, nous souffrons de la crise actuelle, et la paix générale peut seule rendre au commerce toute son activité. Toutes nos correspondances avec l'Allemagne confirment cette opinion et les justes inquiétudes que donne la situation actuelle des choses, car, sans aucun doute, ces nouveaux combats seront sanglans et destructeurs.          *Siméon et comp.*

### *A M*ʳ. D. Schultz, *à Stettin.*

Londres, le 17 octobre.

Nous apprenons le parti qu'a pris la Prusse. On est curieux de connaître les motifs qui l'y ont déterminée. Les choses prennent une tournure qui annonce une heureuse fin. Nous la souhaitons.     *Minhol et comp.*

### *A M*ʳ. le sénateur Oegler, *à Stettin.*

Plymouth, le 14 octobre.

Nous avions espéré que le retour de M. de *Jacobi* dont on parlait, apporterait quelques changemens à notre sort, et que, dans les circonstances actuelles, l'amirauté se relâcherait en notre faveur ; mais nos bâtimens ont été impitoyablement condamnés, et ils seront vendus demain.

### *A M*ʳ. Ingelbrecht, *à Stettin.*

Liverpool, le 22 octobre.

Je vous annonce la fâcheuse nouvelle que votre bâtiment le *Héro* a été condamné et vendu cet après-midi, à deux heures. Je me suis vainement adressé à votre ministre *Jacobi* à Londres ; mais il dit lui-même qu'il réclamerait envain, et ne peut rien obtenir.

*Ch. Platon.*

*A M<sup>r</sup>.* Ingelbrecht, *à Stettin.*

Liverpool, le 18 octobre.

Je suis révolté de la conduite des anglais envers nous, sur-tout dans un moment où tout semble annoncer que les différends sont levés, puisque notre ministre *Jacobi* est arrivé à Londres. On dirait que la justice est exilée du monde ; cependant que dire ? Les anglais se sont toujours nourris de pillage, et ils seront des pirates et des voleurs tant que le monde durera. On veut cependant nous faire entendre ici que le gouvernement nous dédommagera, mais il faudrait être bien sot pour le croire ; la justice l'exigerait ; mais puisque notre gouvernement tolère cette conduite, les anglais n'en changeront pas, et nous serons réduits à la mendicité. A présent que ces voleurs ont tout ce qu'ils voulaient de nous, ils prisent beaucoup notre roi, mais c'est parce qu'il marche contre la France ; et dans cette circonstance, comme dans celle que nous déplorons, c'est nous qui y perdrons le plus. Tous les malheurs nous arrivent à-la-fois. *Frédéric Platon.*

*A M<sup>r</sup>.* Leba Schlekler.

Minden, le 21 octobre.

Nous attendons à chaque instant les troupes françaises ; mon corps n'a pas passé par ici, mais par le Weser. Les français sont aussi près de Minden que de Berlin. Tout est perdu.

Minden. le 24 octobre.

Deux mille français sont entrés à Munster ; ils peuvent être demain ici. Leur marche et leur entrée en ville s'est faite avec le plus grand ordre. *Schelkler.*

*A* Ch. L. Wisman, *à Stettin.*

Hambourg, le 28 octobre.

Les postes de Prusse, de Russie et de Silésie ont manqué hier. Magdebourg est bloqué, et pas suffisamment approvisionné. Le reste de l'armée battue cherche à se retirer sur l'Oder, sous les ordres de *Hohen-lohe.* Combien de malheurs ont accablé l'Allemagne depuis la première occupation du Hanovre par les français.                                *Carle Anton. Lorent.*

Dans un paquet à l'adresse du comte de *Schullem-bourg-Kehnert,* on a trouvé, avec un moniteur du 21 octobre, une gazette hollandaise du 24, une déclaration en anglais, du 21 octobre, et une petite note en allemand, dont voici la traduction :

Le 28 octobre 1806.

« S. A. S. le duc de *Brunswick* est arrivé aujourd'hui à Altona, où il a consulté le professeur *Unzer* pour ses yeux.

« Les communications étant fermées, je joins ici quelques imprimés. »

28ᵉ. *Bulletin de la grande armée.*

Berlin, le 7 novembre 1806.

S. M. a passé aujourd'hui, sur la place du palais de Berlin, depuis onze heures du matin jusqu'à trois après-midi, la revue de la division de dragons du général *Klein.* Elle a fait plusieurs promotions. Cette division a donné avec distinction à la bataille d'Jena, et a enfoncé plusieurs carrés d'infanterie prussienne. L'Empereur a vu ensuite défiler le grand parc de l'armée, l'équipage de pont et le parc du génie : le grand parc est commandé par le général d'artillerie Saint-Laurent ; l'équipage de pont par le colonel Boucher, et le parc du génie par le général du génie Casals.

S. M. a témoigné au général Songis, inspecteur-général, sa satisfaction de l'activité qu'il mettait dans l'organisation des différentes parties du service de l'artillerie de cette grande armée.

Le général Savary a tourné près de Wismar sur la Baltique, à la tête de 500 chevaux du 1ᵉʳ. de hussards, et du 7ᵉ. de chasseurs, le général prussien Husdunne, et l'a fait prisonnier avec deux brigades de hussards et deux bataillons de grenadiers. Il a pris aussi plusieurs pièces de canon. Cette colonne appartient au corps que poursuivent le grand-duc de Berg, le prince de Ponte-Corvo, et le maréchal Soult, lequel corps coupé du côté de l'Oder et de la Poméranie, paraît acculé du côté de Lubeck.

Le colonel Excelmans, commandant le 1ᵉʳ. régiment de chasseurs du maréchal Davoust, est entré à Posen, capitale de la Grande-Pologne. Il y a été reçu avec un enthousiasme difficile à peindre ; la ville était remplie de monde, les fenêtres parées comme en un jour de fête ; à peine la cavalerie pouvait elle se faire jour, pour traverser les rues.

Le général du génie Bertrand, aide-de-camp de l'Empereur, s'est embarqué sur le lac de Stettin, pour faire la reconnaissance de toutes les passes.

On a formé à Dresde et à Wittemberg un équipage de siège pour Magdebourg ; l'Elbe en est couvert. Il est à espérer que cette place ne tiendra pas long-tems. Le maréchal Ney est chargé de ce siège.

## 29e. *Bulletin de la grande armée.*

Berlin, le 9 novembre 1806.

La brigade de dragons du général Beker a paru aujourd'hui à la parade.

S. M. voulant récompenser la bonne conduite des régimens qui la composent, a fait différentes promotions.

Mille dragons, qui étaient venus à pied à l'armée, et qui ont été montés au dépôt de Potzdam, ont passé hier la revue du maréchal Bessières ; ils ont été munis de quelques objets d'équipement qui leur manquaient, et ils partent aujourd'hui pour rejoindre leurs corps respectifs, pourvus de bonnes selles et montés sur de bons chevaux, fruits de la victoire.

S. M. a ordonné qu'il serait frappé une contribution de 150 millions sur les états prussiens et sur ceux des alliés de la Prusse.

Après la capitulation du prince de Hohenlohe, le général Blucher, qui le suivait, changea de direction et parvint à se réunir à la colonne du duc de Weimar, à laquelle s'était jointe celle du prince Frédéric-Guillaume Brunswick-Oels, fils du duc de Brunswick. Ces trois divisions se trouvèrent ainsi sous les ordres du général Blucher. Différentes petites colonnes se joignirent également à ce corps.

Pendant plusieurs jours ces troupes essayèrent de pénétrer par des chemins que les français pouvaient avoir laissés libres ; mais les marches combinées du grand-duc de Berg, du maréchal Soult et du prince de Ponte-Corvo avaient obstrué tous les passages.

L'ennemi tenta d'abord de se porter sur Anklam, et ensuite sur Rostock : prévenu dans l'exécution de ce projet, il essaya de revenir sur l'Elbe ; mais s'étant trouvé encore prévenu, il marcha devant lui pour gagner Lubeck.

Le 4 novembre il prit position à Crevismulen ; le prince

de Ponte-Corvo culbuta l'arrière-garde , mais il ne put entamer ce corps , parce qu'il n'avait que 600 hommes de
cavalerie , et que celle de l'ennemi était beaucoup plus forte.
Le général Vattier a fait dans cette affaire de très-belles
charges , soutenu par les généraux Pactod et Maisons , avec
le 27e. régiment d'infanterie légère et le 8e. de ligne.

On remarque dans les différentes circonstances de ce combat,
qu'une compagnie d'éclaireurs du 94e. régiment , commandée
par le capitaine Razout , fut entourée par quelques escadrons
ennemis ; mais les voltigeurs français ne redoutent point le
choc des cuirassiers prussiens. Ils les reçurent de pied ferme ,
et firent un feu si bien nourri et si adroitement dirigé , que
l'ennemi renonça à les enfoncer. On vit alors les voltigeurs
à pied poursuivre la cavalerie à toute course ; les prussiens
perdirent 7 pièces de canon et 1000 hommes.

Mais le 4 au soir , le grand-duc de Berg qui s'était porté
sur la droite arriva avec sa cavalerie sur l'ennemi , dont
le projet était encore incertain. Le maréchal Soult marcha
par Ratzebourg, le prince de Ponte-Corvo marcha par Rhena.
Il coucha du 5 au 6 à Schœnberg , d'où il partit à deux heures
après minuit: arrivé à Schlukup sur la Trave , il fit environner un corps de 1600 suédois , qui avaient enfin jugé
convenable d'opérer leur retraite du Lauenbourg , pour s'embarquer sur la Trave. Des coups de canon coulèrent les
bâtimens préparés pour l'embarquement. Les suédois , après
avoir riposté , mirent bas les armes.

Un convoi de 300 voitures que le général Savary avait
poursuivi de Wismar , fut enveloppé par la colonne du prince
de Ponte-Corvo , et pris.

Cependant l'ennemi se fortifiait à Lubeck. Le maréchal
Soult n'avait pas perdu de tems dans sa marche de Ratzebourg , de sorte qu'il arriva à la porte de Mullen , lorsque
le prince de Ponte-Corvo arrivait à celle de la Trave. Le
grand-duc de Berg , avac sa cavalerie , était entre deux.

L'ennemi avait arrangé à la hâte l'ancienne enceinte de
Lubeck ; il avait disposé des batteries sur les bastions , il
ne doutait pas qu'il ne pût gagner là une journée; mais le
voir, le reconnaître et l'attaquer fut l'affaire d'un instant.

Le général Drouet , à la tête du 27e. régiment d'infanterie légère et des 94e. et 95e. régimens , aborda les batteries
avec ce sang-froid et cette intrépidité qui appartiennent aux
troupes françaises. Les portes sont aussitôt enfoncées , les
bastions escaladés , et l'ennemi mis en fuite , et le corps du
prince de Ponte-Corvo entre par la porte de la Trave.

Les chasseurs corses, les tirailleurs du Pô, et le 26e. d'infanterie légère, composant la division d'avant-garde du général Legrand, qui n'avaient point encore combattu dans cette campagne, et qui étaient impatiens de se mesurer avec l'ennemi, marchèrent avec la rapidité de l'éclair; redoutes, bastions, fossés, tout est franchi; et le corps du maréchal Soult entre par la porte de Mullen.

C'est en vain que l'ennemi voulut se défendre dans les rues, dans les places; il fut poursuivi par-tout. Toutes les rues, toutes les places furent jonchées de cadavres. Les deux corps d'armée arrivant de deux côtés opposés, se réunirent au milieu de la ville. A peine le grand-duc de Berg pût-il passer, qu'il se mit à la poursuite des fuyards; 4 mille prisonniers, 6o pièces de canon, plusieurs généraux, un grand nombre d'officiers tués ou pris, tel est le résultat de cette belle journée.

Le 7, avant le jour, tout le monde était à cheval, et le grand-duc de Berg cernait l'ennemi près de Schwartau avec la brigade Lassalle, et la division des cuirassiers d'Hautpoult. Le général Blucher, le prince Frédéric-Guillaume de Brunswick-Oels, et tous les généraux se présentent alors aux vainqueurs, demandent à signer une capitulation, et défilent devant l'armée française.

Ces deux journées ont détruit le dernier corps qui restait de l'armée prussienne, et nous ont valu le reste de l'artillerie de cette armée, beaucoup de drapeaux et 16 mille prisonniers, parmi lesquels se trouvent 4 mille hommes de cavalerie.

Ainsi, ces généraux prussiens qui, dans le délire de leur vanité, s'étaient permis tant de sarcasmes contre les généraux autrichiens, ont renouvelé quatre fois la catastrophe d'Ulm; la première par la capitulation d'Erfurt; la seconde par celle du prince Hohenlohe; la troisième, par la reddition de Stettin; et la quatrième, par la capitulation de Schwartau.

La ville de Lubeck a considérablement souffert; prise d'assaut, ses places, ses rues ont été le théâtre du carnage. Elle ne doit s'en prendre qu'à ceux qui ont attiré la guerre dans ses murs.

Le Mecklembourg a été également ravagé par les armées française et prussienne. Un grand nombre de troupes se croisant en tout sens et à marches forcées sur ce territoire, n'a pu trouver sa substance qu'aux dépens de cette contrée. Ce pays est intimement lié avec la Russie; son sort servira d'exemple aux princes d'Allemagne qui cherchent des relations éloignées avec une puissance à l'abri des malheurs qu'elles attirent sur eux, et qui ne fait rien pour secourir ceux qui lui sont attachés par les liens les plus étroits du sang, et par les rapports les plus intimes. L'aide-de-camp du grand-duc de Berg, Dery, a fait capituler le corps qui escortait les bagages qui s'étaient retirés derrière la Peene. Les suédois ont livré les fuyards et les caissons. Cette capitulation a produit 15,00 prisonniers et une grande quantité de bagages et de chariots. Il y a aujourd'hui des régimens de cavalerie qui possèdent plusieurs centaines de milliers d'écus.

Le maréchal Ney, chargé du siége de Magdebourg, a fait bombarder cette place. Plusieurs maisons ayant été brûlées, les habitans ont manifesté leur mécontentement, et le commandant a demandé à capituler. Il y a dans cette forteresse beaucoup d'artillerie, des magasins considérables, 16,000 hommes appartenant à plus de 70 bataillons, et beaucoup de caisses des corps.

Pendant ces événemens importans, plusieurs corps de notre armée arrivent sur la Vistule.

La malle de Varsovie a apporté beaucoup de lettres de Russie qui ont été interceptées. On y voit que, dans ce pays, les fables des journaux anglais trouvent une grande croyance; ainsi, l'on est persuadé en Russie que le maréchal Masséna a été tué, que la ville de Naples s'est soulevée, qu'elle a été occupée par les Calabrois, que le roi s'est réfugié à Rome, et que les Anglais avec 5 ou 6000 hommes sont maîtres de l'Italie; il ne faudrait cependant qu'un peu de réflexion pour rejeter de pareils bruits. La France n'a-t-elle donc plus d'armée en Italie? Le roi de Naples est dans sa capitale; il a 80,000 Français; il est maître des Deux-Calabres, et à Pétersbourg on croit les Calabrois à Rome. Si quelques galériens armés et endoctrinés par cet infâme Sidney Smith, la honte des braves militaires anglais, tuent des hommes isolés, égorgent des propriétaires riches et paisibles, la gendarmerie et l'échafaud en font justice. La marine anglaise ne désavouera point le titre d'infamie donné à Sidney Smith. Les généraux Stuart et Fox, tous les officiers de terre s'indignent de voir le nom anglais associé à des brigands. Le brave général Stuart s'est même élevé publiquement contre ces menées aussi impuissantes qu'atroces, et qui tendent à faire du noble métier de la guerre un échange d'assassinats et de brigandage; mais quand Sidney Smith a été choisi pour seconder les fureurs de la reine, on n'a vu en lui qu'un de ces instrumens que les gouvernemens emploient trop souvent, et qu'ils abandonnent au mépris qu'ils sont les premiers à avoir pour eux.

**Les Napolitains** feront connaître un jour avec détail les lettres de Sidney Smith, les missions qu'il a données, l'argent qu'il a répandu pour l'exécution des atrocités dont il est l'agent en chef.

On voit aussi dans les lettres de Pétersbourg, et même dans les dépêches officielles, qu'on croit qu'il n'y a plus de Français dans l'Italie supérieure : on doit savoir cependant qu'indépendamment de l'armée de Naples, il y a encore en Italie 100,000 hommes prêts à punir ceux qui voudraient y porter la guerre. On attend aussi à Pétersbourg des succès de la division de Corfou ; mais on ne tardera pas à apprendre que cette division, à peine débarquée aux Bouches de Cattaro, a été défaite par le général Marmont, qu'une partie a été prise, et l'autre rejetée dans ses vaisseaux : c'est une chose fort différente d'avoir affaire à des Français, ou à des Turcs que l'on tient dans la crainte et dans l'oppression, en fomentant avec art la discorde dans les provinces.

Mais quoiqu'il en puisse être, les Russes ne seront point embarrassés pour détourner d'eux l'opprobre de ces résultats.

Un décret du Sénat dirigeant, a déclaré qu'à Austerlitz, ce n'étaient point les Russes, mais leurs alliés qui avaient été battus. S'il y a sur la Vistule une nouvelle bataille d'Austerlitz, ce sera encore d'autres qu'eux qui auront été vaincus, quoiqu'aujourd'hui comme alors, leurs alliés n'aient point de troupes à joindre à leurs troupes, et que leur armée ne puisse être composée que de Russes.

Les états de mouvemens et ceux des marches de l'armée russes sont tombés dans les mains de l'état-major français. Il n'y aurait rien de plus ridicule que les plans d'opérations des russes, si leurs vaines espérances n'étaient plus ridicules encore.

Le général Lagrange a été déclaré gouverneur-général de Cassel et des états de Hesse.

Le maréchal Mortier s'est mis en marche pour le Hanovre et pour Hambourg, avec son corps d'armée.

Le roi de Hollande a fait bloquer Hameln.

Il faut que cette guerre soit la dernière, et que ses auteurs soient si sévèrement punis, que quiconque voudra désormais prendre les armes contre le Peuple français, sache bien, avant de s'engager dans une telle entreprise, quelles peuvent en être les conséquences.

# ÉTAT - MAJOR GÉNÉRAL.

Au quartier-général impérial à Berlin , le 8 novembre.

## ORDRES DU JOUR.

L'Empereur témoigne sa satisfaction au général *Savary*, ainsi qu'au 1.er régiment de hussards et au 7.e de chasseurs sous ses ordres, qui ont pris à Wismar le général *Husdunne* avec deux régimens de hussards forts de 1000 chevaux, 2 bataillons de grenadiers et 2 pièces de canon.

*Le prince de Neufchâtel et de Vallengin,*
*major-général de la grande armée,*
(Signé) maréchal *Alex. Berthier.*

Berlin, le 9 novembre 1806.

L'Empereur témoigne sa satisfaction au *grand-duc de Berg*, au prince de *Ponte-Corvo*, au maréchal *Soult*, et au corps de troupes d'infanterie, cavalerie, artillerie et génie à leurs ordres, pour leur conduite brillante à Lubeck, et pour l'activité qu'ils ont mise dans leur marche à la poursuite de l'ennemi.

Vivement pressé, constamment débordé sur tous les points où il cherchait une retraite ; enfin, accablé de toute manière, le corps du général *Blucher*, fort de 16 mille hommes d'infanterie, 4 mille de cavalerie, 80 pièces de canon, a été obligé de capituler et de se rendre prisonnier de guerre, pour être conduit en France. Il avait perdu tous ses bagages et ses magasins.

Il ne reste plus aucune troupe ennemie en campagne en-deçà de la Vistule.

*Le prince de Neufchâtel, ministre de la*
*guerre, major-général.*
(Signé) maréchal *Alex. Berthier.*

## CAPITULATION

En vertu de laquelle 33 bataillons et 54 escadrons ont mis bas leurs armes et déposé leurs drapeaux.

S. Exc. le général *Blucher*, voulant entendre à une capitulation, et la position dans laquelle il se trouve le forçant à capituler, il accepte les conditions faites au nom des trois corps de la grande armée française, qui se trouvent sus-mentionnés, savoir: au nom de S. A. R. *le grand-duc de Berg*, de S. A. le maréchal prince de *Ponte-Corvo*, et de S. Exc. le maréchal

*Soult*, laquelle capitulation est signée au nom des trois corps d'armée par MM. les généraux de division *Tilly* et *Rivaud*, dont chacun commandait une division du 1.er corps d'armée, sous les ordres de S. A. le maréchal prince de *Ponte-Corvo*, celui-ci se trouvant le plus près de l'armée qui capitule.

Art. I.er Les troupes sous les ordres de S. Exc. M. le général du *Blucher*, tant cavalerie qu'infanterie et artillerie, ainsi que tous les détachemens qui appartiennent à son armée, seront prisonniers de guerre.

II. Les armes, chevaux, canons et munitions de toute espèce, seront remis sur-le-champ à l'armée française.

III. MM. les officiers de tout grade, y compris les cadets, conserveront leurs armes, leurs chevaux et leurs bagages; les bas-officiers et soldats conserveront leurs havresacs et porte-manteaux.

IV. MM. les officiers se rendront prisonniers de guerre sur leur parole, et promettront de se rendre à l'endroit qui leur sera assigné.

V. La caisse militaire et tous les fonds qui appartiennent à S. M. prussienne et qui sont à la disposition de M. le général de *Blucher*, seront remis à l'armée française. On s'en rapporte, sur ce point, à la parole de M. le général de *Blucher*.

VI. M. le général *Blucher* fera donner par son quartier-maître-général, l'état de tous les corps et détachemens qui appartiennent à son armée.

VII. Le corps d'armée de S. Exc. le général de *Blucher* défilera aujourd'hui à midi, avec les honneurs de la guerre, en présence de l'armée française, avec ses armes, caissons, drapeaux déployés et étendards, et mettra bas les armes quand il aura passé l'aîle gauche de l'armée française.

Fait double à Ratkaw, le 7 novembre 1806.

(Signé) le général *de Blucher*.

Les généraux de division, *Tilly* et *Rivaud*.

### 30.e *Bulletin de la grande armée.*

Berlin, le 10 novembre 1806.

La place de Magdebourg s'est rendue le 8. Le 9, les portes ont été occupées par les troupes françaises : la capitulation est ci-jointe.                                                        Seize

Seize mille hommes, près de 800 pièces de canon, des magasins de toute espèce tombent en notre pouvoir.

Le prince Jérôme a fait bloquer la place de Glogau, capitale de la Haute-Silésie, par le général de brigade Lefevre, à la tête de 2000 chevaux bavarois. La place a été bombardée le 8 par 10 obusiers servis par de l'artillerie légère. Le prince fait l'éloge de la conduite de la cavalerie bavaroise. Le général Deroy, avec sa division, a investi Glogau le 9 : on est entré en pourparler pour sa reddition.

Le maréchal Davoust est entré à Posen avec un corps d'armée le 10. Il est extrêmement content de l'esprit qui anime les polonais. Les agens prussiens auraient été massacrés, si l'armée française ne les eût pris sous sa protection.

La tête de quatre colonnes russes, fortes chacune de 15,000 hommes, entrait dans les états prussiens par Georgenbourg, Olita, Grodno et Jalowka : le 25 octobre, ces têtes de colonnes avaient fait deux marches, lorsqu'elles reçurent la nouvelle de la bataille du 14 et des événemens qui l'ont suivie; elles rétrogradèrent sur-le-champ. Tant de succès, des événemens d'une si haute importance, ne doivent pas rallentir en France les préparatifs militaires : on doit au contraire les poursuivre avec une nouvelle énergie, non pour satisfaire une ambition insatiable, mais pour mettre un terme à celle de nos ennemis.

L'armée française ne quittera pas la Pologne et Berlin, que la Porte ne soit rétablie dans toute son indépendance, et que la Valachie et la Moldavie ne soient déclarées appartenant en toute suzeraineté à la Porte.

L'armée française ne quittera point Berlin, que les possessions des colonies espagnoles, hollandaises et françaises ne soient rendues, et la paix générale faite.

On a intercepté une malle de Dantzick, dans laquelle on a trouvé beaucoup de lettres venant de Pétersbourg et de Vienne. On use à Vienne d'une ruse assez simple pour répandre de faux bruits. Avec chaque exemplaire des gazettes, dont le ton est fort réservé, on envoie, sous la même enveloppe, un bulletin à la main, qui contient les nouvelles les plus absurdes. On y lit que la France n'a plus d'armée en Italie; que toute cette contrée est en feu; que l'état de Venise est dans le plus grand mécontentement, et a les armes à la main; que les russes ont attaqué l'armée française en Dalmatie, et l'ont complétement battue. Quelques fausses et ridicules que soient ces nouvelles, elles arrivent de tant de côtés à-la-fois, qu'elles obscurcissent la vérité. Nous sommes autorisés à dire que l'Em-

( 114 )

PEREUR a 200,000 hommes en Italie, dont 80,000 à Naples, et 25,000 en Dalmatie ; que le royaume de Naples n'a jamais été troublé que par des brigandages et des assassinats ; que le roi de Naples est maître de toute la Calabre ; que si les anglais veulent y débarquer avec des troupes régulières, ils trouveront à qui parler : que le maréchal Massena n'a jamais eu que des succès, et que le roi est tranquille dans sa capitale, occupé des soins de son armée et de l'administration de son royaume ; que le général Marmont, commandant l'armée française en Dalmatie, a complètement battu les russes et les monténégrins, entre lesquels la division règne ; que les monténégrins accusent les russes de s'être mal battus, et que les russes reprochent aux monténégrins d'avoir fui ; que de toutes les troupes de l'Europe, les moins propres à faire la guerre en Dalmatie, sont certainement les troupes russes ; aussi y font-elles en général une fort mauvaise figure.

Cependant le corps diplomatique, endoctriné par ces fausses directions données à Vienne à l'opinion, égare les cabinets par ces rapsodies. De faux calculs s'établissent là-dessus ; et comme tout ce qui est bâti sur le mensonge et sur l'erreur tombe promptement en ruine, des entreprises aussi mal calculées tournent à la confusion de leurs auteurs. Certainement dans la guerre actuelle, l'EMPEREUR n'a pas voulu affaiblir son armée d'Italie ; il n'en a pas retiré un seul homme : il s'est contenté de faire revenir huit escadrons de cuirassiers, parce que les troupes de cette arme sont inutiles en Italie. Ces escadrons ne sont pas encore arrivés à Inspruck. Depuis la dernière campagne, l'EMPEREUR a, au contraire, augmenté son armée d'Italie de quinze régimens qui étaient dans l'intérieur, et de neuf régimens du corps du général Marmont. Quarante mille conscrits, presque tous de la conscription de 1806, ont été dirigés sur l'Italie ; et par les états de situation de cette armée au 1.er novembre, vingt-cinq mille y étaient déjà arrivés. Quant au peuple des états vénitiens, l'EMPEREUR ne saurait être que très-satisfait de l'esprit qui l'anime. Aussi, S. M. s'occupe-t-elle des plus chers intérêts des vénitiens ; aussi a-t-elle ordonné des travaux pour réparer et améliorer leur port, et pour rendre la passe de Malmocco propre aux vaisseaux de tout rang.

Du reste, tous ces faiseurs de nouvelles en veulent beaucoup à nos maréchaux et à nos généraux ; ils ont tué le maréchal Massena à Naples ; ils ont tué en Allemagne le grand-duc de Berg, le maréchal Soult. Cela n'empêche heureusement personne de se porter très-bien.

Articles de capitulation pour la ville et forteresse de Magdebourg, convenus entre MM. le général de brigade *Dutaillis*, l'un des commandans de la légion d'honneur, chevalier de l'ordre militaire de Bavière, et chef de l'état-major-général du 6°. corps de la grande armée française en Allemagne ; le colonel *Liger-Belair*, officier de la légion d'honneur, adjudant-commandant en chef de l'état-major de l'avant-garde ; et le capitaine *Regnard*, membre de la légion d'honneur et aide-de-camp de S. Exc. M. le maréchal *Ney*, stipulant au nom de M. le maréchal d'empire *Ney*, grand-officier de la légion d'honneur, grand-cordon, chef de la 7°. cohorte, chevalier de l'ordre du Christ de Portugal, et commandant en chef du 6°. corps de la grande armée française ;

Et MM. de *Renouard*, général-major, chef d'un régiment d'infanterie et chevalier de l'ordre du mérite militaire de Prusse ; *Dutrossel*, colonel d'infanterie et commandant de la place de Magdebourg ; et *Leblanc*, capitaine au régiment Prince Louis de Prusse, infanterie, stipulant au nom de S. Exc. M. le comte de *Kleist*, général d'infanterie, chevalier des ordres de l'Aigle-Noire et de l'Aigle-Rouge de Prusse, et de celui de *Saint-Alexandre Neuski*, de Russie, et gouverneur militaire de la ville et citadelle de Magdebourg :

Art. I. La ville, citadelle et fortifications de Magdebourg seront remises aux troupes du 6°. corps de la grande armée française, avec leur artillerie, munitions, magasins, approvisionnemens de toute espèce et propriétés publiques, sans aucune restriction, et dans l'état où toutes ces choses se trouveront au moment de la capitulation.

II. La porte dite d'Ulrich et les ouvrages extérieurs qui en dépendent, seront remis à l'armée française, pour être occupés par elle le 10 novembre après-midi.

III. La garnison aura les honneurs de la guerre ; elle sortira le 11 novembre, à 11 heures du matin, tambour battant, drapeaux déployés, avec quatre pièces de campagne, par la porte d'Ulrich. Elle mettra bas les armes, et la cavalerie livrera ses armes et ses chevaux dans l'endroit qui sera convenu, à la portée du canon de la place.

IV. Les armes déposées, la garnison sera prisonnière

de guerre; les soldats seront conduits en France, et
MM. les officiers seront prisonniers sur leur parole
d'honneur de ne point servir, avant échange, contre
S. M. l'Empereur des Français, Roi d'Italie, ni contre
ses alliés, et ils auront la liberté de se retirer aux
lieux qu'ils désigneront. Cependant les seuls officiers
qui ont leur famille, et qui sont établis et mariés à
Magdebourg, pourront rester dans la ville.

V. MM. les officiers conserveront leurs épées, leurs
bagages et leurs chevaux. Les soldats conserveront
aussi leurs havresacs et porte-manteaux.

VI. Les cadets, porte-enseignes, feld-webels de l'infanterie et premiers maréchaux-des-logis de la cavalerie, seront considérés comme officiers et traités
comme tels.

VII. Les auditeurs, aumôniers, chirurgiens et quar-
tiers-maîtres ne seront point considérés comme prisonniers de guerre.

VIII. Les deux compagnies incomplètes d'invalides
qui se trouvent dans la place, y laisseront leurs armes
et seront renvoyées dans leurs anciennes garnisons,
l'une à Peim près Hildesheim, l'autre à Aacken, où
elles recevront leur solde et nourriture ordinaire par
les soins des autorités locales et aux dépens du pays.

IX. Après le départ de la garnison, MM. les officiers
rentreront dans la ville, pour y recevoir leurs passe-
ports, et partiront après les avoir reçus. Les revers
contenant parole d'honneur de ne point servir avant
échange, seront préparés d'avance.

X. Les soldats mariés et établis à Magdebourg ou
dans l'étendue de l'inspection, resteront dans leur
famille, à condition de ne point servir avant échange
et de ne point porter l'habit militaire.

XI. Les officiers et soldats blessés et malades pourront rester à Magdebourg jusqu'à leur guérison. Ils
seront soignés aux dépens de la ville.

Des chirurgiens-majors prussiens resteront dans la
place en nombre suffisant pour les soigner. Ils seront,
pendant toute la durée de leur séjour, traités par la
ville comme les chirurgiens majors français.

XII. Les personnes, les propriétés particulières des
habitans, les cultes et les opinions religieuses sont

mis sous la sauve-garde des lois et de la loyauté française.

S'il y avait dans la ville des personnes qui voulussent la quitter, soit en y conservant, soit en vendant leurs propriétés, il leur serait donné les passe-ports et garantie nécessaires.

XIII. Il ne sera rien changé dans l'administration ni dans les institutions actuelles du pays. Les magistrats qui en sont chargés continueront leurs fonctions et recevront protection de l'armée française.

XIV. Il sera nommé, de part et d'autre, des commissaires pour l'inventaire et la remise des plans et cartes, papiers, archives, artillerie, munitions de guerre et bouche, et de toutes les propriétés publiques, de quelque nature qu'elles soient, qui peuvent se trouver dans la place.

XV. MM. les officiers supérieurs et autres, ainsi que les cadets, porte-enseignes, feld-webels et premiers maréchaux-des-logis qui se retireront, en vertu de la présente capitulation dans les provinces prussiennes occupées par les armées françaises, ou qui viendraient à l'être par la suite, recevront aux dépens de ces provinces, et par les soins des administrations locales, leurs gages et appointemens sur le pied de paix. Ces gages et appointemens devront être exactement payés le premier de chaque mois.

XVI. S. Exc. M. le gouverneur de Magdebourg aura la faculté d'envoyer, s'il le juge convenable, un officier à la cour, pour lui donner avis de la présente capitulation. Cet officier recevra les passe-ports nécessaires.

XVII. Tous les articles de la présente capitulation qui pourraient paraître présenter un sens douteux, seront interprétés à l'avantage de la garnison.

XVIII. Il sera donné, de part et d'autre, trois ôtages du grade qui sera convenu, pour la garantie réciproque de la capitulation. Ces ôtages seront remis demain, 9 novembre, et seront respectivement rendus après l'occupation de la place.

Fait double à Magdebourg, le 8 du mois de novembre 1806.

*( Suivent les signatures ).*

### 31°. *Bulletin de la grande armée.*

Berlin, le 12 novembre 1806.

La garnison de Magdebourg a défilé le 11, à neuf heures du matin, devant le corps d'armée du maréchal *Ney*. Nous avons 20 généraux, 800 officiers, 22,000 prisonniers, parmi lesquels 2000 artilleurs, 54 drapeaux, 5 étendards, 800 pièces de canon, un million de poudre, un grand équipage de pont et un matériel immense d'artillerie.

Le colonel *Gérard*, et l'adjudant commandant *Ricard*, ont présenté ce matin à l'Empereur, au nom des 1er. et 4e. corps, 60 drapeaux qui ont été pris à Lubeck, au corps du général *Blucher*; il y avait 22 étendards: 4000 chevaux tous harnachés, pris dans cette journée, se rendent au dépôt de Potzdam.

Dans le 29e. Bulletin, on a dit que le corps du général *Blucher* avait fourni 16 mille prisonniers, parmi lesquels 4000 de cavalerie. On s'est trompé : il y avait 21 mille prisonniers, parmi lesquels 5 mille hommes de cavalerie montés; de sorte que par le résultat de ces deux capitulations, nous avons 120 drapeaux et étendards et 43,000 prisonniers. Le nombre des prisonniers qui ont été faits dans la campagne passe 140,000. Le nombre de drapeaux pris passe 250. Le nombre des pièces de campagne prises devant l'ennemi et sur le champ de bataille, passe 800. Celui des pièces prises à Berlin et dans les places qui se sont rendues, passe 4,000.

L'Empereur a fait manœuvrer hier sa garde à pied et à cheval dans une plaine aux portes de Berlin. La journée a été superbe.

Le général *Savary*, avec sa colonne mobile, s'est rendu à Rostock et y a pris 40 ou 50 bâtimens suédois sur leur lest; il les a fait vendre sur-le-champ.

### 32°. *Bulletin de la grande armée.*

Berlin, le 16 novembre 1806.

Après la prise de Magdebourg et l'affaire de Lubeck, la campagne contre la Prusse se trouve entièrement finie.

Voici quelle était la situation de l'armée prussienne en entrant en campagne.

Le corps du général *Ruchel*, dit de Westphalie, était composé de 33 bataillons d'infanterie, de 4 compagnies de chasseurs, de 45 escadrons de cavalerie, d'un bataillon d'artillerie et de sept batteries, indépendamment des pièces de régiment.

Le corps du prince d'*Hohenlohe* était composé de 24 bataillons prussiens et de 25 bataillons saxons, de 45 escadrons prussiens, et de 36 escadrons saxons, de 2 bataillons d'artillerie, de huit batteries prussiennes et de huit batteries saxonnes.

L'armée commandée par le roi en personne était composée d'une avant-garde de 10 bataillons et de 15 escadrons, commandée par le duc de *Weimar*, et de trois divisions. La 1re. commandée par le prince d'*Orange*, était composée de 11 bataillons et de 20 escadrons. La 2e. division, commandée par le général *Wartensleben*, était composée de 11 bataillons et de 15 escadrons.

La 3e. division, commandée par le général *Schmettau* était composée de 10 bataillons et de 15 escadrons. Le corps de réserve de cette armée, que commandait le général *Kalkreuth* était composé de deux divisions, chacune de 10 bataillons des régimens de la garde ou d'élite, et de 20 escadrons.

La réserve que commandait le prince *Eugène de Wirtemberg* était composée de 18 bataillons et de 20 escadrons.

Ainsi le total général de l'armée prussienne était de 160 bataillons, et de 236 escadrons, servis par 50 batteries, ce qui faisait présens sous les armes, 115,000 hommes d'infanterie, 30,000 de cavalerie, et 800 pièces de canon, y compris les canons de bataillon.

Toute cette armée se trouvait à la bataille du 14, hormis le corps du duc de *Weimar*, qui était encore sur Eisenach, et la réserve du prince de *Wurtemberg*, ce qui porte les forces prussiennes qui se trouvaient à la bataille, à 126,000 hommes.

De ces 126,000 hommes, pas un n'a échappé. Du corps du duc de *Weimar*, pas un homme n'a échappé. Du corps de réserve du duc de *Wirtemberg*, qui a été battu à Hall, pas un homme n'est échappé.

Ainsi ces 145 mille hommes ont tous été pris, blessés

ou tués. Tous les drapeaux et étendards, tous les canons, tous les bagages, tous les généraux ont été pris, et rien n'a passé l'Oder. Le roi, la reine, le général *Kalkreuth*, et à peine dix ou douze officiers, voilà tout ce qui s'est sauvé. Il reste aujourd'hui au roi de Prusse un régiment dans la place de Gros-Glogau, qui est assiégée, un à Breslau, un à Brieg, deux à Varsovie, et quelques régimens à Kœnigsberg, en tout à-peu-près 15 mille hommes d'infanterie et 3 ou 4000 hommes de cavalerie. Une partie de ces troupes est enfermée dans des places fortes. Le roi ne peut pas réunir à Kœnigsberg, où il s'est réfugié dans ce moment, plus de 8000 hommes.

Le souverain de Saxe a fait présent de son portrait au général *Lemarois*, gouverneur de Wittemberg, qui, se trouvant à Targau, a remis l'ordre dans une maison de correction, parmi 600 brigands qui s'étaient armés et menaçaient de piller la ville.

Le lieutenant *Lebrun* a présenté hier, à l'Empereur, quatre étendards de quatre escadrons prussiens que commandait le général *Pelet*, et que le général *Drouet* a fait capituler du côté de Lauenbourg. Ils s'étaient échappés du corps du général *Blucher*.

Le major *Ameil*, à la tête d'un escadron du 16e. de chasseurs, envoyé par le maréchal *Soult* le long de l'Elbe, pour ramasser tout ce qui pourrait s'échapper du corps du général *Blucher*, a fait un millier de prisonniers, dont 500 hussards, et a pris une grande quantité de bagages.

Voici la position de l'armée française. La division de cuirassiers du général d'*Hautpoult*; les divisions de dragons des généraux *Grouchy* et *Sahuc*, la cavalerie légère du général *Lasalle*, faisant partie de la réserve de cavalerie que *le grand-duc de Berg* avait à Lubeck, arrivent à Berlin.

La tête du corps du maréchal *Ney*, qui a fait capituler la place de Magdebourg, est entrée aujourd'hui à Berlin.

Les corps du prince de *Ponte-Corvo* et du maréchal *Soult* sont en route pour venir à Berlin. Le corps de maréchal *Soult* y arrivera le 20, celui du prince du *Ponte-Corvo* quelques jours après.

Le maréchal *Mortier* est arrivé avec le huitième corps à Hambourg pour fermer l'Elbe et le Weser.

Le général *Savary* a été chargé du blocus de Hameln avec la division hollandaise.

Le corps du maréchal *Lannes* est à Thorn.

Le corps du maréchal *Augereau* est à Bromberg et vis-à-vis Graudentz.

Le corps du maréchal *Davoust* est en marche de Posen sur Varsovie, où se rend *le grand duc de Berg* avec l'autre partie de la réserve de cavalerie, composée des divisions de dragons des généraux *Beaumont, Klein* et *Beker;* de la division de cuirassiers du général *Nansouty,* et de la cavalerie légère du général *Milhaud.*

Le prince *Jérôme* avec le corps des alliés, assiége Gros-Glogau, son équipage de siège a été formé à Custrin. Une de ses divisions investit Breslau. Il prend possession de la Silésie.

Nos troupes occupent le fort de Lenczyc, à mi-chemin de Posen à Varsovie. On y a trouvé des magasins et de l'artillerie. Les polonais montrent la meilleure volonté, mais jusqu'à la Vistule ce pays est difficile, il y a beaucoup de sables. Pour la première fois, la Vistule voit l'aigle gauloise.

L'Empereur a désiré que le roi de Hollande retournât dans son royaume, pour veiller lui-même à sa défense.

Le roi de Hollande a fait prendre possession du Hanovre par le corps du maréchal *Mortier.* Les aigles prussiennes et les armes électorales en ont été ôtées ensemble.

### 23e. *Bulletin de la grande armée.*

Berlin, le 17 novembre 1806.

La suspension d'armes ci-jointe a été signée hier à Charlottenbourg. La saison se trouvant avancée, cette suspension d'armes asseoit les quartiers de l'armée. Partie de la Pologne prussienne se trouve ainsi occupée par l'armée française, et partie est neutre.

S. M. l'Empereur des Français, Roi d'Italie, et S. M. le roi de Prusse, en conséquence des négociations ouvertes depuis le 23 octobre dernier pour le rétablissement de la paix si malheureument altérée entre elles, ont jugé nécessaire de convenir d'une suspension d'armes; et à cet effet, elles ont nommé pour leurs plénipotentiaires, savoir: S. M. l'Empereur des Français et Roi d'Italie, le général de division *Michel Duroc*, grand cordon de la légion d'honneur, chevalier des ordres de l'aigle-noire et de l'aigle-rouge de Prusse, et de la fidélité de Bade, et grand-maréchal du palais impérial; et S. M. le roi de Prusse, le marquis *de Lucchesini*, son ministre d'état, chambellan et chevalier des ordres de l'aigle-noire et de l'aigle-rouge de Prusse, et le général *Frédéric-Gaillaume de Zastrow*, chef d'un régiment et inspecteur-général d'infanterie et chevalier des ordres de l'aigle-rouge et pour le mérite; lesquels, après avoir échangé leurs pleins-pouvoirs, sont convenus des articles suivans:

Art. I<sup>er</sup>. Les troupes de S. M. le roi de Prusse, qui se trouvent aujourd'hui sur la rive droite de la Vistule, se réuniront à Kœnigsberg et dans la Prusse royale depuis la rive droite de la Vistule.

II. Les troupes de S. M. l'Empereur des Français, Roi d'Italie, occuperont la partie de la Prusse méridionale qui se trouve sur la droite de la Vistule jusqu'à l'embouchure du Bug, Thorn, la forteresse et la ville de Graudentz, la ville et la citadelle de Dantzick, les places de Colberg et de Lenczyc, qui leur seront remises pour sûreté; et en Silésie, les places de Glogau et de Breslaw avec la portion de cette province qui se trouve sur la rive droite de l'Oder, et la partie de celle située sur la rive gauche de la même rivière qui aura pour limite une ligne appuyée à cette rivière, à cinq lieues au-dessus de Breslaw, passant à Ohlan, Zobsen; à trois lieues derrière Schweidnitz et sans le comprendre; et de-là à Freyburg, Landshut et joignant la Bohême à Liebau.

III. Les autres parties de la Prusse orientale ou nouvelle Prusse orientale, ne seront occupées par aucune des armées, soit françaises soit prussiennes ou russes, et si des troupes russes s'y trouvaient, S. M. le roi de Prusse s'engage à les faire rétrograder jusques sur leur territoire; comme aussi de ne pas recevoir des troupes de cette puissance dans ses états pendant tout le tems que durera la présente suspension d'armes.

IV. Les places de Hameln et Nienbourg, ainsi que celles désignées dans l'art. II, seront remises aux troupes françaises avec leurs armemens et munitions, dont il sera dressé un inventaire dans les 8 jours qui suivront l'échange des ratifications de la présente suspension d'armes. Les garnisons de ces places ne seront point prisonnières de guerre; elles seront dirigées sur Kœnigsberg, et on leur donnera à cet effet toutes les facilités nécessaires.

V. Les négociations seront continuées à Charlottenbourg; et si la paix ne devait pas s'en suivre, les deux hautes parties contractantes s'engagent à ne reprendre les hostilités qu'après s'en être réciproquement prévenus dix jours d'avance.

VI. La présente suspension d'armes sera ratifiée par les deux hautes puissances contractantes, et l'échange des ratifications aura lieu à Graudentz, et au plus tard le 21 du présent mois.

En foi de quoi les plénipotentiaires soussignés ont signés le présent, et y ont apposé leurs sceaux respectifs.

Fait à Charlottenbourg, ce 16 novembre 1806.

(Signé) *Duroc, Lucchesini, Zastrow.*

34<sup>e</sup>. *Bulletin de la grande armée.*

Berlin, le 23 novembre 1806.

On n'a point encore de nouvelles que la suspension d'armes, signée le 16, ait été ratifiée par le roi de Prusse, et que l'échange des ratifications ait eu lieu. En attendant, les hostilités continuent toujours, ne devant cesser qu'au moment de l'échange.

Le général *Savary*, auquel l'empereur avait confié le commandement du siège de Hameln, est arrivé le 19 à Ebersdorff, devant Hameln, a eu une conférence, le 20, avec le général *Lecoq* et les généraux prussiens enfermés dans cette place, et les a fait capituler. Neuf mille prisonniers parmi lesquels six généraux, des magasins pour nourrir dix-mille hommes pendant six mois, des munitions de toute espèce, une compagnie d'artillerie à cheval, 300 hommes à cheval sont en notre pouvoir. Les seules troupes qu'avait le général *Savary* étaient un régiment français d'infanterie légère, et deux régimens hollandais que commandait le général hollandais *Dumonceau*. Le général *Savary* est parti sur-le-champ pour Nienbourg, pour faire capituler cette place dans laquelle on croit qu'il y a 2 ou 3000 hommes de garnison.

Un bataillon prussien de 800 hommes, tenant garnison à Czentoschau, à l'extrémité de la Pologne prussienne, a capitulé le 18 devant 150 chasseurs, du 2°. régiment, réunis à 300 polonais confédérés qui se sont présentés devant cette place. La garnison est prisonnière-de-guerre ; il y a des magasins considérables.

L'empereur a employé toute la journée à passer en revue l'infanterie du 4°. corps d'armée, commandé par le maréchal *Soult*. Il a fait des promotions, et distribué des récompenses dans chaque corps.

## CAPITULATION

*Pour la remise de la place, des forts et de la garnison d'Hameln à l'armée française et hollandaise, sous les ordres du général de division Savary, aide-de-camp de S. M. I. et Royale, grand-officier de la légion d'honneur, colonel des gendarmes de la garde, décoré du grand-cordon de Bade, et représenté par le général de division Dumonceau, conseiller-d'état, membre de la légion d'honneur, commandant en chef des troupes hollandaises en Allemagne, par M. le général-major Von Schœler, commandant la garnison, place et forts de Hameln.*

*Articles proposés.* Art. I.er. La garnison sortira le 22 novembre à 9 heures du matin, avec armes et bagages, enseignes déployées, canons, tambours battans et mèches allumées, par la porte nommée Oster-Thor, et sera libre de rejoindre son armée.

*Réponses.* La garnison sortira par la porte désignée, avec les honneurs de la guerre, se mettra en bataille sur la chaussée de Hanovre. Elle y fera la remise de ses armes, canons, drapeaux et chevaux, et sera de suite mise en route pour la France où elle sera prisonnière de guerre.

II. Les officiers garderont leurs chevaux et bagages, et les soldats leurs sacs.

*R.* Accordé.

III. Les officiers auront la liberté de se retirer chez eux et où bon leur semblera, avec l'assurance de n'y être pas inquié-

tés. Ils recevront des passe-ports et des feuilles de route pour
que les vivres et fourrages leur soient fournis jusqu'au lieu de
leur destination ; on fournira aussi des voitures et des chevaux
à ceux qui en auront besoin pour le transport de leurs effets.

*R.* Accordé. Mais les officiers seront prisonniers sur parole, et ne pourront porter les armes contre la France et ses
alliés, jusqu'à parfait échange.

IV. On assignera aux officiers qui ne voudront pas profiter
de la permission de retourner chez eux, l'endroit où ils pourront se rendre, avec la certitude qu'on y pourvoira à leur
subsistance.

*R.* Il ne peut être assigné d'autre destination à ces messieurs que leurs foyers ; et ceux qui ne voudront pas en profiter pourront suivre le sort de la garnison en France, où on
leur assure le traitement usité pour les prisonniers de guerre.

V. Si le sort de la guerre décidait que quelques-unes des
provinces prussiennes fussent cédées à un autre monarque, les
officiers qui y auraient été en garnison auraient droit d'en obtenir la pension de leur grade, si, par les infirmités ou l'âge,
ils étaient hors d'état de continuer à servir.

*R.* Dans aucune capitulation il n'a été permis à un officier-
général de dicter des conditions à un souverain. Le cas présent
arrivant, ces messieurs mériteront les bontés de leurs nouveaux
maîtres, et on leur cite l'exemple du Piémont, de la Belgique
et de Naples.

VI. La remise des portes, des forts et des magasins n'aura
lieu qu'après la sortie de la garnison.

*R.* Aussitôt la capitulation échangée, les commandans du
génie français et hollandais avec les commissaires des guerres,
auront la liberté d'entrer dans la ville. Il leur sera remis, par
des commissaires nommés par M.ʳ le général *Von Schœler*,
les magasins de toute espèce, les poudrières, tout ce qui concerne le matériel de l'artillerie et du génie.

La porte par laquelle la garnison doit sortir, ainsi que les
trois forts, seront occupés par les troupes françaises et hollandaises demain, 21, à neuf heures du matin.

Fait au camp devant Hameln, ce 20 novembre, à quatre
heures et demie du soir, l'an 1806.

( Signé ) De Schœler, Dumonceau.

Ratifié par moi, général de division commandant les troupes du blocus de la forteresse de Hameln.

( Signé ) Savary.

## 35<sup>e</sup>. *Bulletin de la grande armée.*

Posen, le 28 novembre 1806.

L'Empereur est parti de Berlin le 25, à deux heures du matin, et est arrivé à Custrin le même jour, à dix heures du matin. Il est arrivé à Mescritz le 26, et à Posen le 27, à dix heures du soir. Le lendemain, S. M. a reçu les différens ordres des polonais. Le maréchal du palais *Duroc*, a été jusqu'à Osterode, où il a vu le roi de Prusse, qui lui a déclaré qu'une partie de ses états était occupée par les russes, et qu'il était entièrement dans leur dépendance ; qu'en conséquence, il ne pouvait ratifier la suspension d'armes qu'avaient conclue ses plénipotentiaires, parce qu'il ne pourrait pas en exécuter les stipulations. S. M. se rendait à Kœnigsberg.

Le grand-duc de Berg, avec une partie de sa réserve de cavalerie, et les corps des maréchaux *Davoust*, *Lannes* et *Augereau*, est entré à Varsovie. Le général russe *Benigsen*, qui avait occupé la ville avant l'approche des français, l'a évacuée, apprenant que l'armée française venait à lui, et voulait tenter un engagement.

Le prince *Jérôme*, avec le corps des bavarois, se trouve à Kalitsch.

Tout le reste de l'armée est arrivé à Posen, ou en marche par différentes directions pour s'y rendre.

Le maréchal *Mortier* marche sur Anklam, Rostock et la Poméranie suédoise, après avoir pris possession des villes anséatiques.

La reddition d'Hameln a été accompagnée d'événemens assez étranges. Outre la garnison destinée à la défense de cette place, quelques bataillons prussiens paraissent s'y être réfugiés après la bataille du 14. L'anarchie régnait dans cette nombreuse garnison. Les officiers étaient insubordonnés contre les généraux, et les soldats contre les officiers. A peine la capitulation était-elle signée, que le général *Savary* reçut la lettre ci-jointe ( n.º I ) du général *Von Schœler* : il lui répondit par la lettre n.º II. Pendant ce tems la garnison était insurgée, et le premier acte de la sédition fut de courir aux magasins d'eaux-de-vie, de les enfoncer et d'en boire outre mesure. Bientôt, animés par ces boissons spiritueuses, on se fusilla dans les rues, soldats contre soldats, soldats contre officiers, soldats contre bourgeois ; le désordre était extrême. Le général *Von Schœler* envoya courier sur courier au général *Savary*, pour le prier de venir prendre possession de la place avant le moment fixé pour sa remise. Le général *Savary* ; accourut aussitôt, entra dans la ville à travers une grêle de balles, fit filer tous les soldats de la garnison par une porte, et les parqua dans une prairie. Il assembla ensuite les officiers, leur fit connaître que ce qui arrivait était un effet de la mauvaise discipline, leur fit signer leur cartel, et rétablit l'ordre dans la ville. On croit que dans le tumulte il y a eu plusieurs bourgeois de tués.

### N.° I.

Monsieur le général,

A peine la nouvelle de la reddition de la place s'est-elle répandue ici, qu'un mécontentement universel, et même un esprit de révolte s'est manifesté parmi les officiers et dans toute la garnison. Je fais mon possible pour tranquilliser les esprits, et j'espère d'y parvenir, mais je vous supplie, M. le général, d'ajouter aux articles dont nous étions convenus, les deux suivans, et de me les envoyer par le porteur avant l'occupation de la porte et des forts. 1.° Pour le simple soldat la permission de retourner à ses foyers ; 2.° pour les officiers l'assurance de leur existence future, en leur assignant le paiement de leur solde sur les caisses des provinces occupées par les troupes françaises, pour que je me trouve dans la possibilité de remplir scrupuleusement la capitulation que j'ai signée.

Je vous proteste, M. le général, que cette mesure de précaution est absolument nécessaire ; et je serais au désespoir si vous me supposiez d'autres motifs que ceux que je viens d'alléguer.

J'ai l'honneur d'être avec la plus parfaite considération, M. le général,

Votre très-humble et très-obéissant serviteur,

( Signé ) *De Schœler.*

Hameln, le 21 novembre 1806.

### N.° II.

Oldendorf, le 21 novembre 1806.

*A M. le général Schœler, commandant la garnison d'Hameln.*

Monsieur le général,

Je ne suis point accoutumé à céder aux mouvemens de sédition et de révolte. J'ai parcouru toute la révolution de mon pays, et je sais comment on les appaise. Il ne sera rien changé à la capitulation d'Hameln : je n'en ai plus le droit, puisqu'elle est annoncée officiellement à l'Empereur lui-même.

Depuis quand une troupe indisciplinée aurait-elle acquis le droit de faire ajouter à une capitulation des articles qui ne concerneraient que des intérêts particuliers ou purement mercantiles ? Je vous le répète, Monsieur, la capitulation sera maintenue dans tout son contenu. Demain, mes troupes se présenteront à neuf heures pour occuper les forts et les portes ; et je déclare que s'il leur est fait une insulte ou un refus de les livrer, je regarderai cela comme une infraction complette à la capitulation. J'ordonnerai aux troupes de se retirer, et dès ce moment tout ce qui sera fait prisonnier sera puni de mort, conformément à nos réglemens. Je rends chaque officier prussien responsable du moindre accident. Sa fortune, sa liberté et sa vie m'en répondent. Et vous, Monsieur le général, que votre âge et vos longs services ont rendu l'ennemi des mouvemens séditieux, je vous enjoins de me désigner ceux des officiers les plus mutins, pour que je puisse faire appesantir sur eux la vengeance que je me propose de tirer d'une pareille conduite. Vous voudrez bien faire assembler chez vous les vingt plus mauvaises têtes de chaque régiment, leur expliquer le contenu de ma lettre, et leur dire que si, dans l'instant même, tout ne rentre pas dans l'ordre, je les déclare chefs de bandes, que quand il plaira à la fortune de les mettre en mon pouvoir, je les ferai exécuter sur-le-champ. Si la moindre insulte est commise envers votre personne et celles des officiers-généraux et officiers supérieurs, ils m'en feront raison.

Recevez, Monsieur le général, l'assurance de ma haute considération,　　　　　　　　　( Signé ) *Savary*.

### 36ᵉ. *Bulletin de la grande armée.*

Posen, le 1.ᵉʳ décembre 1806.

Le quartier-général du duc de Berg était, le 27 à Lowiez.

Le général *Benigsen*, commandant l'armée russe, espérant empêcher les français d'entrer à Varsovie, avait envoyé une avant-garde border la rivière de Bsura. Les avant-postes se rencontrèrent dans la journée du 26 ; les russes furent culbutés. Le général *Beaumont* passa la Bsura à Lowiez, rétablit le pont, tua ou blessa plusieurs hussards russes, fit prisonniers plusieurs cosaques, et les poursuivit jusqu'à Blonic.

Le 27, quelques coups de sabre furent donnés entre les grands-gardes de cavalerie ; les russes furent poursuivis ; on leur fit quelques prisonniers.

Le 28, à la nuit tombante, le grand-duc de Berg, avec sa cavalerie, entra à Varsovie. Le corps du maréchal *Davoust*

y

y est entré le 29. Les russes avaient repassé la Vistule en brûlant le pont. Il est difficile de peindre l'enthousiasme des polonais. Notre entrée dans cette grande ville était un triomphe ; et les sentimens que les polonais de toutes les classes montrent depuis notre arrivée, ne sauraient s'exprimer.

L'amour de la patrie et le sentiment national est non-seulement conservé en entier dans le cœur du peuple, mais il a été retrempé par le malheur ; sa première passion, son premier désir est de redevenir nation. Les plus riches sortent de leurs châteaux pour venir demander à grands cris le rétablissement de la nation, et offrir leurs enfans, leur fortune, leur influence. Ce spectacle est vraiment touchant. Déjà ils ont par-tout repris leur ancien costume, leurs anciennes habitudes.

Le trône de Pologne se rétablira-t-il, et cette grande nation reprendra-t-elle son existence et son indépendance ? Du fond du tombeau renaîtra-t-elle à la vie ? Dieu seul, qui tient dans ses mains les combinaisons de tous les événemens, est l'arbitre de ce grand problème politique ; mais certes il n'y eut jamais d'événement plus mémorable, plus digne d'intérêt ; et par une correspondance de sentimens qui fait l'éloge des français, des traînards qui avaient commis quelques excès dans d'autres pays, ont été touchés du bon accueil du peuple, et n'ont eu besoin d'aucun effort pour se bien comporter.

Nos soldats trouvent que les solitudes de la Pologne contrastent avec les campagnes riantes de leur patrie ; mais ils ajoutent aussitôt : *Ce sont de bonnes gens que les polonais.* Ce peuple se montre vraiment sous des couleurs intéressantes.

## PROCLAMATION.

Au quartier-général, à Posen, le 2 décembre 1806.

» Soldats ,

» Il y a aujourd'hui un an, à cette heure même, que vous
» étiez sur le champ mémorable d'Austerlitz. Les bataillons
» russes épouvantés fuyaient en déroute, ou, enveloppés,
» rendaient les armes à leurs vainqueurs. Le lendemain, ils
» firent entendre des paroles de paix ; mais elles étaient trom-
» peuses. A peine échappés par l'effet d'une générosité peut-
» être condamnable, aux désastres de la troisième coalition,
» ils en ont ourdi une quatrième. Mais l'allié sur la tactique
» duquel ils fondaient leur principale espérance, n'est déjà
» plus. Ses places fortes, ses capitales, ses magasins, ses
» arsenaux, 280 drapeaux, 700 pièces de bataille, cinq

I

» grandes places de guerre sont en notre pouvoir. L'Oder , la
» Wartha , les déserts de la Pologne , les mauvais tems de
» la saison n'ont pu vous arrêter un moment. Vous avez tout
» bravé , tout surmonté; tout a fui à votre approche.

» C'est en vain que les russes ont voulu défendre la capitale
» de cette ancienne et illustre Pologne : l'aigle française plane
» sur la Vistule. Le brave et infortuné Polonais , en vous
» voyant, croit revoir les légions de *Sobieski* de retour de
» leur mémorable expédition.

» Soldats, nous ne déposerons point les armes que la paix
» générale n'ait affermi et assuré la puissance de nos alliés,
» n'ait restitué à notre commerce sa liberté et ses colonies.
» Nous avons conquis sur l'Elbe et l'Oder , Pondichery ,
» nos établissemens des Indes , le Cap de Bonne-Espérance
» et les colonies espagnoles. Qui donnerait le droit de faire
» espérer aux russes de balancer les destins? Qui leur donne-
» rait le droit de renverser de si justes desseins? Eux et
» NOUS NE SOMMES-NOUS PAS LES SOLDATS D'AUSTERLITZ ! »

(Signé) NAPOLÉON.

ORDRE DU JOUR.

De notre camp impérial de Posen,
le 2 décembre 1806.

NAPOLÉON, Empereur des Français et Roi d'Italie,
Avons décrété et décrétons ce qui suit :

Art. I.er Il sera établi sur l'emplacement de la Magdelaine de notre bonne ville de Paris, aux frais du trésor de
notre couronne , un monument dédié à la grande armée,
portant sur le frontispice : L'EMPEREUR NAPOLÉON AUX
SOLDATS DE LA GRANDE ARMÉE.

II. Dans l'intérieur du monument seront inscrits, sur des
tables de marbre , les noms de tous les hommes par corps
d'armée et par régiment qui ont assisté aux batailles d'Ulm ,
d'Austerlitz et d'Iena , et sur des tables d'or massif, les noms
de tous ceux qui sont morts sur les champs de bataille. Sur
des tables d'argent sera gravée la récapitulation , par département , des soldats que chaque département a fournis à la
grande armée.

III. Autour de la salle seront sculptés des bas-reliefs ou
seront représentés les colonels de chacun des régimens de
la grande armée avec leurs noms ; ces bas-reliefs seront faits
de manière que les colonels soient groupés autour de leurs
généraux de division et de brigade par corps d'armée. Les
statues en marbre des maréchaux qui ont commandé des

corps ou qui ont fait partie de le grande armée, seront placés dans l'intérieur de la salle.

IV. Les armures, statues, monumens de toute espèce enlevés par la grande armée dans ses deux campagnes ; les drapeaux, étendards et tymbales conquis par la grande armée, avec les noms des régimens ennemis auxquels ils appartenaient, seront déposés dans l'intérieur du monument.

V. Tous les ans aux anniversaires des batailles d'Austerlitz et d'Iena, le monument sera illuminé, et il sera donné un concert, précédé d'un discours sur les vertus nécessaires aux soldats, et d'un éloge de ceux qui périrent sur le champ de bataille dans ces journées mémorables.

Un mois avant, un concours sera ouvert pour recevoir la meilleure pièce de musique analogue aux circonstances.

Une médaille d'or de 150 doubles napoléons sera donnée aux auteurs de chacune de ces pièces qui auront remporté le prix.

Dans les discours et odes, il est expressément défendu de faire aucune mention de l'Empereur.

VI. Notre ministre de l'intérieur ouvrira sans délai un concours d'architecture pour choisir le meilleur projet pour l'exécution de ce monument.

Une des conditions du propectus sera de conserver la partie du bâtiment de la Magdelaine qui existe aujourd'hui, et que la dépense ne dépasse pas trois millions.

Une commission de la classe des beaux-arts de notre institut sera chargée de faire un rapport à notre ministre de l'intérieur, avant le mois de mars 1807, sur les projets soumis au concours. Les travaux commenceront le 1.<sup>er</sup> mai, et devront être achevés avant l'an 1809.

Notre ministre de l'intérieur sera chargé de tous les détails relatifs à la construction du monument, et le directeur-général de nos musées, de tous les détails des bas-reliefs, statues et tableaux.

VII. Il sera acheté cent mille francs de rente en inscriptions sur le grand livre, pour servir à la dotation du monument et à son entretien annuel.

VIII. Une fois le monument construit, le grand-conseil de la légion d'honneur sera spécialement chargé de sa garde, de sa conservation et de tout ce qui est relatif au concours annuel.

IX. Notre ministre de l'intérieur et l'intendant des biens de notre couronne, sont chargés de l'exécution du présent décret.

(Signé) NAPOLÉON.

I 2

## 37.ᵉ *Bulletin de la grande armée.*

Posen , le 2 décembre 1806.

Voici la capitulation du fort de Czentoschau. Six cents hommes qui en formaient la garnison , 30 bouches à feu , des magasins , sont tombés en notre pouvoir. Il y a un trésor formé de beaucoup d'objets précieux , que la dévotion des polonais avait offerts à une image de la vierge qui est regardée comme la patrone de la Pologne. Ce trésor avait été mis sous le séquestre , mais l'Empereur a ordonné qu'il fut rendu.

La partie de l'armée qui est à Varsovie continue à être satisfaite de l'esprit qui anime cette grande capitale.

La ville de Posen a donné aujourd'hui un bal à l'Empereur. S. M. y a passé une heure.

Il y a eu aujourd'hui un *Te Deum* puur l'anniversaire du couronnement de l'Empereur.

*Capitulation faite entre M. le chef d'escadron Deschamps, membre de la légion d'honneur, au service de S. M. l'Empereur des Français, Roi d'Italie ; et M. Kune, major au service de S. M. le roi de Prusse, et commandant du fort de Czentoschau, pour la reddition dudit fort, le 19 novembre 1806.*

Art. I.ᵉʳ Le fort de Czentoschau sera remis le 19 novembre aux troupes françaises dans l'état où il se trouve actuellement.

II. La garnison sortira de la place avec les honneurs de la guerre , et mettra bas les armes sur les glacis ; elle sera prisonnière de guerre , et conduite en France.

III. M. le commandant du fort et MM. les officiers de la garnison seront prisonniers de guerre. Ils auront la faculté de se retirer où bon leur semblera , en engageant leur porole d'honneur de ne servir contre la France et ses alliés qu'après leur échange ; ils conserveront leurs armes et bagages.

IV. S'il se trouvait parmi les officiers de la garnison des polonais , ils auraient la faculté de prendre du service en Pologne.

V. Aussitôt la capitulation signée , la garnison évacuera le fort ; les troupes françaises y entreront , et occuperont de suite les postes intérieurs et extérieurs.

VI. Il sera donné des sauve-gardes à MM. les officiers jusqu'aux avant-postes , pour les mettre à l'abri des vexations qu'on pourrait commettre à leur égard.

VII. Ils recevront des passe-ports pour ne pas être arrêtés dans leur route par les troupes françaises qu'ils pourraient rencontrer.

VIII. La cessation des hostilités aura lieu aussitôt la capitulation signée.

IX. La caisse militaire et autres caisses appartenant à S. M. le roi de Prusse doivent également être remises aux troupes françaises.

(Signé) le chef d'escadron, *Deschamps.*

Et le major commandant le fort, *Kune.*

Certifié conforme à l'original,

Le colonel commandant le 12.e régiment des chasseurs à cheval, signé *Guyon.*

## 38.e *Bulletin de la grande armée.*

Posen, le 5 décembre 1806.

Le prince *Jérôme*, commandant l'armée des alliés, après avoir resserré le blocus de Glogau et fait construire des batteries autour de cette place, se porta avec les divisions bavaroises, Wrede et Deroi, du côté de Kalitsch, à la rencontre des russes, et laissa le genérsl *Vandamme* et le corps wurtembourgeois continuer le siège de Glogau. Des mortiers et plusieurs pièces de canon arrivèrent le 29 novembre. Ils furent sur le champ mis en batterie, et après quelques heures de bombardement, la place s'est rendue, et la capitulation suivante a été signée.

Les troupes alliées du roi de Wurtemberg se sont bien montrées. Deux mille cinq cents hommes, des magasins assez considérables de biscuits, de blé, de poudre, près de 200 pièces de canon sont les résultats de cette conquête importante, sur-tout par la bonté de ses fortifications et par sa situation. C'est la capitale de la Basse-Silésie.

Les russes ayant refusé la bataille devant Varsovie, ont repassé la Vistule. Le grand-duc de Berg l'a passée après eux ; il s'est emparé du faubourg de Praga. Il les poursuit sur le Bug. L'Empereur a donné en conséquence l'ordre au prince *Jérôme* de marcher par sa droite sur Breslaw et de cerner cette place, qui ne tardera pas de tomber en notre pouvoir. Les sept places de la Silésie seront successivement attaquées et bloquées. Vu le moral des troupes qui s'y trouvent, aucune ne fait présumer une longue résistance.

Le petit fort de Culmbach, nommé *Plassenbourg* avait été bloqué par un bataillon bavarois ; muni de vivres pour plusieurs mois, il n'y avait pas de raison pour qu'il se rendît. L'Empereur a fait préparer à Cronach et à Forcheim des pièces d'artillerie pour battre ce fort et l'obliger à se rendre. Le 24 novembre, vingt-deux pièces étaient en batterie, ce qui a décidé le commandant à livrer la place. M. de *Beckers*, colonel du 6.e régiment d'infanterie de ligne bavarois, et commandant le blocus, a montré de l'activité et du savoir faire dans cette circonstance.

L'anniversaire de la bataille d'Austerlitz et du couronnement de l'Empereur, a été célébré à Varsovie avec le plus grand enthousiasme.

*Capitulation convenue entre M. le général de division Vandamme, grand-cordon de la légion d'honneur, commandant les troupes alliées de S. M. l'Empereur et Roi devant Glogau; et S. Exc. M. de Reinhart, lieutenant-général des armées de S. M. le roi de Prusse, chevalier de l'ordre de l'aigle-rouge et du mérite, vice-gouverneur de la forteresse de Glogau, et M. de Marvitz, général-major commandant la place de Glogau.*

Art. I.er La place de Glogau sera rendue aux troupes alliées de S. M. l'Empereur, demain 3 décembre.

II. Tout ce qui appartient à la forteresse, artillerie, munitions de guerre, armes, plans et magasins de toute espèce, sera fidèlement remis entre les mains des officiers que M.r le général *Vandamme* désignera pour venir en prendre possession, et en dresser procès-verbal.

III. La garnison sera prisonnière de guerre. Elle défilera devant les troupes du siège, drapeaux déployés, mèche allumée, et mettra bas les armes devant elles.

IV. Les officiers conserveront leurs épées, chevaux et bagages, et seront libres de se retirer où bon leur semblera, après toutefois avoir signé leur parole d'honneur de ne plus servir jusqu'à la paix ou leur échange contre les troupes de S. M. l'Empereur ou ses alliés; il leur sera donné des passeports à cet effet, et même des sauves-gardes s'ils en désirent, et ils seront traités en tout comme les officiers prussiens faits prisonniers à Magdebourg.

V. Les bas-officiers et soldats mariés auront la permission de se retirer chez eux avec leur famille.

VI. M. le général *Vandamme* promet protection, au nom de son souverain, à toute espèce de religion que peuvent professer les habitans de Glogau, sûreté entière pour toutes les personnes et propriétés particulières desdits habitans.

VII. MM. les magistrats et employés civils conserveront provisoirement leurs emplois et exerceront les mêmes fonctions; les lois du pays seront aussi provisoirement conservées; tous les habitans qui désireront quitter la ville, recevront des passe-ports.

VIII. Les caisses royales seront remises à l'officier que M.ᵣ le général *Vandamme* désignera. Cet officier en donnera une décharge.

MM. les magistrats resteront dépositaires des sommes appartenant aux particuliers.

IX. Les blessés et malades seront traités avec soin.

X. La porte de Breslaw et celle de la tête du pont de l'Oder seront remises aux assiégeans une heure après la signature de la présente capitulation, et MM. les magistrats de la ville, les feront da suite réparer, de manière à ce qu'elles soient entièrement praticables.

Fait à Glogau, le 2 décembre 1806.

*Traduction de la capitulation de la forteresse de Plassenbourg.*

*Articles de la capitulation de la place de Plassenbourg, conclus d'une part entre M.ʳ le comte de Becker, colonel commandant le 6.ᵉ régiment d'infanterie de ligne de S. M. le roi de Bavière, commandant le blocus du fort; M. le major de Comeau, chef de l'état-major du corps formant le blocus, ayant pouvoir de S. M. le roi de Bavière et de son général-commandant les provinces de Franconie, S. Exc. le comte d'Ysembourg.*

*D'autre part, le baron d'Uttenhofen, général-major, commandant le fort; le major de Ruville, commandant en second; le comte de Monts, capitaine-commandant dans le régiment d'infanterie de Zweifel.*

Art. I. La garnison prussienne sera prisonnière de guerre. Elle défilera, avec tous les honneurs de la guerre, six jours après l'échange de la capitulation; elle déposera ses armes au lieu qui sera indiqué.

*Réponse.* Accordé, avec la restriction qu'aujourd'hui à une heure après-midi une porte sera livrée aux troupes de S. M. le roi de Bavière; que des postes bavarois seront mis à l'arsenal et aux magasins de poudre, de munitions et de vivres; que M. le major de l'artillerie bavaroise *de Lamuy*, recevra de la part du commandant de l'artillerie prussienne les canons, armes et autres objets relatifs à son arme; que M. le capitaine du corps du génie bavarois, M. *de Pusch*, recevra du commandant du corps du génie prussien les plans, papiers et autres objets ayant rapport aux fortifications. La garnison prussienne défilera demain 26 du courant, avec tous les honneurs de la guerre, sur le chemin qui conduit de la forteresse à la ville, où les troupes bavaroises seront rangées en bataille. La garnison prussienne mettra bas les armes près la porte de la ville.

II. Après avoir mis bas les armes, la garnison prussienne sera prisonnière de guerre, et conduite où S. M. le roi de Bavière l'ordonnera.

*R.* L'article II est accordé.

III. MM. les officiers sont prisonniers de guerre sur leur parole d'honneur de ne porter les armes, jusqu'à leur échange, contre S. M. l'Empereur des Français et Roi d'Italie, contre S. M. le roi de Bavière et contre les puissances leurs alliées ayant des troupes dans la grande armée fédérée. Ils seront libres d'aller où ils voudront ; mais ceux qui resteront dans la province de Bareuth y recevront leurs appointemens le premier de chaque mois, selon le contrôle qu'ils fourniront et jusqu'au moment de leur échange.

*R.* Accordé, à l'exception que ceux de MM. les officiers prussiens qui voudront se fixer dans la province de Bareuth n'y recevront qu'un seul mois d'appointemens de S. M. le roi de Bavière, pourvu que les appointemens réunis n'excèdent pas la somme de quatorze cents florins. Ladite somme de 1,400 florins sera considérée comme un prêt fait à S. M. le roi de Prusse.

Néanmoins, S. M. l'Empereur et Roi sera supplié de vouloir bien permettre que ceux de MM. les officiers faits prisonniers à Plassenbourg, et qui voudront résider dans la province de Bareuth, y reçoivent de la part des états du pays, le même traitement qu'ils auraient eu en France dans les dépôts des prisonniers de guerre.

IV. Messieurs les officiers conserveront leurs épées, leurs chevaux et leurs bagages. Les soldats conserveront leurs havresacs et ce qui leur appartient.

*R.* Accordé.

V. Les invalides conserveront tout leur mobilier, tout ce qu'ils possèdent ; et ces objets leur seront conduits dans le lieu de leur destination.

*R.* Accordé.

VI. Les invalides et les particuliers qui sont employés dans la forteresse, comme portiers, concierges et trompettes, conserveront ces places avec les traitemens qui y sont affectés.

*R.* Accordé.

VII. Les officiers mariés et ayant leur ménage dans la forteresse, y conserveront leurs logemens, jusqu'à ce qu'on leur procure les moyens de transporter leur mobilier.

*R.* Accordé.

VIII. Les soldats mariés qui ont leurs femmes et leur famille dans cette province, pourront se rendre chez eux ; avec la condition de ne pas porter les armes ni leur uniforme , jusqu'à leur échange.

IX. Tous les tableaux et arbres généalogiques ayant trait à la maison régnante de Prusse , seront pris et conservés en dépôt pour S. M. le roi de Prusse.

*R.* Accordé.

X. Les soldats malades resteront dans la forteresse jusqu'à leur guérison.

*R.* Accordé.

Ces soldats seront traités comme les soldats bavarois malades ; ils seront prisonniers de guerre après leur guérison.

XI. Les invalides , en considération de leurs longs et fidèles services , conserveront tout leur traitement , et seront soignés comme ils l'étaient avant.

*R.* Les invalides seront transportés à Bayreuth , et y seront traités comme ceux qui étaient à Magdebourg.

XII. Les dettes contractées avec différens ouvriers pour ouvrages et fournitures dans la forteresse , ne resteront pas à la charge du roi de Prusse, et seront acquittées par le gouvernement , qui prendra possession de tous les objets qui sont dans la place.

*R.* Cet article n'est pas de notre compétence. Nous promettons néanmoins nos bons offices pour que les ouvriers soient payés par les états , comme si leurs fournitures avaient été des objets de réquisitions.

Les présens articles ont été acceptés avec leurs modifications , par les deux parties , qui les ont signés , fait doubles , et aussitôt échangés.

( On a trouvé dans la place de Plassenbourg , 68 bouches à feu , 64 quintaux et 60 lb. de poudre ; 600 lb. de salpêtre ; 400 quintaux de plomb ; 40 quintaux de fer en barre ; 1144 fusils de différens modèles ; 700 vieux mousquets ; 74 carabines à croc ; 200 pistolets ; 200 sabres ; 29 drapeaux vieux ; 46 étendards ; 150 gibernes ; 8000 pierres à feu ; 2700 serpes ; 1 chèvre ; 8 caissons ; 14 avant-trains ; 9 fourgons ; 9 caisses de tambour en cuivre ; 429 fusils ; 277 sabres ; 230 ceinturons ; 375 gibernes.

Le personnel était : 1 général-major , M<sup>r</sup>. le baron d'*Uttenhofen* ; 4 majors ; 7 capitaines ; 7 lieutenans ; 600 soldats de ligne , et 150 invalides.

### 39<sup>e</sup>. *Bulletin de la grande armée.*

Posen, le 7 décembre 1806.

Le général *Savary*, après avoir pris possession d'Hameln, s'est porté sur Nienbourg. Le gouverneur faisait des difficultés pour capituler. Le général *Savary* entra dans la place, et après quelques pourparlers, il conclut la capitulation.

Un courier vient d'arriver, apportant la nouvelle à l'Empereur que les russes ont déclaré la guerre à la Porte; que Choczim et Bender sont cernés par leurs troupes; qu'ils ont passé à l'improviste le Dniester, et poussé jusqu'à Jassy. C'est le général *Michelson* qui commande l'armée russe en Valachie.

L'armée russe, commandée par le général *Benigsen*, a évacué la Vistule, et paraît décidée à s'enfoncer dans les terres.

Le maréchal *Davoust* a passé la Vistule, et a établi son quartier-général en avant de Praga; ses avant-postes sont sur le Bug. Le grand-duc de Berg est toujours à Varsovie.

L'Empereur a toujours son quartier-général à Posen.

### 40<sup>e</sup>. *Bulletin de la grande armée.*

Posen, le 9 décembre 1806.

Le maréchal *Ney* a passé la Vistule, et est entré le 6 à Thorn. Il se loue particulièrement du colonel *Savary*, qui, à la tête du 14.<sup>e</sup> régiment d'infanterie, et des grenadiers et voltigeurs du 96.<sup>e</sup> et du 6.<sup>e</sup> d'infanterie légère, passa le premier la Vistule. Il eut à Thorn un engagement avec les prussiens, qu'il força, après un léger combat, d'évacuer la ville. Il leur tua quelques hommes et leur fit vingt prisonniers.

Cet affaire offre un trait remarquable. La rivière, large de 400 toises, charriait des glaçons; le bateau qui portait notre avant-garde, retenu par les glaces, ne pouvait avancer; de l'autre rive, des bateliers polonais s'élancèrent au milieu d'une grêle de balles pour le dégager. Les bateliers prussiens voulurent s'y opposer : une lutte à coups de poings s'engagea entre eux. Les bateliers polonais jettèrent les prussiens à l'eau, et guidèrent nos bateaux jusqu'à la rive droite. L'Empereur a demandé le nom de ces braves gens pour les récompenser.

L'Empereur a reçu aujourd'hui la députation de Varsovie, composée de MM. *Gutakouski*, grand-chambellan de Lithuanie, chevalier des ordres de Pologne; *Gorzenski*, lieutenant-général, chevalier des ordres de Pologne, *Lubienski*, chevalier des ordres de Pologne; *Alexandre Potocki: Rzetkowki*, chevalier de l'ordre de Saint-Stanislas; *Luszewski*.

( 139 )

## 41.<sup>e</sup> *Bulletin de la grande armée.*

Posen, le 14 décembre 1806.

Le général de brigade *Belair*, du corps du maréchal *Ney*, partit de Thorn, le 9 de ce mois, et se porta sur Galup. Le 6.<sup>e</sup> bataillon d'infanterie légère et le chef d'escadron *Schoeni* avec 60 hommes du 3.<sup>e</sup> de hussards rencontrèrent un parti de 400 chevaux ennemis. Ces deux avant-postes en vinrent aux mains. Les prussiens perdirent un officier et cinq dragons faits prisonniers, et eurent trente hommes tués dont les chevaux restèrent en notre pouvoir. Le maréchal *Ney* se loue beaucoup du chef d'escadron *Sohoeni*. Nos avant-postes de ce côté arrivent jusqu'à Strasburg.

Le 11, à six heures du matin, la canonnade se fit entendre du côté du Bug. Le maréchal *Davoust* avait fait passer cette rivière au général de brigade *Gauthier* à l'embouchure de la Wrka, vis-à-vis le village d'Ocunin.

Le 25.<sup>e</sup> de ligne et le 89.<sup>e</sup> étant passés, s'étaient déjà couverts par une tête de pont, et s'étaient portés une demi-lieue en avant, au village de Pomikuwo, lorsqu'une division russe se présenta pour enlever ce village ; elle ne fit que des efforts inutiles, fut-repoussée et perdit beaucoup de monde. Nous avons eu 20 hommes tués ou blessés.

Le pont de Thorn, qui est sur pilotis, est rétabli ; on relève les fortifications de cette place. Le pont de Varsovie, au faubourg de Praga, est terminé : c'est un pont de bateaux. On fait au faubourg de Praga un camp retranché : le général du génie *Chasseloup* dirige en chef ces travaux.

Le 10, le maréchal *Augereau* a passé la Vistule entre Zakroczym et Ultrata. Ses détachamens travaillent sur la rive droite à se couvrir par des retranchemens. Les russes paraissent avoir des forces à Pulnusk.

Le maréchal *Bessières* débouche de Thorn avec le second corps de la réserve de cavalerie, composé de la division de cavalerie légère du général *Tilly*, des dragons des généraux *Grouchy* et *Sahuc*, et des cuirassiers du général d'*Hautpoult*.

MM. *de Lucchesini* et *de Zastrow*, plénipotentiaires du roi de Prusse, ont passé le 10 à Thorn pour se rendre à Kœnigsberg, auprès de leur maître.

Un bataillon prussien de Klock a déserté tout entier du village de Brok. Il s'est dirigé, par différens chemins, sur nos postes. Il est composé en partie de prussiens et de polonais. Tous sont indignés du traitement qu'ils reçoivent des russes. » Notre prince nous a vendus aux russes, disent-ils ; » nous ne voulons point aller avec eux. »

L'ennemi a brûlé les beaux faubourgs de Breslaw : beaucoup de femmes et d'enfans ont péri dans cet incendie. Le prince *Jérôme* a donné des secours à ces malheureux habitans. L'humanité l'a emporté sur les lois de la guerre, qui ordonnent de repousser dans une place assiégée les bouches inutiles que l'ennemi veut en éloigner. Le bombardement était commencé.

Le général *Gouvion* est nommé gouverneur de Varsovie.

### 42.<sup>e</sup> *Bulletin de la grande armée.*

Posen, le 15 décembre 1806.

Le pont sur la Narew, à son embouchure dans le Bug, est terminé. La tête de pont est finie et armée de canons.

Le pont sur la Vistule, entre Zakroczym et Utrata, auprès de l'embouchure du Bug, est également terminé. La tête de pont, armée d'un grand nombre de batteries, est un ouvrage très-redoutable.

Les armées russes viennent sur la direction de Grodno et sur celle de Bielsk, en longeant la Narew et le Bug. Le quartier-général d'une de leurs divisions était le 10 à Pulnusk, sur la Narew.

Le général *Dulauloi* est nommé gouverneur de Thorn.

Le 8.<sup>e</sup> corps de la grande armée, que commande le maréchal *Mortier*, s'avance ; il a sa droite à Stettin, sa gauche à Rostock, et son quartier-général à Anklam.

Les grenadiers de la réserve du général *Oudinot* arrivent à Custrin.

La division des cuirassiers, nouvellement formée sous le commandement du général *Espagne*, arrive à Berlin.

La division italienne du général *Lecchi* se réunit à Magdebourg.

Le corps du grand-duc de Bade est à Stettin ; sous quinze jours il pourra entrer en ligne. Le prince héréditaire a constamment suivi le quartier-général, et s'est trouvé à toutes les affaires.

La division polonaise de Zayonschek, qui a été organisée à Haguenau, et qui est forte de 6,000 hommes, est à Leipsick pour y former son habillement.

S. M. a ordonné de lever, dans les états prussiens, au-delà de l'Elbe, un régiment qui se réunira à Munster. Le prince de Hohenzollern-Sigmaringen est nommé colonel de ce corps.

Une division de l'armée de réserve du maréchal *Kellermann* est partie de Mayence. La tête de cette division est déjà arrivée à Magdebourg.

La paix avec l'électeur de Saxe et le duc de Saxe-Weimar a été signée à Posen.

Tous les princes de Saxe ont été admis dans la confédération du Rhin.

S. M. a désapprouvé la levée des contributions frappées sur les états de Saxe-Gotha et Saxe-Meinungen, et a ordonné de restituer ce qui a été perçu. Ces princes n'ayant point été en guerre avec la France, et n'ayant point fourni de contingent à la Prusse, ne devaient point être sujets à des contributions de guerre.

L'armée a pris possession du pays de Mecklenbourg. C'est une suite du traité signé à Schwerin le 25 octobre 1805. Par ce traité, le prince de Mecklenbourg avait accordé passage sur son territoire aux troupes russes, commandées par le général *Tolstoy*.

La saison étonne les habitans de la Pologne. Il ne gèle point. Le soleil paraît tous les jours, et il fait encore un tems d'automne.

L'Empereur part cette nuit pour Varsovie.

## 43.ᵉ *Bulletin de la grande armée.*

Kutuo, le 17 décembre 1806.

L'Empereur est arrivé à Kutuo à une heure après-midi, ayant voyagé toute la nuit dans des calèches du pays, le dégel ne permettant pas de se servir de voitures ordinaires. La calèche dans laquelle se trouvait le grand-maréchal du palais *Duroc*, a versé. Cet officier a été grièvement blessé à l'épaule, sans cependant aucune espèce de danger. Cela l'obligera à garder le lit huit à dix jours.

Les têtes de pont de Praga, de Zakroczym, de la Narew et de Thorn acquièrent tous les jours un nouveau degré de force.

L'Empereur sera demain à Varsovie.

La Vistule étant extrêmement large, les ponts ont partout 3 à 400 toises, ce qui est un travail très-considérable.

## 44.ᵉ *Bulletin de la grande armée.*

Varsovie, le 21 décembre 1806.

L'Empereur a visité hier les travaux de Prag. Huit belles redoutes palissadées et fraisées, forment une enceinte de 1500 toises ; et trois fonds bastionnés, de 600 toises de développement, forment le réduit d'un camp retranché.

La Vistule est une des plus grandes rivières qui existent. Le Bug, qui est comparativement beaucoup plus petit, est cependant plus fort que la Seine. Le pont sur ce dernier fleuve est entièrement terminé. Le général *Gauthier*, avec les 25.ᵉ et 85.ᵉ régimens d'infanterie, occupe la tête du pont que le général *Chasseloup* a fait fortifier avec intelligence, de manière que cette tête de pont, qui n'a cependant que 400 toises de développement, se trouvant appuyée à des marais et à la rivière, entoure un camp retranché qui peut renfermer, sur la rive droite, toute une armée à l'abri de toute attaque de l'ennemi. Une brigade de cavalerie légère de la réserve a tous les jours de petites escarmouches avec la cavalerie russe.

Le 18, le maréchel *Davoust* sentit la nécessité, pour rendre son camp sur la rive droite meilleur, de s'emparer d'une petite île située à l'embouchure de la Wrka. L'ennemi reconnut l'importance de ce poste. Une vive fusillade d'avant-garde s'engagea ; mais la victoire et l'île restèrent aux français. Notre perte a été de peu d'hommes blessés. L'officier du génie *Clouet*, jeune homme de la plus grande espérance, a eu une balle dans la poitrine. Le 19, un régiment de cosaques, soutenu par des hussards russes, essaya d'enlever la grand'garde de la brigade de cavalerie légère, placée en avant de la tête de pont du Bug ; mais la grand'garde s'était placée de manière à être à l'abri d'une surprise. Le 1.ᵉʳ d'hussards sonna à cheval. Le colonel se précipita à la tête d'un escadron, et le 13.ᵉ s'avança pour le soutenir. L'ennemi fut culbuté. Nous avons eu dans cette petite affaire 3 ou 4 hommes blessés ; mais le colonel des cosaques a été tué. Une trentaine d'hommes et vingt-cinq chevaux sont restés en notre pouvoir. Il n'y a rien de si misérable et de si lâche que les cosaques ; c'est la honte de la nature humaine. Ils passent le Bug et violent chaque jour la neutralité de l'Autriche pour piller une maison en Gallicie ou pour se faire donner un verre d'eau-de-vie, dont ils sont très-friands ; mais notre cavalerie légère est familiarisée, depuis la dernière campagne, avec la manière de combattre de ces misérables, qui peuvent arrêter par leur nombre et le tintamarre qu'ils font en chargeant, des troupes qui n'ont pas l'habitude de les voir ; mais quand on les connaît, deux mille de ces malheureux ne sont pas capables de charger un escadron qui les attend de pied ferme.

Le maréchal *Augereau* a passé la Vistule à Utrata. Le général *Lapisse* est entré à Plousk, et en a chassé l'ennemi.

Le maréchal *Soult* a passé la Vistule à Vizogrod.

Le maréchal *Bessières* est arrivé le 18 à Kikol, avec le second corps de réserve de cavalerie. La tête est arrivée à

Siepez. Différentes rencontres de cavalerie avaient eu lieu avec des hussards prussiens, dont bon nombre a été pris. La rive droite de la Vistule se trouve entièrement nettoyée.

Le maréchal *Ney*, avec son corps d'armée, appuie le maréchal *Bessières*. Il était arrivé le 18 à Rypin. Il avait lui-même sa droite appuyée par le maréchal prince de Ponte-Corvo.

Tout se trouve donc en mouvement. Si l'ennemi persiste à rester dans sa position, il y aura une bataille dans peu de jours. Avec l'aide de Dieu, l'issue n'en peut être incertaine. L'armée russe est commandée par le maréchal *Kamenskoy*, vieillard de 75 ans. Il a sous lui les généraux *Benigsen* et *Buxhowden*.

Le général *Michelson* est décidément entré en Moldavie. Des rapports assurent qu'il est entré le 29 novembre à Yassi. On assure même qu'un de ses généraux a pris d'assaut Bender, et a tout passé au fil de l'épée. Voilà donc une guerre déclarée à la Porte sans prétexte ni raison ; mais on avait jugé à Saint-Pétersbourg que le moment où la France et la Prusse, les deux puissances les plus intéressées à maintenir l'indépendance de la Turquie, étaient aux mains, devenait le moment favorable pour assujétir cette puissance. Les événemens d'un mois ont déconcerté ces calculs, et la Porte leur devra sa conservation.

Le grand-duc de Berg est malade de la fièvre. Il va mieux.

Le tems est doux comme à Paris au mois d'octobre, et humide, ce qui rend les chemins difficiles. On est parvenu à se procurer une assez grande quantité de vin pour soutenir la force du soldat.

Le palais des rois de Pologne est beau et bien meublé. Il y a à Varsovie un grand nombre de beaux palais et de belles maisons. Nos hôpitaux y sont bien établis ; ce qui n'est pas un petit avantage dans ce pays. L'ennemi paraît avoir beaucoup de malades ; il a aussi beaucoup de déserteurs. On ne parle pas des prussiens ; car même des corps entiers ont déserté pour ne pas être sous les russes obligés de dévorer de continuels affronts.

## 45.<sup>e</sup> *Bulletin de la grande armée.*

Paluky, le 27 décembre 1806.

Le général russe *Benigsen* commandait une armée que l'on évaluait à 60,000 hommes. Il avait d'abord le projet de couvrir Varsovie ; mais la renommée des événemens qui s'étaient passés en Prusse, lui porta conseil, et il prit le parti de se retirer sur la frontière russe. Sans presqu'aucun engagement les armées françaises entrèrent dans Varsovie, passèrent la Vistule et occupèrent Prag. Sur ces entrefaites, le feld-maréchal *Kaminski* arriva à l'armée russe au moment même où la jonction du corps de *Benigsen* avec celui de *Buxhowden* s'opérait. Il s'indignait de la marche rétrograde des russes. Il crut qu'elle compromettait l'honneur des armes de sa nation, et il marcha en avant. La Prusse faisait instances sur instances, se plaignant qu'on l'abandonnât après lui avoir promis de la soutenir, et disait que le chemin de Berlin n'était ni par Grodno, ni par Olita, ni par Brezsc : que ses sujets se désafectionnaient ; que l'habitude de voir le trône de Berlin occupé par des français était dangereuse pour elle et favorable à l'ennemi. Non-seulement le mouvement rétrograde des russes cessa, mais ils se reportèrent en avant. Le 5 décembre, le général *Benigsen* rétablit son quartier-général à Pultusk. Les ordres étaient d'empêcher les français de passer la Narew, de reprendre Prag, et d'occuper la Vistule jusqu'au moment où l'on pourrait effectuer des opérations offensives d'une plus grande importance.

La réunion des généraux *Kaminski*, *Buxhowden* et *Benigsen* fut célébrée au château de Sierock par des réjouissances et des illuminations, qui furent apperçues du haut des tours de Varsovie.

Cependant au moment même où l'ennemi s'encourageait par des fêtes, la Narew se passait. Huit cents français jetés de l'autre côté de cette rivière à l'embouchure de la Wrka s'y retranchèrent cette même nuit, et lorsque l'ennemi se présenta le matin pour les rejeter dans la rivière, il n'était plus tems, ils se trouvaient à l'abri de tout événement.

Instruit de ce changement survenu dans les opérations de l'ennemi, l'Empereur partit de Posen le 16. Au même moment, il avait mis en mouvement son armée. Tout ce qui revenait des discours russes, faisait comprendre qu'ils voulaient reprendre l'offensive.

Le maréchal *Ney* était depuis plusieurs jours maître de Thorn. Il réunit tout son corps d'armée à Gallup. Le maréchal *Bessières*, avec le 2.e corps de la cavalerie de la réserve, composé des divisions de dragons *Sahuc* et *Grouchy*, et de la division des cuirassiers d'*Hautpoult*, partie de Thorn pour se porter sur Biezun. Le maréchal prince de Ponte-Corvo partit avec son corps d'armée pour le soutenir. Le maréchal *Soult* passait la Vistule vis-à-vis de Plock ; le maréchal *Augereau* la passait vis-à-vis de Zakroczim où l'on travaillait à force à établir un pont. Celui de la Narew se poussait aussi vivement.                                                 Le

Le 22, le pont de la Narew fut terminé. Toute la réserve de cavalerie passa sur-le-champ la Vistule à Prag , pour se rendre sur la Narew. Le maréchal *Davoust* y réunit tout son corps. Le 23 , à une heure du matin, l'Empereur partit de Varsovie , et passa la Narew à neuf heures. Après avoir reconnu l'Wrka et les retranchemens considérables qu'avait élevés l'ennemi, il fit jeter un pont au confluent de la Narew et de l'Wrka. Ce pont fut jeté en deux heures, par les soins du général d'artillerie.

### Combat de nuit de Czarnowo.

La division *Morand* passa sur-le-champ pour aller s'emparer des retranchemens de l'ennemi , près du village de Czarnowo. Le général de brigade *Marulaz* la soutenait avec sa cavalerie légère. La division de dragons du général *Beaumont* passa immédiatement après. La canonnade s'engagea à Czarnowo. Le maréchal *Davoust* fit passer le général *Petit* avec le 12.ᵉ de ligne, pour enlever les redoutes du pont. La nuit vint, on dut achever toutes les opérations au clair de lune , et à deux heures du matin l'objet que se proposait l'Empereur fut rempli. Toutes les batteries du village de Czarnowo furent enlevées ; celles du pont furent prises ; 15,000 hommes qui les défendaient furent mis en déroute , malgré leur vive résistance. Quelques prisonniers et 6 pièces de canon restèrent en notre pouvoir. Plusieurs généraux ennemis furent blessés. De notre côté , le général de brigade *Boussard* a été légèrement blessé. Nous avons eu peu de morts , mais près de 200 blessés. Dans le même tems, à l'autre extrémité de la ligne d'opérations, le maréchal *Ney* culbutait les restes de l'armée prussienne , et les jetait dans les bois de Lauterbourg, en leur faisant éprouver une perte notable. Le maréchal *Bessières* avait une brillante affaire de cavalerie, cernait trois escadrons de hussards qu'il faisait prisonniers , et enlevait plusieurs pièces de canon.

### Combat de Nasielsk.

Le 24 , la réserve de cavalerie et le corps du maréchal *Davoust* se dirigèrent sur Nasielsk. L'Empereur donna le commandement de l'avant-garde au général *Rapp:* Arrivé à une lieue de Nasielsk, on rencontra l'avant-garde ennemie.

Le général *Lemarrois* partit avec deux régimens de dragons, pour tourner un grand bois et cerner cette avant-garde. Ce mouvement fut exécuté avec promptitude. Mais l'avant-garde ennemie voyant l'armée française ne faire aucun mouvement pour avancer, soupçonna quelque projet et ne tint pas. Cependant il se fit quelques charges , dans l'une desquelles fut pris le major *Ourvarow* , aide-de-camp de l'empereur de Russie. Immédiatement après , un détachement arriva sur la petite ville de Nasielsk. La canonnade devint vive. la position de l'ennemi était bonne : il était retranché par des marais et des bois. Le maréchal *Kaminski* commandait lui-même. Il croyait pouvoir passer la nuit dans cette position , en attendant que d'autres colonnes vinssent le joindre. Vain calcul ; il en fut chassé, et mené battant pendant plusieurs lieues. Quelques généraux russes furent blessés , plusieurs colonels faits prisonniers, et plusieurs pièces de canon prises. Le colonel *Bekler* , du 8.e régiment de dragons , brave officier, a été blessé mortellement.

### Passage de l'Wrka.

Au même moment , le général *Nansouty* , avec la division *Klein* et une brigade de cavalerie légère , culbutait en avant de Kursomb les cosaques et la cavalerie ennemie qui avait passé l'Wrka, sur ce point, et traversait là cette rivière. Le 7.e corps d'armée, que commande le maréchal *Augereau*, effectuait son passage de l'Wrka à Kursomb , et culbutait les 15,000 hommes qui la défendaient. Le passage du pont fut brillant. Le 14.e de ligne l'exécuta en colonnes serrées , pendant que le 16.e d'infanterie légère établissait une vive fusillade sur la rive droite. A peine le 14.e eût-il débouché du pont, qu'il essuya une charge de cavalerie, qu'il soutint avec l'intrépidité ordinaire à l'infanterie française ; mais un malheureux lancier pénétra jusqu'à la tête du régiment, et vint percer d'un coup de lance le colonel , qui tomba roide mort. C'était un brave soldat ; il était digne de commander un si brave corps. Le feu à bout portant, qu'exécuta son régiment, et qui mit la cavalerie ennemie dans le plus grand désordre, fut le premier des honneurs rendus à sa mémoire.

Le 25 , le troisième corps que commande le maréchal *Davoust* , se porta à Tykoczyn , où s'était retiré l'ennemi. Le cinquième corps, commandé par le maréchal *Lannes* , se dirigeait sur Pultusk , avec la division de dragons *Beker*.

L'Empereur se porta avec la plus grande partie de la cavalerie de réserve à Ciechanow.

### Passage de la Sonna.

Le général *Gardanne* , que l'Empereur avait envoyé avec 30 hommes de sa garde pour reconnaître les mouvemens de l'ennemi , rapporta qu'il passait la rivière de Sonna à Lopaccin , et se dirigeait sur Tycokksyn.

Le grand-duc de Berg qui était resté malade à Varsovie, n'avait pu résister à l'impatience de prendre part aux événemens qui se préparaient. Il partit de Varsovie et vint rejoindre l'Empereur. Il prit deux escadrons de chasseurs de la garde pour observer les mouvemens de la colonne ennemie. Les brigades de cavalerie légère de la réserve, et les divisions *Klein* et *Nansouty* pressèrent le pas pour le joindre. Arrivés au pont de Lopacksin, il trouva un régiment de hussards russes qui le gardait. Ce régiment fut aussitôt chargé par les chasseurs de la garde et culbuté dans la rivière, sans autre perte de la part des chasseurs qu'un maréchal-des-logis blessé.

Cependant la moitié de cette colonne n'avait pas encore passé ; elle passait plus haut. Le grand-duc de Berg la fit charger par le colonel *Dalhmann*, à la tête des chasseurs de la garde, qui lui prit trois pièces de canon, après avoir mis plusieurs escadrons en déroute.

Tandis que la colonne que l'ennemi avait si imprudemment jetée sur la droite, cherchait à gagner la Narew pour arriver à Tykoczyn, point de rendez-vous, Tykoczyn était occupé par le maréchal *Davoust* qui y prit 200 voitures de bagages et une grande quantité de traînards qu'on ramassa de tous côtés.

Toutes les colonnes russes sont coupées, errantes à l'aventure dans un désordre difficile à imaginer. Le général russe a fait la faute de cantonner son armée, ayant sur ses flancs l'armée française, séparée il est vrai par la Narew, mais ayant un pont sur cette rivière. Si la saison était belle, on pourrait prédire que l'armée russe ne se retirerait pas et serait perdue sans bataille ; mais dans une saison où il fait nuit à 4 heures et où il ne fait jour qu'à huit, l'ennemi qu'on poursuit a toutes les chances pour se sauver, sur-tout dans un pays difficile et coupé de bois. D'ailleurs les chemins sont couverts de quatre pieds de boue et le dégel continue. L'artillerie ne peut faire plus de deux lieues dans un jour. Il est donc à prévoir que l'ennemi se retirera de la position fâcheuse où il se trouve ; mais il perdra toute son artillerie, toutes ses voitures, tous ses bagages.

Voici quelle était, le 25 au soir, la position de l'armée française.

La gauche, composée des corps du maréchal prince de Ponte-Corvo et des maréchaux *Ney* et *Bessières*, marchant de Biezun sur la route de Grodno.

Le maréchal *Soult* arrivant à Ciechanow. Le maréchal *Augereau* marchant sur Golymin. Le maréchal *Davoust* entre Golymin et Pultusk. Le maréchal *Lannes* à Pultusk. Dans ces deux jours, nous avons fait quinze à seize cents prisonniers, pris vingt-cinq à trente pièces de canon, trois drapeaux et un étendard.

Le tems est extraordinaire ici ; il fait plus chaud qu'au mois d'octobre à Paris, mais il pleut, et dans un pays où il n'y a pas de chaussées, on est constamment dans la boue.

## 46ᵉ. *Bulletin de la grande armée.*

Golymin, le 28 décembre 1806.

Le maréchal *Ney*, chargé de manœuvrer pour détacher le lieutenant-général prussien *Lestocq* de l'Wrka, déborder et menacer ses communications, et pour le couper des russes, a dirigé ces mouvemens avec son habileté et son intrépidité ordinaires. Le 23, la division *Marchand* se rendit à Gurzno. Le 24, l'ennemi a été poursuivi jusqu'à Kunsbrock. Le 25, l'arrière-garde de l'ennemi a été entamée. Le 26, l'ennemi s'étant concentré à Soldan et Mlawa, le maréchal *Ney* résolut de marcher à lui et de l'attaquer. Les prussiens occupaient Soldan avec 6 mille hommes d'infanterie et un millier d'hommes de cavalerie ; ils comptaient, protégés par les marais et les obstacles qui environnent cette ville, être l'abri de toute attaque. Tous ces obstacles ont été surmontés par le 69.ᵉ et le 76.ᵉ L'ennemi s'est défendu dans toutes les rues, et a été repoussé par-tout à coups de bayonnettes. Le général *Lestocq* voyant le petit nombre de troupes qui l'avaient attaqué, voulut reprendre la ville. Il fit quatre attaques successives pendant la nuit, dont aucune ne réussit. Il se retira à Neidembourg. Six pièces de canon, quelques drapeaux, un assez bon nombre de prisonniers ont été le résultat du combat de Soldan. Le maréchal *Ney* se loue du général *Wonderveidt* qui a été blessé. Il fait une mention particulière du colonel *Brun*, du 69.ᵉ, qui s'est fait remarquer par sa bonne conduite. Le même jour, le 59.ᵉ a été poussé sur Lauterburg.

Pendant le combat de Soldan, le général *Marchand*, avec sa division, poussait l'ennemi de Mlawa, où il y eut un très-brillant combat.

Le maréchal *Bessières*, avec le second corps de la réserve de cavalerie, avait occupé Biezun dès le 19. L'ennemi, reconnaissant l'importance de cette position, et sentant que la gauche de l'armée française voulait séparer les prussiens des russes, tenta de reprendre ce poste, ce qui donna lieu au combat de Biezun. Le 23, à huit heures, il déboucha par plusieurs routes. Le maréchal *Bessières* avait placé les deux seules compagnies d'infanterie qu'il avait, près du pont. Voyant l'ennemi venir en très-grande force, il donna ordre au général *Grouchy* de déboucher avec sa division. L'ennemi était déjà maître du village de Karmidjen, et y avait jeté un bataillon d'infanterie.

Chargée par la division *Grouchy*, la ligne ennemie fut rompue. Cavalerie et infanterie prussienne, forte de 6000 hommes, ont été enfoncées et jetées dans les marais; 500 prisonniers, cinq pièces de canon, deux étendards sont le résultat de cette charge. Le maréchal *Bessières* se loue beaucoup du général *Grouchy*, du général *Rouget* et de son chef d'état-major le général *Roussel*. Le chef d'escadron *Renié*, du 6.ᵉ régiment de dragons, s'est distingué. M. *Launay*, capitaine de la compagnie d'élite du même régiment, a été tué.

M. *Bourrau*, aide-de-camp du maréchal *Bessières*, a été blessé. Notre perte est du reste peu considérable. Nous avons eu huit hommes tués et une vingtaine de blessés. Les deux étendards ont été pris par le dragon *Plet*, du 6.ᵉ régiment de dragons, et par le fourrier *Jenffroy*, du 3.ᵉ régiment.

Sa Majesté, désirant que le prince *Jérôme* eût occasion de s'instruire, l'a fait appeler de Silésie. Ce prince a pris part à tous les combats qui ont eu lieu, et s'est trouvé souvent aux avant-postes.

Sa Majesté a été satisfaite de la conduite de l'artillerie, pour l'intelligence et l'intrépidité qu'elle a montrées devant l'ennemi, soit dans la construction des ponts, soit pour faire marcher l'artillerie au milieu des mauvais chemins.

Le général *Marulaz*, commandant la cavalerie légère du 3.ᵉ corps; le colonel *Excelmans*, du 1.ᵉʳ des chasseurs, et le général *Petit*, ont fait preuve d'intelligence et de bravoure.

Sa Majesté a recommandé que, dans les relations officielles des différentes affaires, on fit connaître un grand nombre de traits qui méritent de passer à la postérité; car c'est pour elle et pour vivre éternellement dans la mémoire, que le soldat français affronte tous les dangers et toutes les fatigues.

### 47ᵉ. *Bulletin de la grande armée.*

Pultusk, le 30 décembre 1806.

Le combat de Czarnowo, celui de Nasielsk, celui de Kursomb, le combat de cavalerie de Lopaczyn ont été suivis par les combats de Golymin et de Pultusk; et la retraite entière et précipitée des armées russes a terminé l'année et la campagne.

( 150 )
## Combat de Pultusk.

Le maréchal *Lannes* ne put arriver vis-à-vis Pultusk que le 26 au matin. Tout le corps de Benigsen s'y était réuni dans la nuit. Les divisions russes qui avaient été battues à Nasielsk, poursuivies par la 3.e division du corps du maréchal *Davoust*, entrèrent dans le camp de Pultusk à deux heures après minuit. A dix heures, le maréchal *Lannes* attaqua, ayant la division *Suchet* en première ligne, la division *Gazan* en seconde ligne, la division *Gudin* du 3.e corps d'armée commandée par le général *Daultanne*, sur sa gauche. Le combat devint vif. Après différens événemens, l'ennemi fut culbuté. Le 17.e régiment d'infanterie légère et le 34.e, se couvrirent de gloire. Les généraux *Vedel* et *Claparede* ont été blessés. Le général *Treillard*, commandant la cavalerie légère du corps d'armée ; le général *Boussard*, commandant une brigade de la division de dragons *Beker* ; le colonel *Barthélemy*, du 15.e régiment de dragons, ont été blessés par la mitraille. L'aide-de-camp, *Voisin*, du maréchal *Lannes* ; et l'aide-de-camp, *Curial*, du général *Suchet*, ont été tués l'un et l'autre avec gloire. Le maréchal *Lannes* a été touché d'une balle. Le 5.e corps d'armée a montré dans cette circonstance ce que peuvent des braves, et l'immense supériorité de l'infanterie française sur celles des autres nations. Le maréchal *Lannes*, quoique malade depuis dix jours, avait voulu suivre son corps d'armée. Le 85.e régiment a soutenu plusieurs charges de cavalerie ennemie avec sang-froid et succès. L'ennemi, dans la nuit, a battu en retraite et a gagné Ostrotenka.

## Combat de Golymin.

Pendant que le corps de *Benigsen* était à Pultusk, et y était battu, celui de *Buxhowden* se réunissait à Golymin, à midi. La division *Panin* de ce corps qui avait été attaquée la veille par le grand-duc de Berg, une autre division qui avait été battue à Nasielsk, arrivaient par différens chemins au camp de Golymin.

Le maréchal *Davoust* qui poursuivait l'ennemi depuis Nasielsk, l'atteignit, le chargea, et lui enleva un bois près du camp de Golymin.

Dans le même tems, le maréchal *Augereau* arrivant de Golaczima, prenait l'ennemi en flanc. Le général de brigade *Lapisse*, avec le 16.e d'infanterie légère, enlevait à la bayonnette un village qui servait de point d'appui à l'ennemi. La division *Heudelet* se déployait et marchait à lui. A trois heures après-midi, le feu était des plus chauds. Le grand-duc de Berg fit exécuter avec le plus grand succès plusieurs charges

( 151 )

dans lesquelles la division de dragons de *Klein* se distingua. Cependant la nuit arrivant trop tôt, le combat continua jusqu'à onze heures du soir. L'ennemi fit sa retraite en désordre laissant son artillerie, ses bagages, presque tous ses sacs, et beaucoup de morts. Toutes les colonnes ennemies se retirèrent sur Ostrolenka.

Le général *Fenerolle*, commandant une brigade de dragons, fut tué d'un boulet. L'intrépide général *Rapp*, aide-de-camp de l'empereur, a été blessé d'un coup de fusil à la tête de sa division de dragons. Le colonel *Sémélé*, du brave 24.e de ligne, a été blessé. Le maréchal *Augereau* a eu un cheval tué sous lui.

Cependant le maréchal *Soult* avec son corps d'armée était déjà arrivé à Molati, à 2 lieues de Makow ; mais les horribles boues, suite des pluies et du dégel, arrêtèrent sa marche et sauvèrent l'armée russe, dont pas un seul homme n'eût échappé sans cet accident. Les destins de l'armée de *Benigsen* et de celle de *Buxhowden* devaient se terminer en-deçà de la petite rivière d'Orcye ; mais tous les mouvemens ont été contrariés par l'effet du dégel, au point que l'artillerie a mis jusqu'à deux jours pour faire trois lieues Toutefois l'armée russe a perdu 80 pièces de canon, tous ses caissons, plus de 1200 voitures de bagages et 12000 hommes tués, blessés ou faits prisonniers. Les mouvemens des colonnes françaises et russes seront un objet de vive curiosité pour les militaires, lorsqu'ils seront tracés sur la carte. On y verra à combien peu il a tenu que toute cette armée ne fut prise et anéantie en peu de jours, et cela par l'effet d'une seule faute du général russe.

Nous avons perdu 800 hommes tués, et nous avons eu 2000 blessés. Maître d'une grande partie de l'artillerie ennemie, de toutes les positions ennemies, ayant repoussé l'ennemi à plus de 40 lieues, l'empereur a mis son armée en quartier d'hiver.

Avant cette expédition, les officiers russes disaient qu'ils avaient 150,000 hommes ; aujourd'hui ils prétendent n'en avoir eu que la moitié. Qui croire des officiers russes avant la bataille, ou des officiers russes après la bataille ?

La Perse et la Porte ont déclaré la guerre à la Russie. *Michelson* attaque la Porte. Ces deux grands empires, voisins de la Russie, sont tourmentés par la politique fallacieuse du cabinet de Saint-Pétersbourg, qui agit depuis dix ans chez eux comme elle a fait pendant cinquante ans en Pologne.

M. *Philippe Ségur*, maréchal-des-logis de la maison de

l'empereur , se rendant à Nasielsk , est tombé dans une embuscade de cosaques , qui s'étaient placés dans une maison du bois qui se trouve derrière Nasielsk. Il en a tué deux de sa main , mais il a été fait prisonnier.

L'empereur l'a fait réclamer , mais le général russe l'avait sur-le-champ dirigé sur Saint-Pétersbourg.

### 48ᵉ. *Bulletin de la grande armée.*

Varsovie, le 3 janvier 1807.

Le général *Corbineau*, aide-de-camp de l'Empereur, est parti de Pultusk, avec trois régimens de cavalerie légère, pour se mettre à la suite de l'ennemi. Il est arrivé le 1.ᵉʳ janvier à Ostrowiec, après avoir occupé Brock. Il a ramassé 400 prisonniers, plusieurs officiers et plusieurs voitures de bagages.

Le maréchal *Soult*, ayant sous ses ordres les trois brigades de cavalerie légère de la division *Lasalle*, borde la petite rivière d'Orcye, pour mettre à couvert les cantonnemens de l'armée. Le maréchal *Ney*, le maréchal prince de *Ponte-Corvo* et le maréchal *Bessières*, ont leurs troupes cantonnées sur la gauche. Les corps d'armée des maréchaux *Soult*, *Davoust* et *Lannes* occupent Pultusk et les bords du Bug.

L'armée ennemie continue son mouvement de retraite.

L'Empereur est arrivé le 2 janvier à Varsovie à deux heures après-midi.

Il a gelé et neigé pendant deux jours ; mais déjà le dégel recommence, et les chemins, qui paraissaient s'améliorer, sont devenus aussi mauvais qu'auparavant.

Le prince *Borghèse* a été constamment à la tête du 1.ᵉʳ régiment de carabiniers qu'il commande. Les braves carabiniers et cuirassiers brûlaient d'en venir aux mains avec l'ennemi ; mais les divisions de dragons qui marchent en avant ayant tout enfoncé, ne les ont pas mis dans le cas de fournir une charge.

S. M. a nommé le général *Lariboissière* général de division, et lui a donné le commandement de l'artillerie de sa garde. C'est un officier du plus rare mérite.

Les troupes du grand-duc de *Wurtzbourg* forment la garnison de Berlin. Elles sont composées de deux régimens qui se font distinguer par leur belle tenue.

Le corps du prince *Jérôme* assiège toujours Breslau. Cette belle ville est réduite en cendres. L'attente des événemens et l'espérance qu'elle avait d'être secourue par les russes, l'ont empêchée de se rendre : mais le siège avance. Les troupes bavaroises et wurtembourgeoises ont mérité les éloges du prince *Jérôme* et l'estime de l'armée française.

Le commandant de la Silésie avait réuni les garnisons des places qui ne sont pas bloquées, et en avait formé un corps de huit mille hommes, avec lequel il s'était mis en marche pour inquiéter le siège de Breslau. Le général *Hédouville*, chef de l'état-major du prince *Jérôme*, a fait marcher contre ce corps le général *Montbrun*, commandant les wurtembourgeois et le général *Minucci*, commandant les bavarois. Ils ont atteint les prussiens à Strehlen, les ont mis dans une grande déroute, et leur ont pris 4 cents hommes, 6 cents chevaux, et des convois considérables de subsistances que l'ennemi avait le projet de jeter dans la place. Le major *Erschet*, à la tête de 150 hommes des chevaux légers de *Linange*, a chargé deux escadrons prussiens, les a rompus et leur a fait 36 prisonniers.

S. M. a ordonné qu'une partie des drapeaux pris au siège de Glogau fût envoyée au roi de Wurtemberg, dont les troupes se sont emparées de cette place. S. M. voulant aussi reconnaître la bonne conduite de ces troupes, a accordé au corps de Wurtemberg dix décorations de la légion d'honneur.

Une députation du royaume d'Italie, composée de MM. *Prina*, ministre des finances, et homme d'un grand mérite ; *Renier*, podestat de Venise, et *Guasta Villani*, conseiller-d'état, a été présentée aujourd'hui à l'Empereur.

S. M. a reçu, le même jour, toutes les autorités du pays, et les différens ministres étrangers qui se trouvent à Varsovie.

## 49.<sup>e</sup> *Bulletin de la grande armée.*

Varsovie, le 8 janvier 1807.

Breslaw s'est rendu. Ci-joint la capitulation On n'a pas encore l'état des magasins de subsistance, d'habillement et d'artillerie. On sait cependant qu'ils sont très-considérables. Le prince *Jérôme* a dû faire son entrée dans la place. Il va assiéger Brieg, Schweidnitz et Kosel.

Le général *Victor*, commandant le 10<sup>e</sup>. corps d'armée, s'est mis en marche pour aller faire le siège de Colberg et de Dantzick, et prendre ces places pendant le reste de l'hiver.

M. de *Zastrow*, aide-de-camp du roi de Prusse, homme sage et modéré, qui avait signé l'armistice que son maître n'a pas ratifié, a cependant été chargé, à son arrivée à Kœnigsberg, du porte-feuille des affaires étrangères.

Notre cavalerie légère n'est pas loin de Kœnigsberg.

L'armée russe continue son mouvement sur Grodno. On apprend que dans les dernières affaires elle a eu un grand nombre de généraux tués et blessés. Elle montre assez de mécontentement contre l'empereur de Russie et la cour. Les soldats disent que si l'on avait jugé leur armée assez forte pour se mesurer avec avantage contre les français, l'empereur, sa garde, la garnison de Pétersbourg et les généraux de la cour auraient été conduits à l'armée par cette même sécurité qui les y amena l'année dernière; que si au contraire les événemens d'Austerlitz et ceux d'Iéna ont fait penser que les russes ne pouvaient pas obtenir de succès contre l'armée française, il ne fallait pas les engager dans une lutte inégale. Ils disent aussi: l'empereur Alexandre a compromis notre gloire. Nous avions toujours été vainqueurs, nous avons établi et partagé l'opinion que nous étions invincibles. Les choses sont bien changées! Depuis deux ans on nous fait promener des frontières de Pologne en Autriche, du Dniester à la Vistule, et tomber par-tout dans les piéges de l'ennemi. Il est difficile de ne pas s'appercevoir que tout cela est mal dirigé.

Le général *Michelson* est toujours en Moldavie. On n'a pas de nouvelles qu'il se soit porté contre l'armée turque qui occupe Bucharest et la Valachie. Les faits d'armes de cette guerre se bornent jusqu'à présent à l'investissement de Choczim et de Bender. De grands mouvemens ont lieu dans toute la Turquie, pour repousser une aussi injuste aggression.

Le général baron de *Vincent* est arrivé de Vienne à Varsovie, porteur de lettres de l'empereur d'Autriche pour l'empereur Napoléon.

Il était tombé beaucoup de neige, et il avait gelé pendant trois jours. L'usage des traineaux avait donné une grande rapidité aux communications; mais le dégel vient de recommencer. Les polonais prétendent qu'un pareil hiver est sans exemple dans ce pays-ci. La température est effectivement plus douce qu'elle ne l'est ordinairement à Paris dans cette saison.

*Articles de la capitulation de Breslaw convenus entre M. le général de division Hédouville, sénateur, premier chambellan de S. A. I. le prince Jérôme Napoléon, chef d'état-major des alliés, grand-officier de la légion d'honneur, et décoré du grand cordon de Bade, et M. le général de division Vandamme, grand-officier, décoré du grand cordon de la légion d'honneur; tous deux munis des pleins-pouvoirs de S. A. I. le prince Jérôme Napoléon, commandant en chef les troupes alliées de S. M. l'Empereur Napoléon, d'une part; et Son Exc. M. le lieutenant-général de Thile, gouverneur de Breslaw, chef d'un régiment d'infanterie, et chevalier de l'Ordre pour le mérite, et M. le général-major Krafft, commandant de Breslaw, de l'autre.*

Art. I. La place de Breslaw sera rendue aux troupes françaises et alliées de S. M. l'Empereur *Napoléon*, après-demain, 7 du courant.

II. Tout ce qui appartient à la forteresse, artillerie, munitions de guerre, armes, plans et magasins de toute espèce, sera fidèlement remis entre les mains des officiers que S. A. I. le prince *Jérôme Napoléon* désignera pour venir en prendre possession, et en dresser procès-verbal.

III. La garnison sera prisonnière de guerre; elle défilera devant les troupes du siège, le 7, à 10 heures du matin, drapeaux déployés, mèche allumée, et mettra bas les armes devant elles; les bas-officiers et soldats conserveront leurs havresacs.

IV. Les forestiers et garde-chasses qui ont été sommés de faire le service dans la place comme chasseurs, obtiendront la permission de retourner chez eux, à condition qu'ils donneront leur parole de ne plus prendre les armes contre les troupes de S. M. l'Empereur et de ses alliés. Les surveillans des ouvriers employés aux fortifications resteront provisoirement dans leurs places.

V. Les officiers conserveront leurs épées, chevaux et bagages, et seront libres de se retirer où bon leur semblera, après toutefois avoir signé leur parole d'honneur de ne point servir contre les troupes de S. M. l'Empereur *Napoléon* ou ses alliés, jusqu'à la paix ou leur échange; la même faveur sera accordée aux feldwebels, porte-enseignes et maréchaux-des-logis de la cavalerie. Il sera en outre accordé aux officiers un soldat pour chacun d'eux, comme domestique, et enfin ils seront traités en tout comme les officiers compris dans la capitulation de Magdebourg.

**VI.** Les bas-officiers et soldats mariés, ainsi que les inva-lides, auront la permission de rentrer chez eux avec leurs familles, et seront aussi traités d'après l'art. VIII de la capitulation de Magdebourg.

**VII.** S. A. I. le prince *Jérôme Napoléon* promet protec-tion, au nom de son souverain, à toute espèce de religion que peuvent professer les habitans, propriétaires et locataires de Breslaw, sûreté entière pour leurs personnes et les pro-priétés particulières desdits habitans.

**VIII.** MM. les magistrats et employés civils conserveront provisoirement leurs emplois, et dans le cas où ils donne-raient leur démission, ils seraient libres de rester dans la ville ou de se rendre où bon leur semblera ; et dans ce cas, il leur serait délivré des passe-ports pour pouvoir voyager en sûreté avec leurs familles et leurs effets.

**IX.** Les caisses royales seront remises à l'officier militaire ou civil, que S. A. I. le prince *Jérôme Napoléon* désignera ; cet officier en donnera décharge. MM. les magistrats reste-ront dépositaires des sommes appartenantes aux particuliers.

Les blessés et malades seront traités avec soin, et les chirurgiens qui en ont été chargés jusqu'à présent, pourront continuer à rester près d'eux.

**XI.** Tous les chapitres ecclésiastiques sans exception, de même que toutes les fondations religieuses et pieuses, de quelque religion qu'elles puissent être, jouiront de leurs privilèges et seront protegées, même munies de sauve-gardes si elles en désirent ; les caisses appartenant aux orphelins ou enfans mineurs, seront également respectées.

**XII.** S. A. I. le prince *Jérôme Napoléon* promet sûreté et protection à l'université de Breslaw, de même qu'à l'ob-servatoire. Ses instrumens tant mathématiques qu'astrono-miques, ainsi que les bibliothèques, seront aussi respectés.

**XIII.** L'hôtel de la chambre des finances, comme celui de la régence, seront exempts de logemens militaires.

**XIV.** Les bâtimens royaux des mines resteront occupés comme ils le sont ; les officiers civils de ce département conserveront leurs emplois et resteront dépositaires responsa-bles des deux caisses, nommées *berghau-casse* et *knapschaft-casse* ; la première étant formée par les actionnaires des mines pour l'entretien des mineurs, et la seconde fondée par les mineurs eux-mêmes, pour venir au secours de leurs veuves et orphelins.

**XV.** S. A. I. le prince *Jérôme Napoléon* promet sûreté et protection à la direction générale de tous les bureaux établis pour les billets de crédit fondés sur les terres des propriétaires de la Silésie, afin que leurs opérations puissent continuer d'après leurs réglemens.

XVI. M. le gouverneur permettra à deux officiers supérieurs du génie et de l'artillerie, désignés par S. A. I. le prince *Jérôme Napoléon*, d'entrer en ville le 6 au matin, afin de dresser procès-verbal, conjointement avec les officiers du génie et de l'artillerie, de la place, des arsenaux et de tous les objets appartenant à la forteresse.

XVII. La porte Saint-Nicolas et celle de la tête du pont de l'Oder, seront livrées aux troupes alliées de S. M. l'Empereur Napoléon, le 8, à huit heures du matin.

XVIII. La ville ayant beaucoup souffert par le bombardement, S. A. I. le prince *Jérôme Napoléon* promet de diminuer, autant que possible, sa garnison.

XIX. Il sera accordé à M. le gouverneur un passe-port pour son aide-de-camp, qui ne sera point regardé comme prisonnier de guerre, pour aller porter la présente capitulation à S. M. le roi de Prusse.

XX. Pour tous les articles non prévus, ou qui pourraient avoir une double interprétation, M. le gouverneur peut entièrement se reposer sur la générosité et le caractère de justice bien connu de S. A. I. le prince *Jérôme Napoléon*.

Fait en double, à Breslaw, le 5 janvier 1807.

( *Suivent les signatures.* )

## 50ᵉ. *Bulletin de la grande armée.*

### Varsovie, le 13 janvier 1807.

Les troupes françaises ont trouvé à Ostrolenka quelques malades russes que l'ennemi n'avait pu transporter. Indépendamment des pertes de l'armée russe en tués et en blessés, elle en éprouve encore de très-considérables par les maladies qui se multiplient chaque jour.

La plus grande désunion s'est établie entre les généraux *Kaminski*, *Benigsen* et *Buxhowden*.

Tout le territoire de la Pologne prussienne se trouve actuellement évacué par l'ennemi.

Le roi de Prusse a quitté Kœnigsberg et s'est réfugié à Memel.

La Vistule, la Narew et le Bug avaient, pendant quelques jours, charrié des glaçons; mais le tems s'est ensuite radouci, et tout annonce que l'hiver sera moins rude à Varsovie qu'il ne l'est ordinairement à Paris.

Le 8 janvier, la garnison de Breslau, forte de 5500 hommes, a défilé devant le prince *Jérôme*. La ville a beaucoup souffert. Dès les premiers momens où elle **a été investie**, le gouverneur prussien avait fait brûler **ses trois faubourgs**. La place ayant été assiégée en règle, on était déjà à la brèche lorsqu'elle s'est rendue. Les **bavarois** et les **wurtembourgeois** se sont distingués par leur intelligence et leur bravoure. Le prince *Jérôme* investit dans ce moment et assiége à-la-fois toutes les autres places de la Silésie. Il est probable qu'elles ne feront pas une longue résistance.

Le corps de 10,000 hommes que le prince de *Pless* avait composé de tout ce qui était dans les garnisons des places, a été mis en pièces dans les combats du 29 et du 30 décembre.

Le général *Montbrun*, avec la cavalerie wurtembourgeoise, fut à la rencontre du prince de *Pless* vers Ohlau, qu'il occupa le 28 au soir. Le lendemain, à cinq heures du matin, le prince de *Pless* le fit attaquer. Le général *Montbrun*, profitant d'une position défavorable où se trouvait l'infanterie ennemie, fit un mouvement sur sa gauche, la tourna, lui tua beaucoup de monde, et lui prit sept cents hommes, quatre pièces de canon et beaucoup de chevaux.

Cependant les principales forces du prince de *Pless* étaient derrière la Neisse où il les avait rassemblées après le combat de Strehlen. Parti de Schurgaft et marchant jour et nuit, il s'avança jusqu'au bivouac de la brigade wurtembourgeoise placée en arrière d'Hubé sous Breslau. A huit heures du matin, il attaqua avec 9000 hommes le village de Grictern occupé par deux bataillons d'infanterie et par les chevaux-légers de *Linange*, sous les ordres de l'adjudant-commandant *Duveyrier*; mais il fut reçu vigoureusement et forcé à une retraite précipitée. Les généraux *Montbrun* et *Minucci* qui revenaient d'Ohlau, eurent aussitôt l'ordre de marcher sur Schweidnitz pour couper la retraite à l'ennemi. Mais le prince de *Pless* s'empressa de disperser toutes ses troupes et les fit rentrer par détachemens dans les places, en abandonnant dans sa fuite une partie de son artillerie, beaucoup de bagages et de chevaux. Il a de plus perdu dans cette affaire beaucoup d'hommes tués et 800 prisonniers.

S. M. a ordonné de témoigner sa satisfaction aux troupes bavaroises et wurtembourgeoises.

Le maréchal *Mortier* entre dans la Poméranie suédoise.

Des lettres arrivées de Bucharest donnent des détails sur les préparatifs de guerre de *Barayctar* et du pacha de Widdin. Au 20 décembre, l'avant-garde de l'armée turque, forte de 15,000 hommes, était sur les frontières de la Valachie et de la Moldavie. Le prince d'*Olgorouchi* s'y trouvait aussi avec ses troupes. Ainsi, l'on était en présence. En passant à Bucharest, les officiers turcs paraissaient fort animés ; ils disaient à un officier français qui se trouvait dans cette ville : « Les français verront de quoi nous sommes capables. « Nous formons la droite de l'armée de Pologne, nous « nous montrerons dignes d'être loués par l'empereur « NAPOLEON. »

Tout est en mouvement dans ce vaste empire, les scheiks et les ulhemas donnent l'impulsion, et tout le monde court aux armes pour repousser la plus injuste des agressions.

M. *Italinski* n'a évité jusqu'à présent d'être mis aux Sept-Tours, qu'en promettant qu'au retour de son courier les russes auraient l'ordre d'abandonner la Moldavie, et de rendre Choczim et Bender.

Les serviens, que les russes ne désavouent plus pour alliés, se sont emparés d'une île du Danube qui appartient à l'Autriche, et d'où ils canonnent Belgrade. Le gouvernement autrichien a ordonné de la reprendre.

L'Autriche et la France, sont également intéressées à ne pas voir la Moldavie, la Valachie, la Servie, la Grèce, la Romélie, la Natolie, devenir le jouet de l'ambition des moscovites.

L'intérêt de l'Angleterre dans cette contestation est au moins aussi évident que celui de la France et de l'Autriche ; mais le reconnaîtra-t-elle ? Imposera-t-elle silence à la haine qui dirige son cabinet ? Ecoutera-t-elle les leçons de la politique et de l'expérience ? Si elle ferme les yeux sur l'avenir, si elle ne vit qu'au jour le jour, si elle n'écoute que sa jalousie contre la France, elle déclarera peut-être la guerre à la Porte, elle se fera l'auxiliaire de l'insatiable ambition des

.russes, elle creusera elle-même un abîme dont elle
ne reconnaîtra la profondeur qu'en y tombant.

### 51<sup>e</sup>. *Bulletin de la grande armée.*

Varsovie, le 14 janvier 1807.

Le 29 décembre, la dépêche ci-jointe du général
*Benigsen* parvint à Kœnigsberg, au roi de Prusse.
Elle fut sur-le-champ publiée et placardée dans toute
la ville, où elle excita les transports de la plus vive
joie. Le roi reçut publiquement des complimens; mais
le 31 au soir, on apprit par des officiers prussiens et
par d'autres relations du pays, le véritable état des
choses. La tristesse et la consternation furent alors
d'autant plus grandes, qu'on s'était plus entièrement
abandonné à l'allégresse. On songea dès-lors à évacuer
Kœnigsberg, et l'on en fit sur-le-champ tous les préparatifs. Le trésor et les effets les plus précieux furent
aussitôt dirigés sur Memel. La reine, qui était assez
malade, s'embarqua le 3 janvier pour cette ville. Le
roi partit le 6 pour s'y rendre. Les débris de la division du général *Lestocq* se replièrent aussitôt sur cette
place, en laissant à Kœnigsberg deux bataillons et une
compagnie d'invalides.

Le ministère du roi de Prusse est composé de la
manière suivante :

M. le général de *Zastrow* est nommé ministre des
affaires étrangères ;

M. le général *Ruchel*, encore malade de la blessure
qu'il a reçue à la bataille d'Jena, est nommé ministre
de la guerre ;

M. le président de *Sagebarthe* est nommé ministre
de l'intérieur.

Voici en quoi consistent maintenant les forces de
la monarchie prussienne :

Le roi est accompagné par 1500 hommes des troupes, tant à pied qu'à cheval ;

Le général *Lestocq* a, à-peu-près, 5000 hommes,
y compris les deux bataillons laissés à Kœnigsberg
avec la compagnie d'invalides ;

Le lieutenant-général *Hamberger* commande à Dantzick, où il a 6000 hommes de garnison. Les habitans
ont été désarmés. On leur a intimé qu'en cas d'alerte,

les

les troupes feront feu sur tous ceux qui sortiront de leurs maisons.

Le général *Gutadon* commande à Colberg avec 1800 hommes.

Le lieutenant-général *Courbière* est à Graudentz avec 3000 hommes.

Les troupes françaises sont en mouvement pour cerner et assiéger ces places.

Un certain nombre de recrues que le roi de Prusse avait fait réunir, et qui n'étaient ni habillés ni armés, ont été licenciés, parce qu'il n'y avait plus de moyen de les contenir.

Deux ou trois officiers anglais étaient à Kœnigsberg, et faisaient espérer l'arrivée d'une armée anglaise.

Le prince de *Pless* a en Silésie 12 ou 15,000 hommes enfermés dans les places de Brieg, Neisse, Schweidnitz et Kosel, que le prince *Jérôme* a fait investir.

Nous ne dirons rien de la ridicule dépêche du général *Bennigsen;* nous remarquerons seulement qu'elle paraît contenir quelque chose d'inconcevable. Ce général semble accuser son collègue le général *Buxhowden;* il dit qu'il était à Makow. Comment pouvait il ignorer que le général *Buxhowden* était allé jusqu'à Golymin où il avait été battu? Il prétend avoir remporté une victoire, et cependant il était en pleine retraite à dix heures du soir, et cette retraite fut 'si précipitée qu'il abandonna ses blessés. Qu'il nous montre une seule pièce de canon, un seul drapeau français, un seul prisonnier, hormis douze ou quinze hommes isolés qui peuvent avoir été pris par les cosaques, sur les derrières de l'armée, tandis que nous pouvons lui montrer 6000 prisonniers, deux drapeaux qu'il a perdus près de Pultusk, et 3000 blessés qu'il a abandonnés dans sa fuite. Il dit encore qu'il a eu contre lui le *grand-duc de Berg* et le maréchal *Davoust,* tandis qu'il n'a eu affaire qu'à la division *Suchet,* du corps du maréchal *Lannes;* le 17.ᵉ régiment d'infanterie légère, le 34.ᵉ de ligne, le 64.ᵉ et le 88.ᵉ, sont les seuls régimens qui se soient battus contre lui. Il faut qu'il ait bien peu réfléchi sur la position de Pultusk, pour supposer que les français voulaient s'emparer de cette ville. Elle est dominée à la portée de pistolet.

Si le général *Buxhowden* a fait, de son côté, une relation aussi véridique du combat de Golymin, il deviendra évident que l'armée française a été battue, et que par suite de sa défaite, elle s'est emparée de 100 pièces de canon et de 1600 voitures de bagages; de tous les hôpitaux de l'armée russe, de tous ses blessés, et des importantes positions de Sieroch, de Pultusk, d'Ostrolenka, et qu'elle a obligé l'ennemi à reculer de 80 lieues.

Quant à l'induction que le général *Benigsen* veut tirer de ce qu'il n'a pas été poursuivi, il suffira d'observer qu'on se serait bien gardé de le poursuivre, puisqu'il était débordé de deux journées, et que, sans les mauvais chemins qui ont empêché le maréchal *Soult* de suivre ce mouvement, le général russe aurait trouvé les français à Ostrolenka.

Il ne reste plus qu'à chercher quel peut être le but d'une pareille relation? Il est le même, sans doute, que celui que se proposaient les russes dans les relations qu'ils ont faites de la bataille d'Austerlitz? Il est le même, sans doute, que celui des ukases, par lesquels l'empereur *Alexandre* refusait la grande décoration de l'ordre de Saint-Georges, parce que, disait-il, il n'avait pas commandé à cette bataille, et acceptait la petite décoration pour les succès qu'il y avait obtenus, quoique sous le commandement de l'empereur d'Autriche.

Il y a cependant un point de vue sous lequel la relation du général *Benigsen* peut être justifiée. On a craint, sans doute, l'effet de la vérité, dans les pays de la Pologne prussienne et de la Pologne russe que l'ennemi avait à traverser, si elle y était parvenue avant qu'il eût pu mettre ses hôpitaux et ses détachemens isolés à l'abri de toute insulte.

Ces relations aussi évidemment ridicules peuvent avoir encore pour les russes l'avantage de retarder de quelques jours l'élan que des récits fidèles donneraient aux turcs; et il est des circonstances où quelques jours sont un délai d'une certaine importance. Cependant, l'expérience a prouvé que toutes ces ruses vont contre leur but, et qu'en toutes choses la simplicité et la vérité sont les meilleurs moyens de politique.

*Copie d'une dépêche du général russe* Benigsen.

J'ai le bonheur de mander à V. M. R. , que l'ennemi m'a attaqué hier avant-midi, près de Pultusk, et que j'ai réussi à le repousser sur tous les points. Sa première grande attaque, commandée par le général *Suchet*, ayant 15,000 hommes, fut dirigée sur mon aîle gauche contre l'ouvrage avancé de Gurka ; afin de se rendre maître de la ville ; je n'avais que 5,000 hommes, sous les ordres du général *Baggouwut*, à lui opposer, qui se défendit avec beaucoup de bravoure, jusqu'à ce que je lui aie envoyé trois bataillons de la réserve à son secours, et à la fin, je détachai le général *Ostermann Tolstoy*, avec 3 autres bataillons sur le même point, ce qui fut cause que l'ennemi fut totalement battu sur son aîle droite. La seconde attaque de l'ennemi, qui était aussi vive, fut dirigée sur mon flanc droit, où se trouvait le général *Barkley de Tolly*, avec l'avant-garde: cette aîle était sur la route de Stegoczin, appuyée contre un buisson, dans lequel j'avais placé une batterie masquée. Malgré cette disposition, l'ennemi fit mine de vouloir me tourner par le flanc, ce qui me détermina à faire un changement de front en arrière à droite avec toute ma ligne. Ce mouvement réussit complettement. Après avoir renforcé le général *Barkley de Tolly* de trois bataillons, dix escadrons et d'une batterie d'artillerie, l'ennemi fut délogé du bois et battu complettement, après quoi il commença sa retraite.

L'attaque commença à onze heures du matin et dura jusqu'à la nuit close. D'après les rapports de tous les prisonniers, le prince *Murat, Davoust* et *Lannes,* ont commandé contre moi ; de manière que j'ai eu à combattre une armée de plus de 50,000 hommes.

Toutes mes troupes se sont battues avec la plus grande bravoure. Les généraux suivans se sont particulièrement distingués. Les généraux *Ostermann, Tolstoy, Barkley de Tolly,* le prince *Dolgorouki, Baggouwut, Summow* et *Gondorff* dans la cavalerie ; le général *Kosin,* le colonel de *Zégulin* a chargé avec le régiment de tartares polonais de *Kochowski* sur l'aîle gauche de l'ennemi, et lui a fait beaucoup de mal. Le colonel de *Knorring*, avec son régiment de tartares a presqu'entièrement détruit un régiment de chasseurs à cheval, et le régiment de cuirassiers de l'empereur a attaqué une colonne d'infanterie et l'a repoussée dans le plus grand désordre.

Le maréchal *Kamenskoi* partit le 14/26 le matin avant l'attaque de Pultusk pour Ostroleaka, et me remit le commandement-général, de sorte que j'ai été assez heureux pour commander seul pendant toute l'affaire et pour battre l'ennemi. Je regrette que le secours tant désiré du général *Buxhowden* ne soit point arrivé à tems, quoiqu'il ne fût éloigné de moi que de deux milles dans la position de Makow, et qu'il eût fait halte à moitié chemin, pour être en état de contribuer aux avantages de ma victoire ; je regrette aussi que le manque absolu de vivres et fourrages m'ait forcé à rétrograder avec tout mon corps jusqu'à Rozan, pour réunir sur mes derrières quelques provisions. Ce qui prouve combien l'ennemi doit avoir été battu, c'est qu'il n'a pas même inquiété mon arrière garde pendant ma marche rétrograde.

Je fais passer le présent rapport à V. M. R. par le capitaine *Wranges* qui a été à mes côtés pendant toute l'affaire, et qui pourra transmettre V. M. tous les autres détails relatifs à cette affaire.

Rozan, le 15/27 décembre 1806.

Signé, Benigsen.

*Copie d'une lettre écrite à M. le prince de Bénévent, ministre des relations extérieures, par le chancelier du consulat de France à Bucharest.*

Bucharest, le 13 décembre 1806.

Monseigneur ,

Les troupes russes, commandées par le prince *Dolgorouki*, ont arrêté à Yassy, et envoyé en Russie M. le consul-général *Reinhard* et toute sa mission. Les détails de cet acte de violence sont aussi inouis que barbares. Le prince *Dolgorouki*, après avoir fait arracher les armes impériales, a sommé M. *Reinhard* de quitter son poste, et lui a donné un passe-port pour se rendre sur les frontières de l'Autriche. M. *Reinhard* part; il n'est qu'à une lieue de Yassy, qu'une bande de cosaques l'entoure, le saisit d'une manière indigne, et le conduit en Russie. Ce trait d'une basse trahison, a révolté tout le monde. Les russes mêmes sont indignés, et ne l'attribuent qu'au prince *Dolgorouki*: il est indigne d'une nation civilisée qui entre sur le territoire du grand-seigneur en proclamant des intentions pacifiques.

*Moustapha-Barayctar* fait de grands préparatifs. Il jure qu'il mettra toutes ses forces sur pied pour résister aux russes. Son colonel qui commande à Bucharest, veille jour et nuit à la tranquillité et à la sûreté publique. Il a posté des soldats à toutes les portes de la ville, et a solennellement déclaré que le premier boyard qui en sortirait, perdrait la tête.

Le pacha d'Ibraïl est à la tête de 25 mille hommes qu'il a réunis aux forces de *Moustapha-Barayctar*.

Je suis avec respect, etc.          Signé, *Ledoulx*.

### 52ᵉ. *Bulletin de la grande armée.*

Varsovie, le 19 janvier 1807.

Le 8.ᵉ corps de la grande armée que commande le maréchal *Mortier*, a détaché un bataillon du 2.ᵉ régiment d'infanterie légère sur Wollin. Trois compagnies de ce bataillon y étaient à peine arrivées, qu'elles furent attaquées avant le jour par un détachement de mille hommes d'infanterie, avec cent cinquante chevaux et quatre pièces de canon. Ce détachement venait de Colberg dont la garnison étend ses courses jusques-là. Les trois compagnies d'infanterie légère française ne s'étonnèrent point du nombre de leurs ennemis et lui enlevèrent un pont et ses quatre pièces de canon, et lui firent cent prisonniers. Le reste prit la fuite en laissant beaucoup de morts dans la ville de Wollin, dont les rues sont jonchées de cadavres prussiens.

La ville de Brieg, en Silésie, s'est rendue après un siège de cinq jours. La garnison est composée de trois généraux et de 1400 hommes.

Le prince héréditaire de Bade a été fort dangereusement malade; mais il est rétabli. Les fatigues de la campagne et les privations qu'il a supportées comme simple officier, ont beaucoup contribué à sa maladie.

La Pologne, riche en bleds, en avoine, en fourrages, en bestiaux, en pommes-de-terre, fournit abondamment à nos magasins. La seule manutention de Varsovie fait cent mille rations par jour, et nos dépôts se remplissent de biscuit. Tout était tellement désorganisé à notre arrivée, que pendant quelque tems les subsistances ont été difficiles.

Il ne règne dans l'armée aucune maladie; cependant pour la conservation de la santé du soldat, on désirerait un peu plus de froid. Jusqu'à présent il s'est à peine fait sentir, et l'hiver est déjà fort avancé. Sous ce point de vue, l'année est fort extraordinaire

L'empereur fait tous les jours défiler la parade devant le palais de Varsovie, et passe successivement en revue les différens corps de l'armée, ainsi que les détachemens et les conscrits venant de France, auxquels les magasins de Varsovie distribuent des souliers et des capottes.

### 53.ᵉ *Bulletin de la grande armée.*

Varsovie, 22 janvier 1807.

On a trouvé à Brieg des magasins assez considérables de subsistances.

Le prince *Jérôme* continue avec activité sa campagne de Silésie. Le lieutenant-général *Deroi* avait déjà cerné Kossel et ouvert la tranchée. Le siège de Schweidnitz et celui de Neisse se poursuivent en même tems.

Le général *Victor* se rendant à Stettin, et étant en voiture avec son aide-de-camp et un domestique, a été enlevé par un parti de vingt-cinq chasseurs qui battaient le pays.

Le tems est devenu froid. Il est probable que sous peu de jours les rivières seront gelées. Cependant, la saison n'est pas plus rigoureuse qu'elle ne l'est ordinairement à Paris. L'Empereur fait défiler tous les jours la parade et passe en revue plusieurs régimens.

Tous les magasins de l'armée s'organisent et s'approvisionnent. On fait du biscuit dans toutes les manutentions. L'Empereur vient d'ordonner qu'on établit de grands magasins et qu'on confectionnât une quantité considérable d'habillemens dans la Silésie.

( 167 )

Les Anglais, qui ne peuvent plus faire accroire que les Russes, les Tartares, les Calmoucks vont dévorer l'armée française, parce que, même dans les cafés de Londres, on sait que ses dignes alliés ne soutiennent point l'aspect de nos bayonnettes, appellent aujourd'hui à leur secours la dyssenterie, la peste et toutes les maladies épidémiques.

Si ces fléaux étaient à la disposition du cabinet de Londres, point de doute que non-seulement notre armée, mais même nos provinces et toute la classe manufacturière du continent, ne devinssent leur proie. En attendant, les Anglais se contentent de publier et de faire publier, sous toute espèce de formes, par leurs nombreux émissaires, que l'armée française est détruite par les maladies. A les entendre, des bataillons entiers tombent comme ceux des Grecs au commencement du siége de Troye. Ils auraient là une manière toute commode de se défaire de leurs ennemis ; mais il faut bien qu'ils y renoncent. Jamais l'armée ne s'est mieux portée ; les blessés guérissent, et le nombre des morts est peu considérable. Il n'y a pas autant de malades que dans la campagne précédente ; il y en a même moins qu'il n'y en aurait en France en tems de paix, suivant les calculs ordinaires.

*Articles de la capitulation de Brieg, convenus entre M. le lieutenant-général de Deroi, au service de S. M. le roi de Bavière, commandant la première division bavaroise du 9.ᵉ corps de la grande armée, grand-cordon de l'ordre militaire bavarois de Max.-Joseph, et grand-cordon de la légion d'honneur, et M. le général de brigade Lefebvre-Desnoëttes, commandant une brigade de cavalerie bavaroise, premier écuyer de S. A. I. le prince Jérôme-Napoléon, commandant de la légion d'honneur et grand-cordon de l'ordre de la fidélité, tous deux munis de pleins-pouvoirs de S. A. I. le prince Jérôme-Napoléon, commandant en chef le 9.ᵉ corps de la grande armée de S. M. l'Empereur Napoléon, d'une part ; et M. le général-major de Cornerut, commandant la place de Brieg, et M. de Bourdet, major-ingénieur et vice-commandant, de l'autre.*

Art. I.ᵉʳ La place de Brieg sera rendue aux troupes alliées de S. M. l'Empereur *Napoléon*, demain 17 du courant.

II. Tout ce qui appartient à la forteresse, artillerie, munitions de guerre, armes, plans et magasins de toute espèce, sera fidèlement remis entre les mains de l'officier que S. A. I. le prince *Jérôme-Napoléon* désignera pour venir en prendre possession et en dresser procès-verbal.

III. La garnison sera prisonnière de guerre; elle défilera devant les troupes bavaroises de siège, le 17, à une heure après midi, drapeaux déployés, mèche allumée, et mettra bas les armes devant elle. Les bas officiers et soldats conserveront leurs havresacs.

IV. Les forestiers et gardes-chasse qui ont été sommés de faire le service dans la place, comme chasseurs, obtiendront la permission de retourner chez eux, à condition qu'ils donneront leur parole de ne plus prendre les armes contre les troupes de S. M. l'Empereur et ses alliés.

Les surveillans des ouvriers employés aux fortifications, resteront provisoirement dans leurs places.

V. Les officiers conserveront leurs épées, chevaux et bagages, et seront libres de se retirer où bon leur semblera, après toutefois avoir sigaé leur parole d'honneur de ne point servir contre les troupes de S. M. l'Empereur *Napoléon* ou de ses alliés jusqu'à la paix ou leur échange. La même faveur sera accordée aux feldwebels et porte-enseignes, et maréchaux-de-logis de cavalerie. Il sera en outre accordé aux officier un soldat pour chacun d'eux, comme domestique, et enfin ils seront en tout traités comme les officiers compris dans la capitulation de Magdebourg.

VI. Les bas-officiers et soldats mariés, ainsi que les invalides, auront la permission de rentrer chez eux avec leurs familles, et seront aussi traités d'après l'art. VIII de la capitulation de Magdebourg.

VII. S. A. I. le prince *Jérôme Napoléon* promet protection, au nom de son souverain, à toute espèce de religion que peuvent professer les habitans de Brieg; sûreté entière pour les personnes et les propriétés particulières.

VIII. MM. les officiers de la régence de la Haute-Silésie, les magistrats, les officiers du bailliage et domaines royaux et employés civils, conserveront provisoirement les mêmes fonctions; et dans le cas où ils donneraient leur démission, ils seraient libres de rester dans la ville, ou de se rendre où bon leur semblera; et dans ce dernier cas, il leur sera délivré des passe-ports pour pouvoir voyager en sûreté avec leurs familles et leurs effets.

IX. Les caisses royales seront remises à l'officier militaire ou civil que S. A. I. le prince *Jérôme-Napoléon* désignera ; cet officier en donnera une décharge.

MM. les magistrats resteront dépositaires des sommes appartenantes aux particuliers.

X. Les blessés et malades seront traités avec soin, et les chirurgiens qui en ont eu soin jusqu'à présent, pourront rester près d'eux.

XI. Les fondations religieuses et pieuses, de quelque religion qu'elles puissent être, jouiront de leurs privilèges, et seront protégées. Les caisses contenant des sommes appartenantes aux orphelins ou aux enfans mineurs, seront également respectées.

XII. S. A. I. le prince *Jérôme-Napoléon* promet protection au lycée de Brieg.

XIII. M. le commandant permettra aux deux officiers supérieurs du génie et de l'artillerie désignés par S. A. I. le prince *Jérôme-Napoléon*, d'entrer en ville le 16 au soir, pour dresser procès-verbal, conjointement avec les officiers du génie et de l'artillerie de la place, des arsenaux, et de tous les objets appartenans à la forteresse.

XIV. La porte de Breslaw et celle de Neisse seront livrées aux troupes bavaroises, le 16, à 4 heures après-midi.

XV. La ville ayant beaucoup souffert l'année dernière d'un incendie, et tout récemment du bombardement, S. A. I. le prince *Jérôme Napoléon* est prié de diminuer autant que possible, le nombre de la garnison.

XVI. Il sera accordé à M. le commandant, s'il le désire, un passe-port pour un officier du grade de lieutenant qui ne sera pas regardé comme prisonnier de guerre, pour aller porter la présente capitulation à S. M. le roi de Prusse.

XVII. Pour tous les articles non prévus, ou qui pourraient avoir une double interprétation, M. le commandant peut entièrement se reposer sur la générosité et le caractère de justice bien connu de S. A. I. le prince *Jérôme Napoléon*.

Fait en double, à Brieg, le 11 janvier 1807.

( Suivent les signatures ).

## 54<sup>e</sup>. *Bulletin de la grande armée.*

Varsovie, le 27 janvier 1807.

Quatre-vingt neuf pièces de canon, prises sur les russes, sont rangées sur la place du palais de la République, à Varsovie. Ce sont celles qui ont été enlevées aux généraux *Kaminski*, *Benigsen* et *Buxhowden*, dans les combats de Czarnowo, Nazielk, Pultusk et

**Golymin.** Ce sont les mêmes que les russes traînaient avec ostentation dans les rues de cette ville, lorsque naguère ils la traversaient pour aller au-devant des français. Il est facile de comprendre l'effet que produit l'aspect d'un si magnifique trophée sur un peuple charmé de voir humiliés les ennemis qui l'ont si long-tems et si cruellement outragé.

Il y a dans les pays occupés par l'armée plusieurs hôpitaux renfermant un grand nombre de russes blessés et malades.

Cinq mille prisonniers ont été évacués sur la France : 2 mille se sont échappés dans les premiers momens du désordre, et 15 cents sont entrés dans les troupes polonaises.

Ainsi, les combats livrés contre les russes leur ont coûté une grande partie de leur artillerie, tous leurs bagages, et vingt-cinq ou trente mille hommes tant tués que blessés ou prisonniers.

Le général *Kaminski* qu'on avait dépeint comme un autre Suwarow, vient d'être disgracié, on dit qu'il en est de même du général *Buxhowden,* et il paraît que c'est le général *Benigsen* qui commande actuellement l'armée.

Quelques bataillons d'infanterie légère du maréchal *Ney* s'étaient portés à vingt lieues en avant de leurs cantonnemens ; l'armée russes en avait conçu des alarmes, et avait fait un mouvement sur sa droite : ces bataillons sont rentrés dans la ligne de leurs cantonnemens sans éprouver aucune perte.

Pendant ce temps, le prince de *Ponte-Corvo* prenait possession d'Elbing et des pays situés sur le bord de la Baltique.

Le général de division *Drouet* entrait à Christbourg, où il faisait 300 prisonniers du régiment de Courbieres, y compris un major et plusieurs officiers.

Le colonel Saint-Genez, du 19.ᵉ de dragons, chargeait un autre régiment ennemi et lui faisait 50 prisonniers, parmi lesquels était le colonel-commandant.

Une colonne russe s'était portée sur Liebstadt, au-delà de la petite rivière du Passarge, et avait enlevé une demi-compagnie de voltigeurs du 8.ᵉ régiment de ligne qui était aux avant-postes du cantonnement.

Le prince de *Ponte-Corvo*, informé de ce mouvement, quitta Elbing, réunit ses troupes, se porta avec la division *Rivaud* au-devant de l'ennemi, et le rencontra auprès de Mohring.

Le 25 de ce mois, à midi, la division ennemie paraissait forte de 12,000 hommes; on en vint bientôt aux mains; le 8.ᵉ régiment de ligne se précipita sur les russes avec une valeur inexprimable, pour réparer la perte d'un de ses postes. Les ennemis furent battus, mis dans une déroute complette, poursuivis pendant 4 lieues, et forcés de repasser la rivière de Passarge. La division *Dupont* arriva au moment où le combat finissait et ne put y prendre part.

Un vieillard de 117 ans a été présenté à l'empereur, qui lui a accordé une pension de cent napoléons, et a ordonné qu'une année lui fût payée d'avance.

La notice jointe à ce bulletin donne quelques détails sur cet homme extraordinaire.

Le tems est fort beau; il ne fait froid qu'autant qu'il le faut pour la santé du soldat et pour l'amélioration des chemins qui deviennent très-praticables.

Sur la droite et sur le centre de l'armée, l'ennemi est éloigné de plus de trente lieues de nos postes.

L'empereur est monté à cheval pour aller faire le tour de ses cantonnemens; il sera absent de Varsovie pendant huit ou dix jours.

----

*François Ignace Narocki*, né à Witki, près de Wilna, est fils de *Joseph* et *Anne Narocki*; il est d'une famille noble, et embrassa dans sa jeunesse, le parti des armes. Il faisait partie de la confédération de Bar, fut fait prisonnier par les russes, et conduit à Kasan. Ayant perdu le peu de fortune qu'il avait, il se livra à l'agriculture, et fut employé comme fermier des biens d'un curé; il se maria en première noces à l'âge de 70 ans, et eut quatre enfans de ce mariage. A 86 ans il épousa une seconde femme, et en eut six enfans, qui sont tous morts; il ne lui reste que le dernier fils de sa première femme. Le roi de Prusse, en considération de son grand âge, lui avait accordé une pension de 24 florins de Pologne par mois, faisant 14 livres 8 sous de France. Il n'est sujet à aucune infirmité, jouit encore d'une bonne mémoire, et parle la langue latine avec une extrême facilité; il cite les auteurs classiques avec esprit et à propos. La pétition dont la traduction est ci-jointe, est entièrement écrite de sa main. Le caractère en est très-ferme et très-lisible.

### *Pétition.*

S I R E,

Mon extrait baptistaire date de l'année 1690; donc j'ai à présent 117 ans.

Je me rappelle encore la bataille de Vienne, et les tems de *Jean Sobieski.*

Je croyais qu'ils ne se reproduiraient pas; mais assurément je m'attendais encore moins à revoir le siècle d'Alexandre.

Ma vieillesse m'a attiré les bienfaits de tous les souverains qui ont été ici, et je réclame ceux du GRAND NAPOLÉON, étant à mon âge plus que séculaire, hors d'état de travailler.

Vivez, Sire, aussi long-tems que moi; votre gloire n'en a pas besoin, mais le bonheur du genre-humain le demande.                    (Signé) *Narochi.*

### 55e. *Bulletin de la grande armée.*

Varsovie, le 29 janvier 1807.

Voici les détails du combat de Mohringen :

Le maréchal prince de *Ponte-Corvo* arriva à Mohringen, avec la division *Drouet,* le 25 de ce mois, à onze heures du matin, au moment où le général de brigade *Pactod* était attaqué par l'ennemi.

Le maréchal prince de *Ponte-Corvo* fit attaquer sur-le-champ le village de Pfarresfeldehen, par un bataillon du 9.[e] d'infanterie légère. Ce village était défendu par trois bataillons russes, que l'ennemi fit soutenir par trois autres bataillons; le prince de *Ponte-Corvo* fit aussi marcher deux autres bataillons pour appuyer celui du 9e. La mêlée fut très-vive. L'aigle du 9.[e] régiment d'infanterie légère fut enlevée par l'ennemi; mais à l'aspect de cet affront dont ce brave régiment allait être couvert pour toujours, et que ni la victoire, ni la gloire acquise dans cent combats n'auraient lavé, les soldats, animés d'une ardeur inconcevable, se précipitent sur l'ennemi, le mettent en déroute et ressaisissent leur aigle.

Cependant la ligne française, composée du 8.e de ligne, du 27.e d'infanterie légère, et du 94.e, était formée. Elle aborde la ligne russe, qui avait pris position sur un rideau. La fusillade devient vive et à bout portant.

A l'instant même, le général *Dupont* débouchait de la route d'Holland avec les 32.e et 96.e régimens. Il tourna la droite de l'ennemi. Uu bataillon du 32.e régiment se précipita sur les russes avec l'impétuosité ordinaire à ce corps ; il les mit en désordre et leur tua beaucoup de monde. Il ne fit de prisonniers que les hommes qui étaient dans les maisons. L'ennemi a été poursuivi pendant deux lieues. La nuit a empêché de continuer la poursuite. Les comtes *Pahlen* et *Gallitzin* commandaient les russes ; ils ont perdu 300 hommes faits prisonniers, 1,200 hommes laissés sur le champ de bataille, et plusieurs obusiers. Nous avons eu 100 hommes tués et 400 blessés.

Le général de brigade *Laplanche* s'est fait distinguer. Le 19.e de dragons a fait une belle charge sur l'infanterie russe. Ce qui est à remarquer, ce n'est pas seulement la bonne conduite des soldats et l'habileté des généraux, mais la rapidité avec laquelle les corps ont levé leurs cantonnemens, et fait une marche très-forte pour toutes autres troupes, sans qu'il manquât un seul homme sur le champ de bataille. Voilà ce qui distingue éminemment des soldats qui ne sont mus que par l'honneur.

Un tartare vient d'arriver de Constantinople d'où il est parti le 1.er janvier. Il est expédié à Londres par la Porte.

Le 30 décembre, la guerre contre la Russie avait été solennellement proclamée. La pélisse et l'épée avaient été envoyées au grand-visir. Vingt-huit régimens de janissaires étaient partis de Constantinople. Plusieurs autres passaient d'Asie en Europe.

L'ambassadeur de Russie, toutes les personnes de sa légation, tous les russes qui se trouvaient dans cette résidence, et tous les grecs attachés à leur parti au nombre de 7 à 800, avaient quitté Constantinople le 29.

Le ministre d'Angleterre et les deux vaisseaux anglais restaient spectateurs des événemens, et paraissaient attendre les ordres de leur gouvernement.

Le tartare était passé à Widdin le 15 janvier. Il avait trouvé les routes couvertes de troupes qui marchaient avec gaieté contre leur éternel ennemi. 60,000 hommes étaient déjà à Rodschuk, et 25,000 hommes d'avant-garde se trouvaient entre cette ville et Bucharest. Les russes s'étaient arrêtés à Bucharest, qu'ils avaient fait occuper par une avant-garde de 15,000 hommes.

Le prince *Suzzo* a été déclaré hospodar de Valachie. Le prince *Ipsilanti* a été proclamé traître, et l'on a mis sa tête à prix.

Le tartare a rencontré l'ambassadeur persan à moitié chemin de Constantinople, à Widdin, et l'ambassadeur extraordinaire de la Porte au-delà de cette dernière ville.

Les victoires de Pultusk et de Golymin étaient déjà connues dans l'empire ottoman. Le courier tartare en a entendu le récit de la bouche des turcs avant d'arriver à Widdin.

Le froid se soutient entre deux et trois degrés au-dessous de zéro. C'est le tems le plus favorable pour l'armée.

## 56<sup>e</sup>. *Bulletin de la grande armée.*

Arensdorf, le 5 février 1807.

Après le combat de Mohrungen, où elle avait été battue et mise en déroute, l'avant-garde de l'armée russe se retira sur Liebstadt. Mais le surlendemain 27 janvier, plusieurs divisions russes la joignirent, et toutes étaient en marche pour porter le théâtre de la guerre sur le bas de la Vistule.

Le corps du général *Essen*, accouru du fond de la Moldavie, où il était d'abord destiné à servir contre les turcs, et plusieurs régimens qui étaient en Russie, mis en marche depuis quelque tems des extrémités de ce vaste empire, avaient rejoint les corps d'armée.

L'Empereur donna ordre au prince de *Ponte-Corvo* de battre en retraite, et de favoriser les opérations offensives de l'ennemi, en l'attirant sur le bas de la Vistule. Il ordonna, en même tems la levée de ses quartiers d'hiver.

Le 5.<sup>e</sup> corps, commandé par le général *Savary*, le maréchal *Lannes* étant malade, se trouva réuni le 31 janvier à Brok, devant tenir en échec le corps du général *Essen*, cantonné sur le Haut-Bug.

Le 3.<sup>e</sup> corps se trouva réuni à Mysiniel;

Le 4.<sup>e</sup> corps à Willenberg;

Le 6.<sup>e</sup> corps à Gilgenburg;

Le 7.<sup>e</sup> corps à Neidenburg.

L'Empereur partit de Varsovie et arriva le 31 au soir à Willenberg. Le grand-duc s'y était rendu depuis deux jours, et y avait réuni toute sa cavalerie.

Le prince de *Ponte-Corvo* avait successivement évacué Osterode, Tobau, et s'était jeté sur Strassburg.

Le maréchal *Lefebvre* avait réuni le 10.<sup>e</sup> corps à Thorn pour la défense de la gauche de la Vistule et de cette ville.

Le 1.er février on se mit en marche. On rencontra à Passenheim l'avant-garde ennemie qui prenait l'offensive et se dirigeait déjà sur Willenberg. Le grand-duc, avec plusieurs colonnes de cavalerie, la fit charger, et entra de vive force dans la ville.

Le corps du maréchal *Davoust* se porta à Ortelsburg.

Le 2, *le grand-duc de Berg* se porta à Allenstein avec le corps du maréchal *Soult*.

Le corps du maréchal *Davoust* marcha sur Whastruburg.

Les corps des maréchaux *Augereau* et *Ney* arrivèrent dans la journée du 3 à Allenstein.

Le 3 au matin, l'armée ennemie qui avait rétrogradé en toute hâte, se voyant tournée par son flanc gauche et jetée sur cette Vistule qu'elle s'était tant vantée de vouloir passer, parut rangée en bataille, la gauche appuyée au village de Moudtken, le centre à Joukowo, couvrant la grande route de Liebstadt.

### Combat de Bergfried.

L'Empereur se porta au village de Getkendorf, et plaça en bataille le corps du maréchal *Ney* sur la gauche, le corps du maréchal *Augereau* au centre, et le corps du maréchal *Soult* à la droite, la garde impériale en réserve. Il ordonna au maréchal *Soult* de se porter sur le chemin de Gustadt, et de s'emparer du pont de Bergfried, pour déboucher sur les derrières de l'ennemi avec tout son corps d'armée, manœuvre qui donnait à cette bataille un caractère décisif. Vaincu, l'ennemi était perdu sans ressource.

Le maréchal *Soult* envoya le général *Guyot*, avec sa cavalerie légère, s'emparer de Gustadt, où il prit une grande partie du bagage de l'ennemi, et fit successivement 1600 prisonniers russes. Gustadt était son centre de dépôts. Mais au même moment le maréchal *Soult* se portait sur le pont de Bergfried avec les divisions *Leval* et *Legrand*. L'ennemi, qui sentait que cette position importante protégeait la retraite de son flanc gauche, défendait ce pont avec douze de ses meilleurs bataillons. A trois heures après-midi, la canonnade s'engagea. Le 4.e régiment de ligne et le 24.e d'infanterie légère eurent la gloire d'aborder les premiers l'ennemi. Ils soutinrent leur vieille réputation. Ces deux régimens seuls et un bataillon du 28.e en réserve suffirent pour débusquer l'ennemi, passèrent au pas de charge le pont, enfoncèrent les douze bataillons russes, prirent quatre pièces de canon et couvrirent le champ de bataille de morts et de blessés. Le 46.e et le 55.e, qui formaient la seconde brigade, étaient derrière, impatiens de se déployer ; mais déjà l'ennemi en déroute, abandonnait, épouvanté, toutes ses belles positions ; heureux présage pour la journée du lendemain.

Dans le même tems, le maréchal *Ney* s'emparait d'un bois où l'ennemi avait appuyé sa droite ; la division *Saint-Hilaire* s'emparait du village du centre ; et *le grand-duc de Berg*, avec une division de dragons placée par escadrons au centre, passait le bois et balayait la plaine, afin d'éclaircir le devant de notre position. Dans ces petites attaques partielles, l'ennemi fut repoussé et perdit une centaine de prisonniers. La nuit surprit ainsi les deux armées en présence.

Le tems est superbe pour la saison ; il y a trois pieds de neige ; le thermomètre est à 2 ou 3 degrés de froid.

À la pointe du jour du 4, le général de cavalerie légère *Lasalle* battit la plaine avec ses hussards. Une ligne de cosaques et de cavalerie ennemie vint sur-le-champ se placer devant lui. *Le grand-duc de Berg* forma en ligne sa cavalerie, et marcha pour reconnaître l'ennemi. La canonnade s'engagea ; mais bientôt on acquit la certitude que l'ennemi avait profité de la nuit pour battre en retraite, et n'avait laissé qu'une arrière-garde de la droite, de la gauche et du centre. On marcha à elle, et elle fut menée battant pendant six lieues. La cavalerie ennemie fut culbutée plusieurs fois ; mais les difficultés d'un terrain montueux et inégal s'opposèrent aux efforts de la cavalerie. Avant la fin du jour, l'avant-garde française vint coucher à Deppen. L'Empereur coucha à Schlett.

Le 5, à la pointe du jour, toute l'armée française fut en mouvement. A Deppen, l'Empereur reçut le rapport qu'une colonne ennemie n'avait pas encore passé l'Alle, et se trouvait ainsi débordée par notre gauche, tandis que l'armée russe rétrogradait toujours sur les routes d'Arensdorf et de Landsberg. S. M. donna l'ordre au *grand-duc de Berg* et aux maréchaux *Soult* et *Davoust* de poursuivre l'ennemi dans cette direction. Elle fit passer l'Alle au corps du maréchal *Ney*, avec la division de cavalerie légère du général *Lasalle* et une division de dragons, et lui donna l'ordre d'attaquer le corps ennemi qui se trouvait coupé.

### Combat de Waterdorf.

*Le grand-duc de Berg*, arrivé sur la hauteur de Waterdorf, se trouva en présence de 8 à 9000 hommes de cavalerie. Plusieurs charges successives eurent lieu, et l'ennemi fit sa retraite.

### Combat de Deppen.

Pendant ce tems, le maréchal *Ney* se canonnait et était aux prises avec le corps ennemi qui était coupé. L'ennemi voulut

un

un moment essayer de forcer le passage , mais il vint trouver la mort au milieu de nos bayonnettes. Culbuté au pas de charge et mis dans une déroute complette , il abandonna canons, drapeaux et bagages. Les autres divisions de ce corps voyant le sort de leur avant-garde , battirent en retraite. A la nuit nous avions déjà fait plusieurs milliers de prisonniers et pris 16 pièces de canon.

Cependant , par ces mouvemens , la plus grande partie des communications de l'armée russe ont été coupées. Ses dépôts de Gustadt et de Liebstadt et une partie de ses magasins de l'Alle avaient été enlevés par notre cavalerie légère.

Notre perte a été peu considérable dans tous ces petits combats ; elle se monte à 80 ou 100 morts , et à 3 ou 400 blessés. Le général *Gardanne* , aide-de-camp de l'Empereur et gouverneur des pages, a eu une forte contusion à la poitrine. Le colonel du 4.ᵉ régiment de dragons a été grièvement blessé. Le général de brigade *Latour-Maubourg* a été blessé d'une balle dans le bras. L'adjudant-commandant *Lauberdière* , chargé du détail des hussards , a été blessé dans une charge. Le colonel du 4.ᵉ régiment de ligne a été blessé.

## 57ᵉ. *Bulletin de la grande armée.*

A Preussich-Eylan , le 7 février 1807.

Le 6 au matin , l'armée se mit en marche , pour suivre l'ennemi : *le grand-duc de Berg* avec le corps du maréchal *Soult* sur Landsberg, le corps du maréchal *Davoust* sur Heilsberg, et celui du maréchal *Ney* sur Worenditt , pour empêcher le corps coupé à Deppen de s'élever.

### *Combat de Hoff.*

Arrivé à Glaudau, *le grand-duc de Berg* rencontra l'arrière-garde ennemie , et la fit charger entre Glaudau et Hoff. L'ennemi déploya plusieurs lignes de cavalerie qui paraissaient soutenir cette arrière-garde, composée de 12 bataillons , ayant le front sur les hauteurs de Landsberg. *Le grand-duc de Berg* fit ses dispositions. Après différentes attaques sur la droite et sur la gauche de l'ennemi , appuyées à un mamelon et à un bois , les dragons et les cuirassiers de la division du général *d'Hautpoult* firent une brillante charge , culbutèrent et mirent en pièces deux régimens d'infanterie russe. Les colonels , les drapeaux , les canons et la plupart des officiers et soldats furent pris. L'armée ennemie se mit en mouvement pour soutenir son arrière-garde. Le maréchal *Soult* était arrivé : le maréchal *Augereau* prit position sur la gauche , et le village de Hoff fut occupé. L'ennemi sentit l'importance de cette position, et fit marcher dix bataillons pour le reprendre. *Le grand-duc de Berg* fit exécuter une seconde charge par les cuirassiers, qui les prirent en flanc et les écharpèrent. Ces manœuvres sont de beaux faits d'armes et font le plus grand honneur à ces intrépides cuirassiers. Cette journée mérite une relation particulière ; une partie des deux armées passa la nuit du 6 au 7 en présence. L'ennemi fila pendant la nuit.

A la pointe du jour, l'avant-garde française se mit en marche, et rencontra l'arrière-garde ennemie entre le bois et la petite ville d'Eylan. Plusieurs régimens de chasseurs à pied ennemis qui la défendaient furent chargés et en partie pris. On ne tarda pas à arriver à Eylan, et à reconnaître que l'ennemi était en position derrière cette ville.

### 58<sup>e</sup>. *Bulletin de la grande armée.*

A Preussich-Eylan, le 9 février 1807.

#### *Combat d'Eylan.*

A un quart de lieue de la petite ville de Preussich-Eylan, est un plateau qui défend le débouché de la plaine. Le maréchal *Soult* ordonna au 46.<sup>e</sup> et au 18.<sup>e</sup> régimens de ligne de l'enlever. Trois régimens qui le défendaient furent culbutés ; mais au même moment, une colonne de cavalerie russe chargea l'extrémité de la gauche du 18.<sup>e</sup>, et mit en désordre un de ses bataillons. Les dragons de la division *Klein* s'en apperçurent à tems ; les troupes s'engagèrent dans la ville d'Eylan. L'ennemi avait placé dans une église et un cimetière plusieurs régimens. Il fit là une opiniâtre résistance, et après un combat meurtrier, de part et d'autre, la position fut enlevée à dix heures du soir. La division *Legrand* prit ses bivouacs au-devant de la ville, et la division *Saint-Hilaire* à la droite. Le corps du maréchal *Augereau* se plaça sur la gauche, le corps du maréchal *Davoust* avait dès la veille marché pour déborder Eylan, et tomber sur le flanc gauche de l'ennemi, s'il ne changeait pas de position. Le maréchal *Ney* était en marche pour le déborder sur son flanc droit. C'est dans cette position que la nuit se passa.

#### *Bataille d'Eylan.*

A la pointe du jour, l'ennemi commença l'attaque par une vive canonnade sur la ville d'Eylan et sur la division *Saint-Hilaire.*

L'Empereur se porta à la position de l'église que l'ennemi avait tant défendue la veille. Il fit avancer le corps du maréchal *Augereau*, et fit canonner le monticule par quarante pièces d'artillerie de sa garde. Une épouvantable canonnade s'engagea de part et d'autre.

L'armée russe rangée en colonnes, était à demi portée de canon : tout coup frappait. Il parut un moment, aux mouvemens de l'ennemi, qu'impatienté de tant souffrir, il voulait déborder notre gauche. Au même moment, les tirailleurs du maréchal *Davoust* se firent entendre, et arrivèrent sur les derrières de l'armée ennemie ; le corps du maréchal *Augereau* déboucha en même tems en colonnes, pour se porter sur le centre de l'ennemi, et, partageant ainsi son attention, l'empêcher de se porter tout entier contre le corps du maréchal *Davoust*. La division *Saint-Hilaire* déboucha sur la droite, l'une et l'autre devant manœuvrer pour se réunir au maréchal *Davoust* : à peine le corps du maréchal *Augereau* et la division *Saint-Hilaire* eurent-ils débouché, qu'une neige épaisse, et telle qu'on ne distinguait pas à deux pas, couvrit les deux armées. Dans cette obscurité, le point de direction fut perdu, et les colonnes s'appuyant trop à gauche, flottèrent incertaines. Cette désolante obscurité dura une demi-heure. Le tems s'étant éclairci, *le grand-duc de Berg*, à la tête de la cavalerie, et soutenu par le maréchal *Bessières* à la tête de la garde, tourna la division *Saint-Hilaire* et tomba sur l'armée ennemie : manœuvre audacieuse, s'il en fut jamais, qui couvrit de gloire la cavalerie, et qui était devenue nécessaire dans la circonstance où se trouvaient nos colonnes. La cavalerie ennemie qui voulut s'opposer à cette manœuvre, fut culbutée ; le massacre fut horrible. Deux lignes d'infanterie russe furent rompues ; la troisième ne résista qu'en s'adossant à un bois. Des escadrons de la garde traversèrent deux fois toute l'armée ennemie.

Cette charge brillante et inouie qui avait culbuté plus de 20 mille hommes d'infanterie, et les avait obligés à abandonner leurs pièces, aurait décidé sur-le-champ la victoire sans le bois et quelques difficultés de terrein. Le général de division d'*Hautpoult* fut blessé d'un biscayen. Le général *Dalhmann*, commandant les chasseurs de la garde, et un bon nombre de ses intrépides soldats moururent avec gloire. Mais les 100 dragons, cuirassiers ou soldats de la garde que l'on trouva sur le champ de bataille, on les y trouva environnés de plus de 1000 cadavres ennemis. Cette partie du champ de bataille fait horreur à voir. Pendant ce tems le corps du maréchal *Davoust* débouchait derrière l'ennemi. La neige qui plusieurs fois dans la journée obscurcit le tems, retarda aussi sa marche et l'ensemble de ses colonnes. Le mal de l'ennemi est immense, celui que nous avons éprouvé est considérable. Trois cents bouches à feu ont vomi la mort de part et d'autre pendant 12

M 2

heures. La victoire, long-tems incertaine, fut décidée et gagnée, lorsque le maréchal *Davoust* déboucha sur le plateau, et déborda l'ennemi qui, après avoir fait de vains efforts pour le reprendre, battit en retraite. Au même moment, le corps du maréchal *Ney* débouchait par Altorff sur la gauche, et poussait devant lui le reste de la colonne prussienne échappée au combat de Deppen. Il vint se placer le soir au village de Schnaditten ; et par-là l'ennemi se trouva tellement serré entre les corps des maréchaux *Ney* et *Davoust*, que craignant de voir son arrière-garde compromise, il résolut, à huit heures du soir, de reprendre le village de Schnaditten. Plusieurs bataillons de grenadiers russes, les seuls qui n'eussent donné, se présentèrent à ce village ; mais le 6.e régiment d'infanterie légère les laissa approcher à bout portant, et les mit dans une entière déroute. Le lendemain, l'ennemi a été poursuivi jusqu'à la rivière de Frischling. Il se retire au-delà de la Pregel. Il a abandonné sur le champ de bataille 16 pièces de canon et ses blessés. Toutes les maisons des villages qu'il a parcourus la nuit en sont remplies.

Le maréchal *Augereau* a été blessé d'une balle. Les généraux *Desjardins*, *Heudelet*, *Lochet*, ont été blessés. Le général *Corbineau* a été enlevé par un boulet. Le colonel *Lacuée*, du 63.e et le colonel *Lemarois*, du 43.e, ont été tués par des boulets. Le colonel *Bouvières*, du 11.e régiment de dragons, n'a pas survécu à ses blessures. Tous sont morts avec gloire. Notre perte se monte exactement à 1900 morts et à 5,700 blessés, parmi lesquels un millier qui le sont grièvement, seront hors de service. Tous les morts ont été enterrés dans la journée du 10. On a compté sur le champ de bataille 7 mille russes.

Ainsi, l'expédition offensive de l'ennemi, qui avait pour but de se porter sur Thorn en débordant la gauche de la grande armée, lui a été funeste. Douze à quinze mille prisonniers, autant d'hommes hors de combat, 18 drapeaux, 45 pièces de canon, sont les trophées trop chèrement payés sans doute par le sang de tant de braves.

De petites contrariétés de tems, qui auraient paru légères dans toute autre circonstance, ont beaucoup contrarié les combinaisons du général français. Notre cavalerie et notre artillerie ont fait des merveilles. La garde à cheval s'est surpassée, c'est beaucoup dire. La garde à pied a été toute la journée l'arme au bras, sous le feu d'une épouvantable mitraille, sans tirer un coup de fusil ni faire aucun mouvement. Les circonstances n'ont point été telles qu'elle ait dû donner.

La blessure du maréchal *Augereau* a été aussi un accident défavorable , en laissant pendant le plus fort de la mêlée , son corps d'armée sans chef capable de le diriger.

Ce récit est l'idée générale de la bataille. Il s'est passé des faits qui honorent le soldat français : l'état-major s'occupe de les recueillir.

La consommation en munition à canon a été considérable ; elle a été beaucoup moindre en munition d'infanterie.

L'aigle d'un des bataillons du 18.ᵉ régiment ne s'est pas retrouvée ; elle est propablement tombée entre les mains de l'ennemi. On ne peut en faire un reproche à ce régiment : c'est, dans la position où il se trouvait , un accident de guerre ; toutefois l'Empereur lui en rendra une autre , lorsqu'il aura pris un drapeau à l'ennemi.

Cette expédition est terminée , l'ennemi battu et rejeté à cent lieues de la Vistule. L'armée va reprendre ses cantonnemens et rentrer dans ses quartiers d'hiver.

## 59.ᵉ *Bulletin de la grande armée.*

A Preussich-Eylan , le 14 février 1806.

L'ennemi prend position derrière la Prégel. Nos coureurs sont sur Kœnigsberg ; mais l'empereur a jugé convenable de mettre son armée en quartiers, en se tenant à portée de couvrir la ligne de la Vistule.

Le nombre des canons qu'on a pris depuis le combat de Bergfried se monte à près de soixante. Les vingt-quatre que l'ennemi a laissés à la bataille d'Eylan , viennent d'être dirigés sur Thorn.

L'ennemi a fait courir la notice ci-jointe. Tout y est faux. L'ennemi a attaqué la ville, et a été constamment repoussé. Il avoue avoir perdu vingt mille hommes tués ou blessés. Sa perte est beaucoup plus forte. La prise de neuf aigles est aussi fausse que la prise de la ville.

Le grand-duc de Berg a toujours son quartier-général à Wittenberg, tout près de la Prégel.

Le général d'*Hautpoult* est mort de ses blessures. Il a été généralement regretté. Peu de soldats ont eu une fin plus glorieuse. Sa division de cuirassiers s'est couverte de gloire à toutes les affaires. L'empereur a ordonné que son corps serait transporté à Paris.

Le général de cavalerie, *Bonardi-Saint-Sulpice*, blessé au poignet, ne voulut pas aller à l'ambulance et fournit une seconde charge. S. M. a été si contente de ses services, qu'elle l'a nommé général de division.

Le maréchal *Lefebvre* s'est porté le 12 sur Marienwerder. Il y a trouvé sept escadrons prussiens, les a culbutés, leur a pris 300 hommes, parmi lesquels un colonel, un major et plusieurs officiers et 250 chevaux. Ce qui a échappé à ce combat s'est réfugié dans Dantzig.

( La notice annoncée dans ce bulletin ne s'y est pas trouvée jointe. )

## 60.ᵉ *Bulletin de la grande armée.*

A Preuissisch-Eylan, le 17 février 1807.

La reddition de la Silésie avance. La place de Schweidnitz a capitulé. Le gouverneur prussien de la Silésie a été cerné dans Glatz, après avoir été forcé dans la position de Frankenstein et de Neuhrode par le général *Lefebvre*. Les troupes de Wurtemberg se sont fort bien comportées dans cette affaire. Le régiment bavarois de la Tour-et-Taxis, commandé par le colonel *Seydis*, et le 6.ᵉ régiment de ligne bavarois, commandé par le colonel *Baker*, se sont fait remarquer. L'ennemi a perdu dans ces combats une centaine d'hommes tués, et 300 faits prisonniers.

Le siège de Kosel se poursuit avec activité.

Depuis la bataille d'Eylan, l'ennemi s'est rallié derrière la Prégel. On concevait l'espoir de le forcer dans cette position, si la rivière fût restée gelée; mais le dégel continue, et cette rivière est une barrière au-delà de laquelle l'armée française n'a pas intérêt de le jetter.

Du côté de Willenberg, 3000 prisonniers russes ont été délivrés par un parti de 1000 cosaques.

Le froid a entièrement cessé, et la neige est par-tout fondue; et la saison actuelle nous offre le phénomène au mois de février, du tems de la fin d'avril.

L'armée entre dans ses cantonnemens.

*Capitulation de la forteresse de Schweidnitz, convenue entre M. le général de division* Vandamme, *grand officier décoré du grand cordon de la légion d'honneur, muni de pleins-pouvoirs de S. A. I. le prince Jérôme-Napoléon, commandant en chef des troupes alliées de S. M. l'Empereur* Napoléon-le-Grand, *d'une part; et M. le lieutenant-colonel de* Haxe, *commandant la place de Schweidnitz, de l'autre.*

Art. I.ᵉʳ La place de Schweidnitz sera rendue aux troupes alliées de S. M. l'Empereur *Napoléon-le-Grand,* le 16 février 1807, si elle n'est pas secourue d'ici à ce tems.

II. Tout ce qui appartient à la forteresse, artillerie, munitions de guerre, armes, plans et magasins de toute espèce, sera fidèlement remis entre les mains des officiers que S. A. I. le prince *Jérôme-Napoléon* désignera pour venir en prendre possession et en dresser procès-verbal.

III. La garnison sera prisonnière de guerre ; elle défilera devant les troupes de siège, le 16 février, à dix heures du matin, drapeaux déployés, mèche allumée, et mettra bas les armes devant elle. Les bas officiers et soldats conserveront leurs havresacs.

IV. Les forestiers et gardes-chasse qui ont été sommés de faire le service dans la place, comme chasseurs, obtiendront la permission de retourner chez eux, à condition qu'ils donneront leur parole de ne plus prendre les armes contre les troupes de S. M. l'Empereur et ses alliés. Les surveillans des ouvriers employés aux fortifications, resteront provisoirement dans leurs places.

V. Les officiers conserveront leurs épées, chevaux et bagages, et seront libres de se retirer où bon leur semblera, après toutefois avoir signé leur parole d'honneur de ne point servir contre les troupes de S. M. l'Empereur *Napoléon* ou de ses alliés jusqu'à la paix ou leur échange. La même faveur sera accordée aux feldwebels, porte-enseignes et maréchaux-de-logis de cavalerie.

Il sera en outre accordé aux officiers un soldat pour chacun d'eux, comme domestique, et enfin ils seront en tout traités comme les officiers compris dans la capitulation de Magdebourg.

VI. Les bas-officiers et soldats mariés, ainsi que les invalides, auront la permission de rentrer chez eux, avec leurs familles, et seront aussi traités 'd'après l'article VIII de la capitulation de Magdebourg.

VII. S. A. I le prince *Jérôme-Napoléon* promet protection, au nom de son souverain, à toute espèce de religion que peuvent professer les habitans, propriétaires ou locataires de Schweidnitz, sûreté entière pour les personnes et propriétés desdits habitans.

VIII. MM. les magistrats et employés civils, conserveront provisoirement les mêmes fonctions ; et dans le cas où ils donneraient leur démission, ils seraient libres de rester en ville, ou de se retirer où bon leur semblera; et dans ce dernier cas, il leur serait délivré des passe-ports pour pouvoir voyager en sûreté avec leurs familles et leurs effets.

IX. Les caisses royales seront remises à l'officier militaire ou civil, que S. A. I. le prince *Jérôme-Napoléon* désignera; cet officier en donnera décharge. MM. les magistrats resteront dépositaires des sommes appartenantes aux particuliers.

X. Les blessés et malades seront traités avec soin, et les chirurgiens qui les ont soignés jusqu'à présent, pourront rester près d'eux.

XI. Tous les chapitres ecclésiastiques, sans exception, de même que toutes les fondations religieuses et pieuses, de quelque religion qu'elles puissent être, jouiront de leurs privilèges et seront protégées, même munies de sauve-garde si elles en désirent. Les caisses contenant des sommes appartenantes aux orphelins ou enfans mineurs, seront également respectées.

XII. Les écoles publiques et la bibliothèque seront aussi respectées.

XIII. M. le commandant permettra à deux officiers supérieurs du génie et de l'artillerie, désignés par S. A. I. le prince *Jérôme-Napoléon*, d'entrer en ville le 15 février au matin, afin de dresser procès-verbal, conjointement avec les officiers du génie et de l'artillerie de la place, des arsenaux et de tous les objets appartenans à la forteresse.

XIV. La porte dite Barrière Kœppen sera livrée aux troupes alliées de S. M. l'Empereur *Napoléon-le-Grand*, le 16 février, à 8 heures du matin.

XV. La ville ayant beaucoup souffert par le bombardement, S. A. I. le prince *Jérôme-Napoléon* promet de diminuer, autant que possible, la garnison.

XVI. Il sera accordé à M. le commandant un passe-port pour un officier qui ne sera point regardé comme prisonnier de guerre, pour aller porter la présente capitulation à S. M. le roi de Prusse.

XVII. Pour tous les articles non-prévus ou qui pourraient avoir une double interprétation, M. le commandant peut entièrement s'en rapporter à la générosité et au caractère de justice bien connu de S. A. I. le prince *Jérôme-Napoléon.*

Fait double, au quartier-général à Zützendorf, le 7 février 1807.

Signé *Haxe,* lieutenant-colonel.

*D. Vandamme,* général de division.

S. A. I. le prince *Jérôme-Napoléon,* commandant en chef le 9.^e corps de la grande armée, approuve la présente capitulation.

Par ordre de S. A. I.,

Le général de division, chef de l'état-major-général du 9.^e corps de la grande armée,

*T. Hédouville.*

### 61.^e *Bulletin de la grande armée.*

Landsberg , le 18 février 1807.

.. La bataille d'Eylau avait d'abord été présentée par plusieurs officiers ennemis comme une victoire. On fut dans cette croyance à Kœnigsberg toute la matinée du 9. Bientôt le quartier-général et toute l'armée russe arrivèrent. L'alarme alors devint grande. Peu de tems après, on entendit des coups de canon, et on vit les français maîtres d'une petite hauteur qui dominait tout le camp russe.

Le général russe a déclaré qu'il voulait défendre la ville; ce qui a augmenté la consternation des habitans, qui disaient : Nous allons éprouver le sort de Lubeck. Il est heureux pour cette ville qu'il ne soit pas entré dans les calculs du général français de forcer l'armée russe dans cette position.

Le nombre des morts dans l'armée russe , en généraux et en officiers, est extrêmement considérable.

Par la bataille d'Eylau, plus de cinq mille blessés russes restés sur le champ-de-bataille ou dans les ambulances environnantes sont tombés au pouvoir du vainqueur. Partie sont morts, partie légèrement blessés, ont augmenté le nombre des prisonniers. Quinze cents viennent d'être rendus à l'armée russe. Indépendamment de ces cinq mille blessés , qui sont restés au pouvoir de l'armée française , on calcule que les russes en ont eu quinze mille.

L'armée vient de prendre ses cantonnemens. Les pays d'Elbing , de Liebstadt , d'Osterode sont les plus belles parties de ces contrées. Ce sont ceux que l'empereur a choisis pour y établir sa gauche.

Le maréchal *Mortier* est entré dans la Poméranie suédoise. Stralsund a été bloqué. Il est à regretter que l'ennemi ait mis le feu sans raison au beau faubourg de Kniper. Cet incendie offrait un spectacle horrible. Plus de deux mille individus se trouvent sans maisons et sans asyle.

*PROCLAMATION.*

A Preussisch-Eylan, le 16 février 1807.

» Soldats, nous commencions à prendre un peu de repos dans nos quartiers-d'hiver, lorsque l'ennemi a attaqué le premier corps, et s'est présenté sur la Basse-Vistule. Nous avons marché à lui. Nous l'avons poursuivi l'épée dans les reins pendant l'espace de 80 lieues. Il s'est réfugié sous les remparts de ses places, et a repassé la Prégel. Nous lui avons enlevé aux combats de Bergfried, de Deppen, de Hoff, à la bataille d'Eylan, 65 pièces de canon, 16 drapeaux, et tué, blessé ou pris plus de 40,000 hommes. Les braves qui de notre côté sont restés sur le champ d'honneur sont mort d'une mort glorieuse ; c'est la mort des vrais soldats. Leurs familles auront des droits constans à notre sollicitude et à nos bienfaits. Ayant ainsi déjoué tous les projets de l'ennemi, nous allons nous rapprocher de la Vistule, et rentrer dans nos cantonnemens. Qui osera en troubler le repos, s'en repentira ; car au-delà de la Vistule, comme au-delà du Danube, au milieu des frimats de l'hiver, comme au commencement de l'automne, nous serons toujours les soldats français, et les soldats français de la grande armée. «

## 62ᵉ. *Bulletin de la grande armée.*

Liedstadt, le 21 février 1807.

La droite de la grande armée a été victorieuse, comme le centre et la gauche. Le général *Essen*, à la tête de 25,000 hommes, s'est porté sur Ostrolenka, le 15, par les deux rives de la Narew. Arrivé au village de Flacies-Lawowa, il rencontra l'avant-garde du général *Savary*, commandant le 5.ᵉ corps.

Le 16, à la pointe du jour, le général *Gazan* se porta avec une partie de sa division à l'avant-garde. A neuf heures du matin, il rencontra l'ennemi sur la route de Nowogrod, l'attaqua, le culbuta, et le mit en déroute. Mais au même moment l'ennemi attaquait Ostrolenka par la rive gauche. Le général *Campana* avec une brigade de la division *Gazan*, et le général *Ruffin*, avec une brigade de la division du général *Oudinot*, défendait cette petite ville. Le général *Savary* y envoya le général de division *Reille*, chef de l'état-major du corps d'armée.

L'infanterie russe, sur plusieurs colonnes, voulut emporter la ville. On la laissa avancer jusqu'à la moitié des rues. On marcha à elle au pas de charge; elle fut culbutée trois fois, et laissa les rues couvertes de morts. La perte de l'ennemi fut si grande, qu'il abandonna la ville et prit position derrière les monticules de sable qui la couvrent.

Les divisions des généraux *Suchet* et *Oudinot* avancèrent: à midi, leurs têtes de colonnes arrivèrent à Ostrolenka. Le général *Savary* rangea sa petite armée de la manière suivante :

Le général *Oudinot* sur deux lignes commandait la gauche; le général *Suchet* le centre, et le général *Reille,* commandant une brigade de la division *Gazan,* formait la droite. Il se couvrit de toute son artillerie, et marcha à l'ennemi. L'intrépide général *Oudinot* se mit à la tête de la cavalerie, fit une charge qui eut du succès, et tailla en pièces les cosaques de l'arrière-garde ennemie. Le feu fut très-vif, l'ennemi ploya de tous côtés et fut mené battant pendant trois lieues.

Le lendemain, l'ennemi a été poursuivi plusieurs lieues, mais sans qu'on pût reconnaître que sa cavalerie avait battu en retraite toute la nuit. Le général *Suwarow* et plusieurs autres officiers ennemi ont été tués. L'ennemi a abandonné un grand nombre de blessés. On en avait ramassé 1200; on en ramassait à chaque instant. Sept pièces de canon et deux drapeaux. L'ennemi a laissé 1300 cadavres sur le champ de bataille.

De notre côté, nous avons eu 60 hommes tués et 4 à 500 blessés. Mais une perte vivement sentie est celle du général de brigade *Campana,* qui était un officier d'un grand mérite et d'une grande espérance. Il était né dans le département de Marengo. L'empereur a été très-peiné de sa perte. Le 103.ᵉ régiment s'est particulièrement distingué dans cette affaire. Parmi les blessés sont le colonel *Duhamel,* du 21.ᵉ régiment d'infanterie légère, et le colonel d'artillerie *Nourrit.*

L'empereur a ordonné au 5.ᵉ corps de s'arrêter et de prendre ses quartiers d'hiver. Le dégel est affreux. La saison ne permet pas de faire rien de grand. C'est celle du repos. L'ennemi a le premier levé ses quartiers; il s'en repent.

### 63.<sup>e</sup> *Bulletin de la grande armée.*

Osterode, le 28 février 1807.

Le capitaine des grenadiers à cheval de la garde impériale *Auzouï*, blessé à mort à la bataille d'Eylau, était couché sur le champ de bataille. Ses camarades viennent pour l'enlever et le porter à l'ambulance. Il ne recouvre ses esprits que pour leur dire : » laissez-moi, mes amis ; je meurs content, puisque » nous avons la victoire, et que je puis mourir sur le lit d'hon- » neur, environné de canons pris à l'ennemi et des débris de » leur défaite. Dites à l'empereur que je n'ai qu'un regret ; » c'est que, dans quelques momens, je ne pourrai plus rien » pour son service et pour la gloire de notre belle France.... » A elle mon dernier soupir. » L'effort qu'il fit pour prononcer ces paroles, épuisa le peu de forces qui lui restaient.

Tous les rapports que l'on reçoit s'accordent à dire que l'ennemi a perdu à la bataille d'Eylau 20 généraux et 900 officiers tués et blessés, et plus de 30,000 hommes hors de combat.

Au combat d'Ostrolenka, du 16, deux généraux russes ont été tués et trois blessés.

S. M. a envoyé à Paris les seize drapeaux pris à la bataille d'Eylau. Tous les canons sont déjà dirigés sur Thorn. S. M. a ordonné que ces canons seraient fondus, et qu'il en serait fait une statue en bronze du général d'*Hautpoult,* commandant la 2.<sup>e</sup> division de cuirassiers, dans son costume de cuirassier.

L'armée est concentrée dans ses cantonnemens derrière la Passarge, appuyant sa gauche à Marienwerder, à l'île du Nogat et à Elbing, pays qui fournissent des ressources.

Instruit qu'une division russe s'était portée sur Braunsberg à la tête de nos cantonnemens, l'empereur a ordonné qu'elle fut attaquée. Le prince de *Ponte-Corvo* chargea de cette expédition le général *Dupont,* officier d'un grand mérite. Le 26, à deux heures après-midi, le général *Dupont* se présenta devant Braunsberg, attaqua la division ennemie, forte de 10,000 hommes, la culbuta à la bayonnette, la chassa de la ville et lui fit repasser la Passarge ; lui prit 16 pièces de canons, 2 drapeaux, et lui fit 2,000 prisonniers. Nous avons eu très-peu d'hommes tués.

Du côté de Gustadt, le général *Léger-Belair* se porta au village de Peterswalde à la pointe du jour du 25, sur l'avis qu'une colonne russe était arrivée dans la nuit à ce village, la culbuta, prit le général baron de *Korff* qui la commandait, son état-major, plusieurs lieutenans-colonels et officiers, et 400 hommes. Cette brigade était composée de 10 bataillons, qui avaient tellement souffert qu'ils ne formaient que 1600 hommes présens sous les armes.

L'empereur a témoigné sa satisfaction **au** général *Savary* pour le combat d'Ostrolenka , lui a accordé la grande décoration de la légion d'honneur, et l'a rappellé près de sa personne. S. M. a donné le commandement du 5.e corps au maréchal *Massena* , le maréchal *Lannes* continuant à être malade.

A la bataille d'Eylau , le maréchal *Augereau* couvert de rhumatisme, était malade et avait à peine connaissance ; mais le canon réveille les braves : il revole au galop à la tête de son corps, après s'être fait attacher sur son cheval. Il a été constamment exposé au plus grand feu ; et a même été légèrement blessé. L'empereur vient de l'autoriser à rentrer en France pour y soigner sa santé.

Les garnisons de Colberg et de Dantzick profitant du peu d'attention qu'on avait fait à elles , s'étaient encouragées par différentes excursions. Un avant-poste de la division italienne a été attaqué , le 16 , à Stargard , par un parti de 800 hommes de la garnison de Colberg. Le général *Bonfanti* n'avait avec lui que quelques compagnies du 1.er régimens de ligne italien , qui ont pris les armes à tems , ont marché avec résolution sur l'ennemi , et l'ont mis en déroute.

Le général *Teulie* , de son côté , avec le gros de la division italienne , le régiment de fusiliers de la garde et la première compagnie de gendarmes d'ordonnance , s'est porté pour investir Colberg. Arrivé à Neugarten , il a trouvé l'ennemi retranché, occupant un fort hérissé de pièces de canon. Le colonel *Boyer* , des fusiliers de la garde , est monté à l'assaut. Le capitaine de la compagnie des gendarmes , M. de *Montmorency* , a fait une charge qui a eu du succès. Le fort a été pris , 300 hommes faits prisonniers et six pièces de canon enlevées. L'ennemi a laissé cent hommes sur le champ de bataille.

Le général *Dabrowsky* a marché contre la garnison de Dantzick ; il l'a rencontrée à Dirschau , l'a culbutée , lui a fait 600 prisonniers , pris sept pièces de canon , et l'a poursuivie plusieurs lieues l'épée dans les reins. Il a été blessé d'une balle.

Le maréchal *Lefebvre* était arrivé sur ces entrefaites au commandement du 10.e corps : il avait été joint par les saxons, et il marchait pour investir Dantzick.

Le tems est toujours variable. Il gelait hier , il dégèle aujourd'hui. L'hiver s'est ainsi passé. Le thermomètre n'a jamais été à plus de cinq degrés.

## 64ᵉ. *Bulletin de la grande armée.*

Osterode, le 2 mars 1807.

La ville d'Elbing fournit de grandes ressources à l'armée : on y a trouvé une grande quantité de vins et d'eau-de-vie. Ce pays de la Basse-Vistule est très-fertile.

Les ambassadeurs de Constantinople et de Perse sont entrés en Pologne, et arrivent à Varsovie.

Après la bataille d'Eylau, l'empereur a passé tous les jours plusieurs heures sur le champ de bataille, spectacle horrible, mais que le devoir rendait nécessaire. Il a fallu beaucoup de travail pour enterrer tous les morts. On a trouvé un grand nombre de cadavres d'officiers russes avec leurs décorations. Il paraît que parmi eux il y avait un prince *Repnin*. Quarante-huit heures encore après la bataille, il y avait plus de 500 russes blessés qu'on n'avait pas encore pu emporter. On leur faisait porter de l'eau-de-vie et du pain, et successivement on les a transportés à l'ambulance.

Qu'on se figure sur un espace d'une lieue carrée 9 ou 10,000 cadavres, 4 ou 5,000 chevaux tués, des lignes de sacs russes, des débris de fusils et de sabres, la terre couverte de boulets, d'obus, de munitions, 24 pièces de canon, auprès desquelles on voyait les cadavres des conducteurs tués au moment où ils faisaient des efforts pour les enlever : tout cela avait plus de relief sur un fond de neige : ce spectacle est fait pour inspirer aux princes l'amour de la paix et l'horreur de la guerre.

Les 5,000 blessés que nous avons eus, ont été tous évacués sur Thorn et sur nos hôpitaux de la rive gauche de la Vistule sur des traîneaux. Les chirurgiens ont observé, avec étonnement, que la fatigue de cette évacuation n'a point nui aux blessés.

Voici quelques détails sur le combat de Braunsberg.

Le général *Dupont* marcha à l'ennemi sur deux colonnes. Le général *Bruyère*, qui commandait la colonne de droite, rencontra l'ennemi à Ragern, les poussa sur la rivière qui se trouve en avant de ce village. La colonne gauche poussa l'ennemi sur Villenberg, et toute la division ne tarda pas à déboucher hors du bois. L'ennemi chassé de sa première position, fut obligé de se replier sur la rivière qui couvre la ville de Braunsberg; il a d'abord tenu ferme, mais le général *Dupont* a marché à lui, l'a culbuté au pas de charge, et est entré avec lui dans la ville, qui a été jonchée de cadavres russes.

Le 9.º d'infanterie légère, le 32.º, le 96.º de ligne qui composent cette division, se sont distingués. Les généraux *Barrois*, *Lahoussaye*, le colonel *Semele* du 24.º de ligne, le colonel *Meunier* du 9.º d'infanterie légère, le chef de bataillon *Bouge* du 32.º de ligne, et le chef d'escadron *Hubinet* du 9.º de hussards, ont mérité des éloges particuliers.

Depuis l'arrivée de l'armée française sur la Vistule, nous avons pris aux russes aux affaires de Pultusk et de Golymen 89 pièces de canon; au combat de Berg-fried, 4 pièces; dans la retraite d'Allenstein, 5 pièces; au combat de Deppen, 16 pièces; au combat de Hoff, 12 pièces; à la bataille d'Eylan, 24 pièces; au combat de Braunsberg, 16 pièces; au combat d'Ostrolenka, 9 pièces: total 175 pièces de canon.

On a fait à ce sujet la remarque que l'empereur n'a jamais perdu de canons dans les armées qu'il a commandées, soit dans les premières campagnes d'Italie et d'Egypte, soit dans celle de l'armée de réserve, soit celle d'Autriche et de Moravie, soit dans celle de Prusse et de Pologne.

### 65°. *Bulletin de la grande armée.*

Osterode, le 10 mars 1807.

L'armée est cantonnée derrière la Passarge : le prince de *Ponte-Corvo*, à Holland et à Braunsberg; le maréchal *Soult*, à Liebstadt et Mohrungen; le maréchal *Ney*, à Guttstadt; le maréchal *Davoust*, à Allenstein; Hohenstein et Deppen; le quartier-général à Osterode, le corps d'observation polonais, à Neidenbourg; le corps du maréchal *Lefebvre*, devant Dantzig; le 5°. corps, sur l'Omulez; une division de bavarois, que commande le prince-royal de Bavière, à Varsovie; le corps du prince *Jérôme*, en Silésie; le 8°. corps, en observation dans la Poméranie suédoise.

Les places de Breslau, de Schweidnitz et de Brieg sont en démolition.

Le général *Rapp*, aide-de-camp de l'Empereur, est gouverneur de Thorn.

On jette des ponts sur la Vistule, à Marienbourg et à Dirschau.

Ayant été instruit, le 1 mars, que l'ennemi, encouragé par la position qu'avait prise l'armée, faisait voir des postes tout le long de la rive droite de la Passarge, l'empereur ordonna aux maréchaux *Soult* et *Ney* de faire des reconnaissances en avant pour repousser l'ennemi. Le maréchal *Ney* marcha sur Guttstadt. Le maréchal *Soult* passa la Passarge à Worditt. L'ennemi fit aussitôt un mouvement général et se mit en retraite sur Kœnigsberg. Ses postes, qui s'étaient retirés en toute hâte, furent poursuivis à 8 lieues. Voyant ensuite que les français ne faisaient plus de mouvemens, et s'appercevant que ce n'étaient que des avant-gardes qui avaient quitté leurs régimens, deux régimens de grenadiers russes se rapprochèrent et se portèrent de nuit sur le cantonnement de Zechern. Le 50ᵉ. régiment les reçut à bout portant; le 27ᵉ. et le 39ᵉ. se comportèrent de même. Dans ces petits combats, les russes ont eu un millier d'hommes blessés, tués ou prisonniers. Après s'être ainsi assurée des mouvemens de l'ennemi, l'armée est rentrée dans ses cantonnemens.

Le grand-duc de Berg instruit qu'un corps de la cavalerie s'était porté sur Willenberg, l'a fait attaquer dans cette ville par le prince *Borghèse*, qui, à la tête de son régiment, a chargé 8 escadrons russes, les a culbutés et mis en déroute, et leur a fait une centaine de prisonniers, parmi lesquels se trouvent trois capitaines et 8 officiers.

Le maréchal *Lefebvre* a cerné entièrement Dantzick, et a commencé les ouvrages de circonvallation de la place.

### 66ᵉ. *Bulletin de la grande armée.*

Osterode, le 14 mars 1807.

La grande armée est toujours dans ses cantonnemens où elle prend du repos. De petits combats ont lieu souvent entre les avant postes des deux armées. Deux régimens de cavalerie russes, sont venus le 12 inquiéter le 69ᵉ. régiment d'infanterie de ligne dans son

cantonnement

cantonnement de Lingnau, en avant de Guttstadt. Un bataillon de ce régiment prit les armes, s'embusqua, et tira à bout portant sur l'ennemi, qui laissa quatre-vingt hommes sur la place. Le général *Guyot,* qui commande les avant-postes du maréchal *Soult,* a eu de son côté quelques engagemens qui ont été à son avantage.

Après ce petit combat, le grand-duc de Berg a chassé les cosaques de toute la rive droite de l'Alle, afin de s'assurait que l'ennemi ne masquait pas quelque mouvement. Il s'est porté à Wartembourg, Sceburg, Meusguth, Bischoffsbourg. Il a eu quelques engagemens avec la cavalerie ennemie, et a fait une centaine de cosaques prisonniers.

L'armée russe paraît concentrée du côté de Bartenstein sur l'Alle, la division prussienne du côté de Creutzbourg.

L'armée ennemie a fait un mouvement de retraite, et s'est rapprochée d'une marche, de Kœnigsberg.

Toute l'armée française est cantonnée; elle est approvisionnée par les villes d'Elbing, de Braunsberg, et par les ressources que l'on tire de l'isle du Nogat, qui est d'une très-grande fertilité.

Deux ponts ont été jetés sur la Vistule : un à Marienbourg, et l'autre à Marienwerder. Le maréchal *Lefebvre* a achevé l'investissement de Dantzig. Le général *Teulié* a investi Colberg. L'une et l'autre de ces garnisons ont été rejetées dans ces places après de légères attaques.

Une division de 12,000 bavarois, commandée par le prince-royal de Bavière, a passé la Vistule à Varsovie, et vient joindre l'armée.

### 67°. *Bulletin de la grande armée.*

Osterode, le 25 mars 1807.

Le 14 mars, à trois heures après-midi, la garnison de Stralsund, à la faveur d'un tems brumeux, déboucha avec deux mille hommes d'infanterie, deux escadrons de cavalerie et six pièces de canon, pour attaquer une redoute construite par la division *Dupas.* Cette redoute, qui n'était ni fermée, ni palissadée, ni armée de canons, était occupée par une seule compagnie de voltigeurs du 58e. de ligne. L'immense supériorité de l'ennemi n'étonna point ces braves. Cette compagnie ayant été renforcée par une compagnie de voltigeurs, du quatrième d'infanterie légère, commandée par le capitaine *Barral,* brava les efforts de cette brigade suédoise. Quinze soldats suédois arrivèrent sur les parapets, mais ils y trouvèrent la mort. Toutes les tentatives que fit l'ennemi furent également inutiles. Soixante-deux cadavres suédois ont été enterrés au pied de la redoute. On peut supposer que plus de 120 hommes ont été blessés; 50 ont été faits prisonniers. Il n'y avait cependant dans cette redoute que 150 hommes. Plusieurs officiers suédois, décorés, ont été trouvés parmi les morts. Cet acte d'intrépidité a fixé les regards de l'empereur, qui a accordé trois décorations de la légion d'honneur aux compagnies de voltigeurs du 58e. et du 4e. légère. Le capitaine *Drivet,* qui commandait dans cette mauvaise redoute, s'est particulièrement distingué.

Le maréchal *Lefebvre* a ordonné, le 20, au général de brigrade *Schramm,* de passer de l'isle du Nogat dans le Frisch-Hoff, pour couper la communication de Dantzig avec la mer. Le passage s'est effectué à trois heures du matin; les prussiens ont été culbutés et ont laissé entre nos mains 300 prisonniers. A six heures du soir, la garnison a fait un détachement de 4000 hommes pour reprendre ce poste; il a été repoussé avec perte de quelques centaines de prisonniers et d'une pièce de canon. Le général *Schramm* avait sous ses ordres le deuxième bataillon du deuxième régiment d'infanterie légère et plusieurs bataillons saxons qui se sont distingués. L'empereur a accordé trois décorations de la légion d'honneur aux officiers saxons, et trois aux sous-officiers et soldats et au major qui les commandait.

En Silésie, la garnison de Neiss a fait une sortie. Elle a donné dans une embuscade. Un régiment de cavalerie wurtembergeois a pris les troupes sorties, en flanc, leur a tué une cinquantaine d'hommes et fait 60 prisonniers.

Cet hiver a été en Pologne comme il paraît qu'il a été à Paris, c'est-à-dire, variable. Il gèle et dégèle tour-à-tour. Cependant, nous sommes assez heureux, pour n'avoir pas de malades. Tous les rapports disent que l'armée russe en a, au contraire, beaucoup. L'armée continue à être tranquille dans ses cantonnemens.

Les places formant les têtes-de-pont de Sierock, Mollin, Praga, Marienbourg et Marienwerder, prennent tous les jours un nouvel accroissement de forces. Les manutentions et les magasins sont organisés, et s'approvisionnent sur tous les points de l'armée. On a trouvé à Elbing 300,000 bouteilles de vin de Bordeaux ; et quoiqu'il coûtât quatre francs la bouteille, l'empereur l'a fait distribuer à l'armée en en faisant payer le prix aux marchands.

L'empereur a envoyé le prince *Borghèse* à Varsovie avec une mission.

### 68ᵉ. *Bulletin de la grande armée.*

#### Osterode, le 29 mars 1807.

Le 17 mars à trois heures du matin, le général de brigade *Lefebvre*, aide-de-camp du prince *Jérôme*, se trouvant avec 3 escadrons de chevaux-légers et le régiment d'infanterie légère de Taxis, passa auprès de Glatz pour se rendre à Wunchelsbourg. Quinze cents hommes sortirent de la place avec deux pièces de canon. Le lieutenant-colonel *Gerard* les chargea aussitôt et les rejetta dans Glatz, après leur avoir pris 100 soldats, plusieurs officiers et leurs deux pièces de canon.

Le maréchal *Massena* s'est porté de Willenberg sur Ortelsbourg, il y a fait entrer la division de dragons *Becker*, et l'a renforcée d'un détachement de polonais à cheval. Il y avait à Ortelsbourg quelques cosaques ; plusieurs charges ont eu lieu, et l'ennemi a perdu 20 hommes.

Le général *Becker*, en venant reprendre sa position à Willenberg, a été chargé par 2000 cosaques ; on leur avait tendu une embuscade d'infanterie dans laquelle ils ont donné. Ils ont perdu 200 hommes.

Le 26, à cinq heures du matin, la garnison de Dantzig a fait une sortie générale, qui lui a été funeste. Elle a été repoussée par-tout. Un colonel, nommé *Cracaw*, qui avait fait le métier de partisan, a été pris avec

400 hommes et deux pièces de canon , dans une charge du 19°. des chasseurs. La légion polonaise du Nord s'est fort bien comportée; deux bataillons saxons se sont distingués.

. Du reste, il n'y a rien de nouveau; les lacs sont encore gelés; on commence cependant à s'appercevoir de l'approche du printems.

## 69°. *Bulletin de la grande armée.*

Finkenstein , le 4 avril 1807.

Les gendarmes d'ordonnance sont arrivés à Marienwerder. Le maréchal *Bessières* est parti pour aller en passer la revue. Ils se sont très-bien comportés et ont montré beaucoup de bravoure dans les différentes affaires qu'ils ont eues.

Le général *Teulié*, qui jusqu'à présent avait conduit le blocus de Colberg , a fait preuve de beaucoup d'activité et de talent. Le général de division *Loison* vient de prendre le commandement du siège de cette place. Le 19 mars , les redoutes de Selnow ont été attaquées et emportées par le 1.er régiment d'infanterie légère italienne. La garnison a fait une sortie. La compagnie de carabiniers du 1.er régiment léger et une compagnie de dragons l'ont repoussée. Les voltigeurs du 19.° régiment de ligne se sont distingués à l'attaque du village d'Allstadt. L'ennemi a perdu dans ces affaires trois pièces de canon et deux cents hommes faits prisonniers.

Le maréchal *Lefèvre* commande le siège de Dantzick. Le général *Lariboissière* a le commandement de l'artillerie. Le corps de l'artillerie justifie dans toutes les circonstances la réputation de supériorité qu'il a si bien acquise. Les canonniers français méritent, à juste raison , le titre d'hommes d'élite. On est satisfait de la manière de servir des bataillons du train.

L'empereur a reçu à Finckenstein une députation de la chambre de Marienwerder, composée de MM. le comte de *Grœben*, le conseiller baron de *Schleinitz* et le comte de *Dohna*, directeur de la chambre. Cette députation a fait à S. M. le tableau des maux que la guerre a attirés sur les habitans. L'empereur lui a fait connaître qu'il en était touché , et qu'il les exemptait, ainsi que la ville d'Elbing , des contributions extraordinaires. Il a dit qu'il y avait des malheurs inévitables pour le théâtre de la guerre, qu'il y prenait part , et qu'il ferait tout ce qui dépendrait de lui pour les alléger.

On croit que S. M. partira aujourd'hui pour faire une tournée à Marienwerder et à Elbing. — La seconde division bavaroise est arrivée à Varsovie. Le prince royal de Bavière est allé prendre à Pultusk le commandement de la première division.— Le prince héréditaire de Bade est allé se mettre à la tête de son corps de troupes à Dantzick. — Le contingent de Saxe-Weymar est arrivé sur la Warta. — Il n'a pas été tiré aux avant-postes de l'armée un coup de fusil depuis quinze jours.— La chaleur du soleil commence à se faire sentir ; mais elle ne parvient point à amollir la terre. Tout est encore gelé : le printemps est tardif dans ces climats. — Des couriers de Constantinople et de Perse arrivent fréquemment au quartier-général. — La santé de l'empereur ne cesse pas d'être excellente. On remarque même qu'elle est meilleure qu'elle n'a jamais été. Il y a des jours où S. M. fait 40 lieues à cheval. — On avait cru, la semaine derniére, à Varsovie, que l'empereur y était arrivé à dix heures du soir ; la ville entière fut aussitôt et spontanément illuminée. — Les places de Praga , Sierock, Modlin, Thorn et Marienbourg commencent à être en état de défense ; celle de Marienwerder est tracée. Toutes ces places forment des têtes de pont sur la Vistule. — L'empereur se loue de l'activité du maréchal *Kellermann* à former des régimens provisoires, dont plusieurs sont arrivés à l'armée dans une très-bonne tenue , et ont été incorporés. — S. M. se loue également du général *Clarke*, gouverneur de Berlin , qui montre autant d'activité et de zèle que de talent dans le poste important qui lui est confié. — Le prince *Jérôme*, commandant des troupes en Silésie , fait preuve d'une grande activité , et montre les talens et la prudence qui ne sont , d'ordinaire , que les fruits d'une longue expérience.

### 70^e. *Bulletin de la grande armée.*

Finckenstein, le 9 avril.

Une partie de 400 prussiens, qui s'étaient embarqués à Kœnigsberg, a débarqué dans la presqu'île, vis-à-vis de Pilau, et s'est avancé vers le village de Carlsberg. M. *Mainguernaud* , aide-de-camp du maréchal *Lefebvre*, s'est porté sur ce point avec quelques hommes. Il a si habilement manœuvré qu'il a enlevé les 400 prussiens, parmi lesquels il y avait 120 hommes de cavalerie.

Plusieurs régimens russes sont entrés par mer dans la ville de Dantzig. La garnison a fait différentes sorties. La légion polonaise du Nord et le prince *Michel Radzivil* qui la commande se sont distingués. Ils ont fait une quarantaine de prisonniers russes. Le siège

se continue avec activité. L'artillerie de siège commence à arriver.

Il n'y a rien de nouveau sur les différens points do
l'armée.

L'empereur est de retour d'une course qu'il a faite
à Marienwerder et à la tête de-pont sur la Vistule.
Il a passé en revue le 12ᵉ. régiment d'infanterie légère
et les gendarmes d'ordonnance.

La terre, les lacs, dont le pays est rempli, et les
petites rivières commencent à dégeler. Cependant il
n'y a encore aucune apparence de végétation.

### 71.ᵉ *Bulletin de la grande armée.*

Finckenstein, le 19 avril 1807.

La victoire d'Eylan ayant fait échouer tous les projets que
l'ennemi avait formés contre la Basse-Vistule, nous a mis en
mesure d'investir Dantzig et de commencer le siège de cette
place. Mais il a fallu tirer les équipages de siège des forteresses de la Silésie et de l'Oder, en traversant une étendue de plus
de cent lieues dans un pays où il n'y a pas de chemins. Ces
obstacles ont été surmontés et les équipages de siège commencent à arriver. Cent pièces de canon de gros calibre, venues de
Stettin, de Custrin, de Glogau et de Breslau, auront sous peu
de jours leur approvisionnement complet. La garnison de Dantzig est composée de 14 mille prussiens et de 6000 russes. Des
inondations et des marais, plusieurs rangs de fortifications et
le fort de Wechselmund ont rendu difficile l'investissement de
la place. Le maréchal *Lefebvre* montre l'activité d'un jeune
homme. Il était parfaitement secondé par le général *Savary ;*
mais ce général est tombé malade d'une fièvre billieuse. Sa maladie a été assez grave pour donner pendant quelque tems des
craintes sur ses jours. Les saxons, les polonais, ainsi que les
badois, depuis que le prince héréditaire de Bade est à leur
tête, rivalisent entr'eux d'ardeur et de courage. L'ennemi n'a
tenté d'autre moyen de secourir Dantzig que d'y faire passer
par mer quelques bataillons et quelques provisions.

En Silésie, le prince *Jérôme* fait suivre très-vivement le
siège de Neiss. Depuis que le prince de *Pletz* a abandonné la
partie, l'aide-de-camp du roi de Prusse, baron de *Kleist,* est
arrivé à Glatz, par Vienne, avec le titre de gouverneur-général
de la Silésie. Un commissaire anglais l'a accompagné, pour
surveiller l'emploi des 80,000 liv. sterl. donnés au roi de Prusse
par l'Angleterre. Le 13 de ce mois, cet officier est sorti de
Glatz avec un corps de 4000 hommes, et est venu attaquer,

dans la position de Frankenstein , le général de brigade *Lefcb-vre* , commandant le corps d'observation qui protège le siège de Neiss. Cette entreprise n'a eu aucun succès , M.ᵣ de *Kleist* a été vivement repoussé. Le prince *Jérôme* a porté , le 14 , son quartier-général à Munsterberg.

Le général *Loison* a pris le commandement du siège de Colberg. Les moyens nécessaires pour ses opérations commencent à se réunir. Ils ont éprouvé quelques retards , parce qu'ils ne devaient pas contrarier la formation des équipages de siège de Dantzig. Le maréchal *Mortier* , sous la direction duquel se trouve le siège de Colberg , s'est porté sur cette place en laissant en Poméranie le général *Grandjean* avec un corps d'observation , et l'ordre de prendre position sur la Peene.

La garnison de Stralsund ayant sur ces entrefaites reçu par mer un renfort de quelques régimens , et ayant-été informée du mouvement fait par le maréchal *Mortier* avec une partie de son corps d'armée , a débouché en forces. Le général *Grandjean* , conformément à ses instructions , a passé la Peene et a pris position à Anclam. La nombreuse flottille des suédois leur a donné la facilité de faire des débarquement sur différens points et de surprendre un poste hollandais de 30 hommes , et un poste italien de 37 hommes. Le maréchal *Mortier* , instruit de ces mouvemens , s'est porté , le 13 , sur Stettin , et ayant réuni ses forces , a manœuvré pour attirer les suédois , dont le corps ne s'élève pas à 12,000 hommes.

La grande armée est depuis deux mois stationnaire dans ses positions. Ce tems a été employé à renouveller et remonter la cavalerie , à réparer l'armement , à former de grands magasins de biscuit et d'eau-de-vie , à approvisionner le soldat de souliers. Chaque homme , indépendamment de la paire qu'il porte , en a deux dans le sac.

La Silésie et l'isle de Nogat ont fourni aux cuirassiers , aux dragons , à la cavalerie légère , de bonnes et nombreuses remontes.

Dans les premiers jours de mai , un corps d'observation de 50,000 hommes , français et espagnols , sera réuni sur l'Elbe. Tandis que la Russie a presque toutes ses troupes concentrées en Pologne , l'Empire français n'y a qu'une partie de ses forces : mais telle est la différence de puissance réelle des deux états. Les 500,000 russes que les gazetiers font marcher tantôt à droite , tantôt à gauche , n'existent que dans leurs feuilles et dans l'imagination de quelques lecteurs qu'on abuse d'autant plus facilement , qu'on leur montre l'immensité du territoire russe , sans parler de l'étendue de ses pays incultes et de ses vastes déserts.

La garde de l'empereur de Russie est, à ce qu'on dit, arrivée à l'armée ; elle reconnaîtra, lors des premiers événemens, s'il est vrai, comme l'ont assuré les généraux ennemis, que la garde impériale ait été détruite. Cette garde est aujourd'hui plus nombreuse qu'elle ne l'a jamais été, et presque double de ce qu'elle était à Austerlitz.

Indépendamment du pont qui a été établi sur la Narew, on en construit un sur pilotis entre Varsovie et Praga ; il est déjà fort avancé : l'empereur se propose d'en faire faire trois autres sur différens points. Ces ponts sur pilotis sont plus solides et d'un meileur service que les ponts de bateaux. Quelques grands travaux qu'exigent ces entreprises sur une rivière de 400 toises de large, l'intelligence et l'activité des officiers qui les dirigent et l'abondance des bois, en facilitent le succès.

M.ʳ le prince de *Bénévent* est toujours à Varsovie, occupé à traiter avec les ambassadeurs de la Porte et de l'empereur de Perse. Indépendamment des services qu'il rend à S. M. dans son ministère, il est fréquemment chargé de commissions importantes relativement aux différens besoins de l'armée.

Finckenstein, où S. M. s'est établi pour rapprocher son quartier-général de ses positions, est un très-beau château qui a été construit par M.ʳ de *Finckenstein*, gouverneur de *Frédéric II*, et qui appartient maintenant à M.ʳ de *Donna*, grand-maréchal de la cour de Prusse.

Le froid a repris depuis deux jours. Le printems n'est encore annoncé que par le dégel. Les arbustes les plus précoces ne donnent aucun signe de végétation.

### 72.ᵉ *Bulletin de la grande armée.*

Finckenstein, le 23 avril 1807.

Les opérations du maréchal *Mortier* ont réussi comme on pouvait le désirer. Les suédois ont eu l'imprudence de passer la Peene, de déboucher sur Anclam et Demmin et de se porter sur Passewalk. Le 16, avant le jour, le maréchal *Mortier* réunit ses troupes, déboucha de Passewalk sur la route d'Anclam, culbuta les positions de Belling et de Ferdinandshoff, fit 400 prisonniers, prit deux pièces de canon, entra pêle-mêle avec l'ennemi dans Anclam, et s'empara de son pont sur la Peene. La colonne du général suédois *Cardell* a été coupée. Elle était à Uckermünde lorsque nous étions déjà à Anclam. Le général en chef suédois d'*Armfeld* a été blessé d'un coup de mitraille ; tous les magasins de l'ennemi ont été pris. La colonne coupée du général *Cardell* a été attaquée le 17 à Uckermünde, par le général de brigade *Veau*. Elle a perdu trois pièces de canon et 500 prisonniers. Le reste s'est embarqué sur des chaloupes-canonnières sur le Haff. Deux autres pièces de canon et 100 hommes ont été pris du côté de Demmin.

Le baron d'*Essen* qui se trouve commander l'armée suédoise en l'absence du général *Armfeld*, a proposé une trève au général *Mortier*, en lui faisant connaître qu'il avait l'autorisation spéciale du roi pour sa conclusion. La paix et même une trève accordée à la Suède remplirait les plus chers desirs de l'Empereur, qui a toujours éprouvé une véritable douleur de faire la guerre à une nation généreuse, brave, géographiquement et historiquement amie de la France. Et dans le fait, le sang suédois doit-il être versé pour la défense de l'Empire ottoman ou pour sa ruine? Doit-il être versé pour maintenir l'équilibre des mers ou pour leur asservissement? Qu'a à craindre la Suède de la France? Rien. Qu'a-t-elle à craindre de la Russie? Tout. Ces raisons sont trop solides pour que, dans un cabinet aussi éclairé et chez une nation qui a des lumières et de l'opinion, la guerre actuelle n'ait promptement un terme. Immédiatement après la bataille de Jena, l'Empereur fit connaître le désir qu'il avait de rétablir les anciennes relations de la Suède avec la France. Ces premières ouvertures furent faites au ministre de Suède à Hambourg; mais elles furent repoussées. L'instruction de l'Empereur à ses généraux a toujours été de traiter les suédois comme des amis avec lesquels nous sommes brouillés, et avec lesquels la nature des choses ne tardera pas à nous remettre en paix. Ce sont là les plus chers intérêts des deux peuples. » S'ils » nous faisaient du mal, ils le pleureraient un jour; et nous, » nous voudrions réparer le mal que nous leur aurions fait. » L'intérêt de l'Etat l'emporte tôt ou tard sur les brouilleries » et sur les petites passions. » Ce sont les propres termes des ordres de l'Empereur. C'est dans ce sentiment que l'Empereur a contremandé les opérations du siège de Stralsund, et en a fait revenir les mortiers et les pièces qu'on y avait envoyées de Stettin. Il écrivait dans ces termes au général *Mortier* : » Je regrette déjà ce qui s'est fait. Je suis fâché que le beau » faubourg de Stralsund ait été brûlé. Est-ce à nous à faire » du mal à la Suède? Ceci n'est qu'un rêve. C'est à nous » à la défendre, et non à lui faire du mal. Faites-lui-en le » moins que vous pourrez. Proposez au gouverneur de Stral- » sund un armistice, une suspension d'armes, afin d'alléger » et de rendre moins funeste une guerre que je regarde comme

» criminelle, parce qu'elle est impolitique. » La suspension d'armes a été signée le 18, entre le maréchal *Mortier* et le baron d'*Essen*. Ci-joint la copie de cette suspension d'armes.

Le siège de Dantzig se continue.

Le 16 avril, à huit heures du soir, un détachement de 2000 hommes et six pièces de canon de la garnison de Glatz marcha sur la droite de la position de Frankenstein ; le lendemain 17, à la pointe du jour, une nouvelle colonne de 800 hommes sortit de Silberberg. Ces troupes réunies marchèrent sur Frankenstein et commencèrent l'attaque à cinq heures du matin pour en déloger le général *Lefebvre* qui était là avec son corps d'observation. Le prince *Jérôme* partit de Munsterberg au premier coup de canon et arriva à dix heures du matin à Frankenstein. L'ennemi a été complettement battu et poursuivi jusque sur les chemins couverts de Glatz. On lui a fait 600 prisonniers et pris trois pièces de canon. Parmi les prisonniers se trouvent un major et huit officiers ; 300 morts sont restés sur le champ-de-bataille ; 400 hommes s'étant perdus dans les bois, furent attaqués à onze heures du matin et pris. Le colonel *Beckers*, commandant le 6.e régiment de ligne bavarois, et le colonel *Scharfenstein*, des troupes de Wurtemberg, ont fait des prodiges de valeur. Le premier, quoique blessé à l'épaule, ne voulut point quitter le champ-de-bataille ; il se portait par-tout avec son bataillon, et par-tout faisait des prodiges. L'Empereur a accordé à chacun de ces officiers l'aigle de la légion d'honneur. Le capitaine *Brockfeld*, commandant provisoirement les chasseurs à cheval de Wurtemberg, s'est fait remarquer. C'est lui qui a pris les pièces de canon.

Le siège de Neiss avance. La ville est déjà à demi-brûlée, et les tranchées approchent de la place.

* * *

*Suspension d'armes.*

Art. I.er Il y aura une suspension d'armes entre les troupes de S. M. l'Empereur des Français, roi d'Italie, et celles de S. M. le roi de Suède.

II. Les troupes suédoises remettront les isles d'Usedom et de Wollin aux garnisons françaises, qui y seront envoyées après-demain 20 avril.

III. La ligne de la Peene et de la Trebel servira de démarcation entre les deux armées. Les français auront un poste au-delà de la Peene et derrière la barrière d'Anclam.

IV. Pendant la durée de l'armistice, S. Exc. M. le baron d'*Essen*, commandant en chef les troupes suédoises, s'engage à ne fournir directement ni indirectement aucun secours , de quelque nature que ce puisse être, aux villes de Colberg et de Dantzig , non plus qu'aux troupes d'aucune des puissances en guerre avec la France ou avec ses alliés.

V. Aucun débarquement des troupes dont les puissances seraient en guerre avec la France, ne pourra s'effectuer à Stralsund , dans la Poméranie suédoise et dans l'isle de Rugen , pendant la durée du présent armistice. Si toutefois des troupes débarquaient à Stralsund , d'après des ordres supérieurs que S. Exc. M. le baron d'*Essen* ignore , M. d'*Essen* s'engage à empêcher , de la part de ces troupes , tout acte hostile contre les français pendant la durée du présent armistice.

VI. Les hostilités entre les deux armées ne pourront recommencer qu'après qu'on se sera prévenu dix jours d'avance.

VII. Les militaires appartenant à l'une et l'autre armée , qui seraient faits prisonniers après la signature du présent armistice , seront réciproquement rendus.

. Fait double à Schlatkow , le 18 avril 1807 , à huit heures du soir. (Signé ) *Ed. Mortier,* et le baron d'*Essen.*

### 73.ᵉ *Bulletin de la grande armée.*

Elbing, le 8 mai 1807.

L'ambassadeur persan a reçu son audience de congé. Il a apporté de très-beaux présens à l'empereur de la part de son maître , et a reçu en échange le portrait de l'empereur , enrichi de très-belles pierreries. Il retourne en Perse directement : c'est un personnage très-considérable dans son pays , et un homme d'esprit et de beaucoup de sagacité : son retour dans sa patrie était nécessaire. Il a été réglé qu'il y aurait désormais une légation nombreuse de persans à Paris , et de français à Téhéran.

L'empereur s'est rendu à Elbing, et a passé la revue de 18 à 20,000 hommes de cavalerie , cantonnés dans les environs de cette ville, et l'isle du Nogat , pays qui ressemble beaucoup à la Hollande. Le grand-duc de Berg a commandé la manœuvre. A aucune époque l'empereur n'avait vu sa cavalerie en meilleur état et mieux disposée.

Le journal du siège de Dantzick fera connaître qu'on s'est logé dans le chemin couvert, que les feux de la place sont éteints , et donnera les détails de la belle opération qu'a dirigée le général *Drouet,* et qui a été exécutée par le colonel *Aimé,* le chef de bataillon *Arnaud* du 2.ᵉ léger , et le capitaine *Avy.* Cette opération a mis en notre pouvoir une isle que défendaient 1000 russes , et cinq redoutes garnies d'artillerie, et qui est très-importante pour le siège, puisqu'elle prend de revers la position que l'on attaque. Les russes ont été surpris dans leurs corps de garde : 400 ont été égorgés à la bayonnette sans avoir le temps de se défendre, et 600 ont été faits prisonniers. Cette expédition, qui a eu lieu dans la nuit de 6 au 7, a été faite en grande partie par les troupes de Paris qui se sont couvertes de gloire.

Le tems devient plus doux, les chemins sont excellens, les bourgeons paraissent sur les arbres, l'herbe commence à couvrir les campagnes ; mais il faut encore un mois pour que la cavalerie puisse trouver à vivre.

L'empereur a établi à Magdebourg, sous les ordres du maréchal *Brune,* un corps d'observation qui sera composé de près de 80,000 hommes, moitié français, et l'autre moitié hollandais et confédérés du Rhin ; les troupes hollandaises sont au nombre de 20,000 hommes.

Les divisions françaises *Molitor* et *Boudet,* qui font aussi partie de ce corps d'observation, arrivent le 15 à Magdebourg. Ainsi on est en mesure de recevoir l'expédition anglaise sur quelque point qu'elle se présente. Il est certain qu'elle débarquera ; il ne l'est pas qu'elle puisse se rembarquer.

## 74ᵉ. *Bulletin de la grande armée.*

Finckenstein, le 16 mai 1807.

Le prince *Jérôme* ayant reconnu que trois ouvrages avancés de Neiss, qui étaient le long de la Biélau, gênaient les opérations du siège, a ordonné au général *Vandamme* de les enlever. Ce général, à la tête des troupes wurtembergeoises, a emporté ces ouvrages dans la nuit du 30 au 1.ᵉʳ mai, a passé au fil de l'épée les troupes ennemies qui les défendaient, a fait 120 prisonniers et pris neuf pièces de canon. Les capitaines de génie *Depouthon* et *Prost,* le premier officier d'ordonnance de l'Empereur, ont marché à la tête des colonnes et ont fait preuve de grande bravoure. Les lieutenans *Hohendorff, Bawer* et *Mulher* se sont particulièrement distingués.

Le 2 mai, le lieutenant-général *Camrer* a pris le commandement de la division wurtembergeoise.

Depuis l'arrivée de l'empereur *Alexandre* à l'armée, il paraît qu'un grand conseil de guerre a été tenu à Bartenstein, auquel ont assisté le roi de Prusse et le grand-duc Constantin ; que les dangers que courait Dantzick ont été l'objet des délibérations de ce conseil ; que l'on a reconnu que Dantzick ne pouvait être sauvé que de deux manières ; la première en

attaquant l'armée française , en passant la Passarge , en courant la chance d'une bataille générale dont l'issue , si l'on
avait du succès , serait d'obliger l'armée française à découvrir
Dantzick ; l'autre en secourant la place par mer : la première
opération paraît n'avoir pas été jugée praticable , sans s'exposer à une ruine et à une défaite totale , et on s'est arrêté au
plan de secourir Dantzick par mer.

En conséquence , le lieutenant-général *Kaminski* , fils du
feld-maréchal , avec deux divisions russes , formant douze
régimens , et plusieurs régimens prussiens , ont été embarqués
à Pillau. Le 12 , 66 bâtimens de transport , escortés par trois
frégates , ont débarqué les troupes à l'embouchure de la Vistule , au port de Dantzick , sous la protection du fort de
Weischelmunde.

L'Empereur donna sur-le-champ l'ordre au maréchal *Lannes* , commandant le corps de réserve de la grande armée ,
de se porter de Marienbourg où était son quartier-général ,
avec la division du général *Oudinot* , pour renforcer l'armée
du maréchal *Lefebvre*. Il arriva en une marche , dans le même
tems que l'armée ennemie débarquait. Le 13 et le 14 , l'ennemi
fit des préparatifs d'attaque ; il était séparé de la ville par un
espace de moins d'une lieue , mais occupé par les troupes
françaises. Le 15 , il déboucha du fort , sur trois colonnes ;
il projetait de pénétrer par là droite de la Vistule. Le général
de brigade *Schramm* qui était aux avant-postes , avec le 2.e
régiment d'infanterie légère , et un bataillon de saxons et de
polonais , reçut les premiers feux de l'ennemi , et le contint
à portée de canon de Weischelmunde.

Le maréchal *Lefebvre* s'était porté au pont situé au bas
de la Vistule , et avait fait passer le 12.e d'infanterie légère
et des saxons , pour soutenir le général *Schramm*. Le général
*Gardanne* , chargé de la défense de la droite de la Vistule ,
y avait également appuyé le reste de ses forces. L'ennemi se
trouvait supérieur et le combat se soutenait avec une égale
opiniâtreté. Le maréchal *Lannes* , avec la réserve d'*Oudinot* ,
était placé sur la gauche de la Vistule , par où il paraissait
la veille que l'ennemi devait déboucher ; mais voyant les mouvemens de l'ennemi démasqués , le maréchal *Lannes* passa
la Vistule avec quatre bataillons de la réserve d'*Oudinot*.
Toute la ligne et la réserve de l'ennemi furent mises en déroute et poursuivies jusqu'aux palissades , et à neuf heures
du matin , l'ennemi était bloqué dans le fort de Weischelmunde. Le champ de bataille était couvert de morts. Notre
perte se monte à vingt-cinq hommes tués et 200 blessés. Celle

de l'ennemi est de 900 hommes tués, 1500 blessés et 200 prisonniers. Le soir, on distinguait un grand nombre de blessés qu'on embarquait sur les bâtimens qui, successivement, ont pris le large pour retourner à Kœnigsberg. Pendant cette action, la place n'a fait aucune sortie, et s'est contentée de soutenir les russes par une vive canonnade. Du haut de ses remparts délabrés et à demi démolis, l'ennemi a été témoin de toute l'affaire, il a été consterné de voir s'évanouir l'espérance qu'il avait d'être secouru. Le général *Oudinot* a tué de sa propre main trois russes. Plusieurs de ces officiers d'état-major ont été blessés. Le douzième et le deuxième régimens d'infanterie légère se sont distingués. Les détails de ce combat n'étaient pas encore arrivés à l'état-major.

Le journal du siège de Dantzick fera connaître que les travaux se poursuivent avec une égale activité, que le chemin couvert est couronné et que l'on s'occupe des préparatifs du passage du fossé.

Dès que l'ennemi sut que son expédition maritime était arrivée devant Dantzick, ses troupes légères observèrent et inquiétèrent toute la ligne depuis la position qu'occupe le maréchal *Soult* le long de la Passarge, devant la division du général *Morand* sur l'Alle. Elles furent reçues à bout portant par les voltigeurs, perdirent un bon nombre d'hommes et se retirèrent plus vîte qu'elles n'étaient venues.

Les russes se présentèrent aussi à Malga, devant le général *Zayonchek*, commandant le corps d'observation polonais, et enlevèrent un poste de polonais. Le général de brigade *Fischer* marcha à eux, les culbuta, leur tua une soixantaine d'hommes, un colonel et deux capitaines. Ils se présentèrent également devant le 5.e corps, insultèrent les avant-postes du général *Gazan* à Willemberg. Ce général les poursuivit pendant plusieurs lieues. Ils attaquèrent plus sérieusement la tête du pont de l'Omulew de Drenzewo. Le général de brigade *Girard* marcha à eux avec le 88.e et les culbuta dans la Narew. Le général de division *Suchet* arriva, poussa les russes l'épée dans les reins, les culbuta dans Ostrolenka, leur tua une soixantaine d'hommes, et leur prit 50 chevaux. Le capitaine du 64.e, *Laurin*, qui commandait une grand-garde, cerné de tous côtés par les cosaques, fit la meilleure contenance, et mérita d'être distingué. Le maréchal *Massena*, qui était monté à cheval avec une brigade de troupes bavaroises, eut lieu d'être satisfait du zèle et de la bonne contenance de ces troupes.

Le même jour 13, l'ennemi attaqua le général *Lemarrois*

à l'embouchure du Bug. Ce général avait passé cette rivière le 10 avec une brigade bavaroise et un régiment polonais, avait fait construire en trois jours des ouvrages de têtes de pont, et s'était porté sur Wiskowo, dans l'intention de brûler les radeaux auxquels l'ennemi faisait travailler depuis six semaines. Son expédition a parfaitement réussi, tout a été brûlé, et dans un moment ce ridicule ouvrage de six semaines fut anéanti.

Le 13, à neuf heures du matin, 6000 russes, arrivés de Nur, attaquèrent le général *Lemarrois* dans son camp retranché. Ils furent reçus par la fusillade et la mitraille : 300 russes restèrent sur le champ de bataille ; et quand le général *Lemarrois* vit l'ennemi qui était arrivé sur les bords du fossé, repoussé, il fit une sortie, et le poursuivit l'épée dans les reins. Le colonel du 4.ᵉ de ligne bavarois, brave militaire, a été tué. Il est généralement regretté. Les bavarois ont perdu 20 hommes, et ont eu une soixantaine de blessés.

Toute l'armée est campée par divisions en bataillons carrés dans des positions saines.

Ces événemens d'avant-postes n'ont occasionné aucun mouvement dans l'armée. Tout est tranquille au quartier-général. Cette attaque générale de nos avant-postes dans la journée du 13, paraît avoir eu pour but d'occuper l'armée française, pour l'empêcher de renforcer l'armée qui assiége Dantzick. Cette espérance de secourir Dantzick par une expédition maritime, paraîtra fort extraordinaire à tout militaire sensé, et qui connaîtra le terrein et la position qu'occupe l'armée française.

Les feuilles commencent à pousser. La saison est comme au mois d'avril en France.

## 75ᵉ. *Bulletin de la grande armée.*

Finckenstein, le 18 mai 1807.

Voici de nouveaux détails sur la journée du 15 : le maréchal *Lefebvre* fait une mention particulière du général *Schramm* auquel il attribue en grande partie le succès du combat de Weischelmunde.

Le 15, depuis deux heures du matin, le général *Schramm* était en bataille, couvert par deux redoutes construites vis-à-vis le fort de Weischelmunde. Il avait les polonais à sa gauche, les saxons au centre, le 2.ᵉ régiment d'infanterie légère à sa droite, et le régiment de Paris en réserve. Le lieutenant-général russe *Kamenski* déboucha du fort à la pointe du jour, et après deux heures de combat, l'arrivée du 12.ᵉ d'infanterie légère que le maréchal *Lefebvre* expédia de la rive gauche, et un bataillon saxon, décidèrent l'affaire. De la brigade *Oudinot*, un seul bataillon put donner. Notre perte a été peu considérable. Un colonel polonais, M. *Pâris*, a été tué. La perte de l'ennemi est plus forte qu'on ne pensait. On a enterré plus de 900 cadavres russes. On ne peut pas évaluer la perte de l'ennemi à moins de 2500 hommes. Aussi ne bouge-t-il plus, et paraît-il très-circonspect derrière l'enceinte de ses fortifications. Le nombre de bateaux chargés de blessés, qui ont mis à la voile, est de quatorze.

Dans la journée du 14, une division de 5000 hommes prussiens et russes, mais en majorité prussiens, partie de Kœnigsberg, débarqua à Pillau, longea la langue de terre dite le Nehrung, et arriva à Kahlberg devant nos premiers postes de grand' garde de cavalerie légère qui se replièrent jusqu'à Furtenswerder.

L'ennemi s'avança jusqu'à l'extrémité du Frisch-Haff. On s'attendait à le voir pénétrer par-là sur Dantzick. Un pont jeté sur la Vistule à Furtenswerder, facilitait le passage à l'infanterie cantonnée dans l'ile du Nogat pour filer sur les derrières de l'ennemi. Mais les prussiens furent mieux avisés et n'osèrent pas s'aventurer. L'Empereur donna ordre au général *Beaumont*, aide-de-camp du grand-duc de Berg, de les attaquer. Le 16, à deux heures du matin, ce général déboucha avec le général de brigade *Albert*, à la tête de deux bataillons de grenadiers de la réserve, le 3.ᵉ et le 11ᵉ. régimens de chasseurs et une brigade de dragons. Il rencontra l'ennemi entre Passenwerder et Stege, à la petite pointe du jour, l'attaqua, le culbuta et le poursuivit l'épée dans les reins pendant 11 lieues, lui prit 1100 hommes, lui en tua un grand nombre et lui enleva 4 pièces de canon. Le général *Albert* s'est parfaitement comporté. Les majors *Chemineau* et *Salmon* se sont distingués. Le 3.ᵉ et le 11.ᵉ régimens de chasseurs ont donné avec la plus grande intrépidité. Nous avons eu un capitaine du 3.ᵉ régiment de chasseurs et cinq ou six hommes tués et huit ou dix blessés. Deux bricks ennemis qui naviguaient sur le Haff, sont venus nous harceler. Un obus qui a éclaté sur le pont de l'un d'eux, les a fait virer de bord.

Ainsi, depuis le 12, sur les différens points, l'ennemi a fait des pertes notables.

L'Empereur a fait manœuvrer, dans la journée du 17, les fusiliers de la garde qui sont campés près du château de Finckenstein, dans d'aussi belles baraques qu'à Boulogne.

Dans

Dans la journée des 18 et 19, toute la garde va également camper au même endroit.

En Silésie, le prince *Jérôme* est campé avec son corps d'observation à Franckenstein, protégeant le siège de Neiss.

Le 12, ce prince apprit qu'une colonne de 3000 hommes était sortie de Glatz pour surprendre Breslau. Il fit partir le général *Lefebvre* avec le 1.er régiment de ligne bavarois, excellent régiment, 100 chevaux et un détachement de 300 saxons. Le général *Lefebvre* atteignit la queue de l'ennemi le 14, à 4 heures du matin, au village de Cauth ; il l'attaqua aussitôt, enleva le village à la bayonnette et fit 150 prisonniers. Cent chevaux-légers du roi de Bavière taillèrent en pièce la cavalerie ennemie, forte de 500 hommes, et la dispersèrent. Cependant l'ennemi se plaça en bataille et fit résistance. Les 300 saxons lâchèrent pied ; conduite extraordinaire, qui doit être le résultat de quelque malveillance ; car les troupes saxonnes, depuis qu'elles sont réunies aux troupes françaises, se sont toujours bravement comportées. Cette défection inattendue mit le 1.er régiment de ligne bavarois dans une situation critique. Il perdit 150 hommes qui furent faits prisonniers, et dut battre en retraite, qu'il fit cependant en ordre. L'ennemi reprit le village de Cauth.

A 11 heures du matin, le général *Dumuy* qui était sorti de Breslau à la tête d'un millier de français, dragons, chasseurs et hussards à pied, qui avaient été envoyés en Silésie pour être montés, et dont une partie l'était déjà, attaqua l'ennemi en queue. 150 hussards à pied enlevèrent le village de Cauth à la bayonnette, firent 100 prisonniers, et reprirent tous les bavarois qui avaient été faits prisonniers.

L'ennemi, pour rentrer avec plus de facilité dans Glatz, s'était séparé en deux colonnes. Le général *Lefebvre*, qui était parti de Schweidnitz le 15, tomba sur une de ces colonnes, lui tua 100 hommes et lui fit 400 prisonniers, parmi lesquels 30 officiers. Un régiment de lanciers polonais, arrivé la veille à Franckenstein, et dont le prince *Jérôme* avait envoyé un détachement au général *Lefebvre*, s'est distingué.

La seconde colonne de l'ennemi avait cherché à gagner Glatz par Silberberg ; le lieutenant-colonel *Ducoudrais*, aide-de-camp du prince, la rencontra et la mit en déroute. Ainsi cette colonne de 3 à 4000 hommes qui était sortie de Glatz, ne put y rentrer. Elle a été toute entière prise, tuée ou éparpillée.

O

## 76.ᵉ *Bulletin de la grande armée.*

Finckenstein, le 20 mai.

Une belle corvette anglaise doublée en cuivre, de 24 canons, montée par 120 anglais, et chargée de poudre et de boulets, s'est présentée pour entrer dans la ville de Dantzick. Arrivée à la hauteur de nos ouvrages, elle a été assaillie par une vive fusillade des deux rives et obligée d'amener. Un piquet du régiment de Paris a sauté le premier à bord. Un aide-de-camp du général *Kalkreuth* qui revenait du quartier-général russe, plusieurs officiers anglais ont été pris à bord. Cette corvette s'appelle *le Sans-Peur.* Indépendamment de 120 anglais, il y avait 60 russes sur ce bâtiment.

La perte de l'ennemi au combat de Weischelmunde du 15 a été plus forte qu'on ne l'avait d'abord pensé, une colonne russe qui avait longé la mer, ayant été passée au fil de la bayonnette. Compte fait, on a enterré 1300 cadavres russes.

Le 6, une division de 7000 russes, commandée par le général *Turkow*, s'est portée de Brok sur le Bug, sur Pultusk, pour s'opposer à de nouveaux travaux qui avaient été ordonnés pour rendre plus respectable la tête-de-pont. Ces ouvrages étaient défendus par six bataillons bavarois, commandés par le prince-royal de Bavière. L'ennemi a tenté quatre attaques. Dans toutes, il a été culbuté par les bavarois, et mitraillé par les batteries des différens ouvrages. Le maréchal *Massena* évalue la perte de l'ennemi à 300 morts et au double de blessés. Ce qui rend l'affaire plus belle, c'est que les bavarois étaient moins de 4000 hommes. Le prince-royal se loue particulièrement du baron de *Wreden*, officier-général au service de Bavière, d'un mérite distingué. La perte des bavarois a été de 15 hommes tués et de 150 blessés.

Il y a autant de déraison dans l'attaque faite contre les ouvrages du général *Lemarrois*, dans la journée du 13, et dans l'attaque du 16 sur Pultusk, qu'il y en avait, il y a six semaines, dans la construction de ce grand nombre de radeaux auxquels l'ennemi faisait travailler sur le Bug. Le résultat a été que ces radeaux, qui avaient coûté six semaines de travail, ont été brûlés en deux heures, quand on l'a voulu, et que ces attaques successives contre des ouvrages bien retranchés et soutenus de bonnes batteries, lui ont valu des pertes considérables sans espoir de profit. Il paraîtrait que ces opérations ont pour but d'attirer l'attention de l'armée française sur sa droite; mais les positions de l'armée française sont raisonnées sur toutes les bases et dans toutes les hypothèses, défensives comme offensives. Pendant ce tems, l'intéressant siège de Dantzig continue à marcher. L'ennemi éprouvera un notable dommage en perdant cette place importante et les 20,000 hommes qui y sont renfermés. Une mine a joué sur le Blockhausen et l'a fait sauter. On a débouché sur le chemin couvert par quatre amorces, et on exécute la descente du fossé.

L'Empereur a passé aujourd'hui l'inspection du 5.ᵉ régiment provisoire. Les huit premiers ont subi leur incorporation. On se loue beaucoup dans ces régimens des nouveaux conscrits génois qui montrent de la bonne volonté et de l'ardeur.

### 77.ᵉ *Bulletin de la grande armée.*

Finkenstein, le 29 mai 1807.

Dantzick a capitulé. Cette belle place est en notre pouvoir. Huit cents pièces d'artillerie, des magasins de toute espèce, plus de 500,000 quintaux de grains, des caves considérables, de grands approvisionnemens de draps et d'épiceries, des ressources de toute espèce pour l'armée, et enfin une place forte du premier ordre appuyant notre gauche, comme Thorn appuie notre centre et Prag notre droite; ce sont les avantages obtenus pendant l'hiver et qui ont signalé les loisirs de la grande armée; c'est le premier, le plus beau fruit de la victoire d'Eylau. La rigueur de la saison, la neige qui a souvent couvert nos tranchées, la gelée qui y a ajouté de nouvelles difficultés, n'ont pas été des obstacles pour nos travaux. Le maréchal *Lefébvre* a tout bravé. Il a animé d'un même esprit les saxons, les polonais, les badois, et les a fait marcher à son but. Les difficultés que l'artillerie a eu à vaincre étaient considérables. Cent bouches à feu, 5 à 600 milliers de poudre, une immense quantité de boulets ont été tirés de Stettin et des places de la Silésie. Il a fallu vaincre bien des difficultés de transport; mais la Vistule a offert un moyen facile et prompt. Les marins de la garde ont fait passer les bateaux sous le fort de Graudentz avec leur habileté et leur résolution ordinaires. Le général *Chasseloup*, le général *Kirgener*, le colonel *Lacoste*, et en général tous les officiers du génie, ont servi de la manière la plus distinguée. Les sapeurs ont montré une rare intrépidité. Tout le corps d'artillerie commandé par le général *Lariboissière* a soutenu sa réputation. Le 2.ᵉ régiment d'infanterie légère, le 12.ᵉ et les troupes de Paris, le général *Schramm*, et le général *Puthod* se sont fait remarquer. Un journal détaillé de ce siège sera rédigé avec soin. Il consacrera un grand nombre de faits de bravoure dignes d'être offerts comme exemples, et fait pour exciter l'enthousiasme et l'admiration. Le 17, la mine fit sauter un blockaus de la place d'armes du chemin couvert. Le 19, la descente et le passage du fossé furent exécutés à sept heures du soir. Le 21, le maréchal *Lefebvre* ayant tout préparé pour l'assaut, on y montait, lorsque le colonel *Lacoste*, qui avait été envoyé le matin dans la place pour affaires de service, fit connaître que le général *Kalkreuth* demandait à capituler aux mêmes conditions qu'il avait autrefois accordées à la garnison de Mayence. On y consentit. Le Hakelsberg aurait été enlevé d'assaut sans une grande perte, mais le corps de la place était encore entier; un large fossé rempli d'eau courante offrait assez de difficultés pour que les assiégés prolongeassent leur défense pendant une quinzaine de jours. Dans cette situation il a paru convenable de leur accorder une capitulation honorable.

Le 27, la garnison a défilé, le général *Kalkreuth* à sa tête. Cette forte garnison qui d'abord était de 16,000 hommes, est réduite à 9000, et sur ce nombre 4000 ont déserté. Il y a même des officiers parmi les déserteurs. *Nous ne voulons pas*, disent-ils, *aller en Sibérie*. Plusieurs milliers de chevaux d'artillerie nous ont été remis, mais ils sont en fort mauvais état. On dresse en ce moment les inventaires des magasins. Le général *Rapp* est nommé gouverneur de Dantzick. Le lieutenant-général russe *Kaminski*, après avoir été battu le 15, s'était acculé sous les fortifications de Weichselmunde; il y est demeuré sans oser rien entreprendre, et il a été spectateur de la reddition de la place. Lorsqu'il a vu que l'on établissait des batteries à boulets rouges pour brûler ses vaisseaux, il est monté à bord et s'est retiré. Il est retourné à Pillau. Le fort de Weichselmunde tenait encore. Le maréchal *Lefebvre* l'a fait sommer, le 26, et pendant que l'on réglait la capitulation, la garnison est sortie du fort et s'est rendue. Le commandant, abandonné, s'est sauvé par mer; ainsi nous sommes maîtres de la ville et du port de Dantzick. Ces événemens sont d'un heureux présage pour la campagne. L'empereur de Russie et le roi de Prusse étaient à Heiligenbeel. Ils ont pu conjecturer de la reddition de la place par la cessation du feu. Le canon s'entendait jusque-là. L'empereur, pour témoigner sa satisfaction à l'armée assiégeante, a accordé une gratification à chaque soldat. Le siége de Graudentz commence sous le commandement du général *Victor*. Le général *Lazowski* commande le génie, et le général *Danthouard* l'artillerie. Graudentz est fort par sa grande quantité de mines. La cavalerie de l'armée est belle. Les divisions de cavalerie légère, deux divisions de cuirassiers et une de dragons, ont été passées en revue, à Elbing, le 26, par le grand-duc de Berg. Le même jour, S. M. s'est rendue à Bischoffwerder et à Stralsbourg, où elle a passé en revue la division de cuirassiers d'*Hautpoult* et la division de dragons du général *Grouchy*. Elle a été satisfaite de leur tenue et du bon état des chevaux. L'ambassadeur de la Porte, *Seid-Mohammed-Emen-Vahid*, a été présenté, le 28, à deux heures après midi, par M. le prince de Bénévent, à l'empereur, auquel il a remis ses lettres de créances. Il est resté une heure dans le cabinet de S. M. Il est logé au château, et occupe l'appartement du grand-duc de Berg, absent pour la revue. On assure que l'empereur lui a dit que lui et l'empereur *Sélim* étaient désormais inséparables, comme la main droite et la main gauche. Toutes les bonnes nouvelles des succès d'Ismaïl et de Valachie venaient d'arriver. Les russes ont été obligés de lever le siége d'Ismaïl et d'évacuer la Valachie.

### Capitulation de Dantzick.

Après une longue résistance, 51 jours de tranchée ouverte, les circonstances majeures ayant nécessité de traiter de la reddition de la place de Dantzick aux troupes de S. M. l'Empereur des Français, roi d'Italie, et à celles de ses alliés, il a été convenu entre S. Exc. M. le général de cavalerie comte de *Kalkreuth*, chevalier de l'ordre de l'Aigle Noir et de l'ordre de Saint-André, et M. le général de division *Drouet*, commandant de la Légion d'honneur et grand'croix de l'ordre Royal de Bavière, chef de l'état-major-général du 10°. corps de la grande armée, muni de pouvoirs de S. Exc. M. le maréchal d'empire *Lefebvre*, commandant en chef ledit corps, de la capitulation suivante :

Art. I<sup>er</sup>. La garnison sortira le 27 du courant, à neuf heures du matin, avec armes et bagages, drapeaux déployés, tambour battant, mêche allumée, deux pièces du calibre de 6 d'artillerie légère, avec leurs caissons, et attelées de six chevaux chaque.

II. L'excédent des chevaux d'artillerie sera remis au pouvoir de l'armée française.

III. Les armes de toute espèce qui excéderont le complet des sous-officiers et soldats sortans, seront remis aux officiers d'artillerie qui seront désignés.

IV. La garnison sera conduite aux avant-postes de l'armée de S. M. le roi de Prusse, à Pillau, en passant par le Nehrong, et en cinq jours de marche ; les lieux d'étape seront fixés.

V. La garnison s'engage à ne pas servir contre l'armée française ni ses alliés pendant une année, à compter de la date de la capitulation. M. le général comte de *Kalkreuth*, S. A. le prince de *Scherbatow*, et MM. les officiers, s'engagent, sur leur parole d'honneur, d'observer et faire observer le présent article.

VI. Le 26, à midi, le Hakelsberg, les portes d'Oliva, Jacob et Neugarten seront cédés aux troupes de S. M. l'Empereur des Français et roi d'Italie et à celles de ses alliés.

VII. Les officiers, sous-officiers et soldats maintenant prisonniers de guerre à Dantzick, soit qu'ils fassent partie des troupes de S. M. l'Empereur ou de celles de ses alliés, seront rendus sans échange.

VIII. Pour éviter tout désordre, les troupes de S. M. l'Empereur et celles de ses alliés n'entreront dans Dantzick qu'après le départ de celles prussiennes et russes. Il sera néanmoins établi des gardes aux postes et un piquet sur la place.

IX. Comme les moyens de transport sont insuffisans pour emmener tous les bagages, il sera accordé un bateau qui se rendra directement à Pillau. Le chargement se fera sous la surveillance d'un officier français nommé à cet effet.

X. Il sera nommé, de part et d'autre, des officiers du génie et d'artillerie, pour remettre et prendre possession des objets relatifs à chaque arme, sans oublier les cartes et plans, etc.

XI. Les magasins, les caisses et généralement tout ce qui appartient au roi seront remis à l'administration française; il sera nommé un commissaire chargé d'en faire la remise à la personne munie des pouvoirs de S. Exc. M. le maréchal *Lefebvre*.

XII. Les officiers prussiens qui étaient prisonniers sur parole, et qui se sont rendus dans leurs familles habitant Dantzick, avant le blocus de la place, pourront y rester en attendant de nouveaux ordres de S. A. S. le prince de *Neufchâtel*, major-général; néanmoins pour jouir de cet avantage, ils seront tenus de produire un certificat de M. le gouverneur, qui atteste qu'ils n'ont pris aucune part dans la défense de la place.

XIII. Toutes les femmes de MM. les officiers et autres, ou personnes civiles seront libres de sortir de la ville; il leur sera délivré des passe-ports.

XIV. Les blessés et malades seront laissés sous la bienveillance de S. Exc. M. le maréchal *Lefebvre*; des officiers et des chirurgiens resteront tant pour les soigner, que pour veiller au bon ordre et pourvoir à leurs besoins. Aussitôt leur rétablissement ils seront renvoyés aux avant-postes de l'armée prussienne, et jouiront des avantages de la capitulation.

XV. Un contrôle exact de MM. les officiers, sous-officiers et soldats, par régiment, sera remis à S. Ex. M. le maréchal *Lefebvre*. On comprendra sur un contrôle particulier les militaires restant aux hôpitaux.

XVI. S. E. M. le maréchal *Lefebvre* assure les habitans de Dantzick qu'il emploira tous les moyens pour faire respecter les personnes et les propriétés, et que le plus grand ordre régnera dans la garnison.

XVII. Il sera envoyé pour servir de garant à l'exécution de la capitulation, aux quartiers-généraux respectifs, un officier supérieur.

S. E. M. le gouverneur a désigné M. le major de *Lestocq*;

S. E. M. le maréchal *Lefebvre* a nommé M. l'adjudant-commandant *Guichard.*

XVIII. La présente capitulation recevra son exécution si, à l'époque du 26 à midi, la garnison n'a pas été secourue. Il est entendu que d'ici à cette époque la garnison de Dantzick ne pourra faire aucune attaque contre les assiégeans, en supposant le cas où ceux-ci se battraient au-dehors.

Fait à Dantzick, le 20 mai 1807.

(Signé) le général de cavalerie comte de *Kalhreuth,* gouverneur.

*V. Rouquette.*

*Collambeger,* commandant.

*P. Scherbatow,* général-major.

Le général de division, *Drouet.*

Approuvé par nous,

Maréchal d'empire, commandant en chef le 10.ᵉ corps,          (Signé) *Lefebvre.*

---

*Message de S. M. l'Empereur et Roi, au Sénat.*

Sénateurs;

« Par nos décrets du 30 mars de l'année 1806, nous
« avons institué des duchés pour récompenser les
« grands services civils et militaires qui nous ont
« été ou qui nous seront rendus, et pour donner de
« nouveaux appuis à notre trône, et environner
« notre couronne d'un nouvel éclat.

« C'est à nous à songer à assurer l'état et la fortune
« des familles qui se dévouent entièrement à notre
« service, et qui sacrifient constamment leurs intérêts
« aux nôtres. Les honneurs permanens, la fortune légitime, honorable et glorieuse que nous voulons
« donner à ceux qui nous rendent des services éminens, soit dans la carrière civile, soit dans la carrière militaire, contrasteront avec la fortune illégitime, cachée, honteuse de ceux qui, dans l'exercice
« de leurs fonctions, ne chercheraient que leur intérêt,
« au lieu d'avoir en vue celui de nos peuples et le
« bien de notre service. Sans doute, la conscience
« d'avoir fait son devoir, et les biens attachés à notre

« estime, suffisent pour retenir un bon français dans
« la ligne de l'honneur ; mais l'ordre de notre société
« est ainsi constitué, qu'à des distinctions apparen-
« tes, à une grande fortune sont attachés une consi-
« dération et un éclat dont nous voulons que soient
« environnés ceux de nos sujets, grands par leurs ta-
« lens, par leurs services et par leur caractère, ce
« premier don de l'homme.

« Celui qui nous a le plus secondé dans cette pre-
« mière journée de notre règne, et qui, après avoir
« rendu des services dans toutes les circonstances de
« sa carrière militaire, vient d'attacher son nom à un
« siège mémorable où il a déployé des talens et un
« brillant courage, nous a paru mériter une éclatante
« distinction. Nous avons aussi voulu consacrer une
« époque si honorable pour nos armes, et par les
« lettres-patentes dont nous chargeons notre cousin
« l'archi-chancelier de vous donner communication,
« nous avons créé notre cousin le maréchal et séna-
« teur *Lefebvre*, duc de Dantzick. Que ce titre porté
« par ses descendans, leur retrace les vertus de leur
« père, et qu'eux-mêmes ils s'en reconnaissent in-
« dignes, s'ils préféraient jamais un lâche repos et
« l'oisiveté de la grande ville aux périls et à la noble
« poussière des camps, si jamais leurs premiers sen-
« timens cessaient d'être pour la patrie et pour nous.
« Qu'aucun d'eux ne termine sa carrière sans avoir
« versé son sang pour la gloire et l'honneur de notre
« belle France ; que dans le nom qu'ils portent ils ne
« voient jamais un privilège, mais des devoirs envers
« nos peuples et envers nous. A ces conditions, notre
« protection et celle de nos successeurs les distin-
« guera dans tous les tems.

« Sénateurs, nous éprouvons un sentiment de satis-
« faction en pensant que les premières lettres-patentes
« qui, en conséquence de notre sénatus-consulte du
« 14 août 1806, doivent être inscrites sur vos regis-
« tres, consacrent les services de votre préteur.

« Donné en notre camp impérial de Finckenstein,
« le 28 mai 1807. »

(Signé) *Napoléon.*

## *Lettres-patentes de S. M. l'Empereur et Roi.*

NAPOLÉON, par la grâce de Dieu et les constitutions de la république, Empereur des Français, à tous présens et à venir, salut :

Voulant donner à notre cousin le maréchal et sénateur *Lefebvre,* un témoignage de notre bienveillance, pour l'attachement et la fidélité qu'il nous a toujours montrés, et reconnaître les services éminens qu'il nous a rendus le premier jour de notre règne, qu'il n'a cessé de nous rendre depuis, et auxquels il vient d'ajouter encore un nouvel éclat par la prise de la ville de Dantzick ; désirant de plus consacrer par un titre spécial le souvenir de cette circonstance mémorable et glorieuse, nous avons résolu de lui conférer, et nous lui conférons, par les présentes, le titre de *duc de Dantzick ,* avec une dotation en domaines situés dans l'intérieur de nos états.

Nous entendons que ledit duché de Dantzick soit possédé par notre cousin, le maréchal et sénateur *Lefebvre,* et transmis héréditairement à ses enfans mâles, légitimes et naturels, par ordre de primogéniture, pour en jouir en toute propriété, aux charges et conditions , et avec les droits, titres, honneurs et prérogatives attachés aux duchés par les constitutions de l'empire ; nous réservant, si sa descendance masculine, légitime et naturelle venait à s'éteindre, ce que Dieu ne veuille, de transmettre ledit duché à notre choix, et ainsi qu'il sera jugé convenable par nous ou nos successeurs pour le bien de nos peuples et l'intérêt de notre couronne.

Nous ordonnons que les présentes lettres-patentes soient communiquées au sénat, pour être transcrites sur ses registres.

Ordonnons pareillement qu'aussitôt que la dotation définitive du duché de Dantzick aura été revêtue de notre approbation, l'état détaillé des biens, dont elle se trouvera composée, soit, en exécution des ordres donnés à cet effet par notre ministre de la justice, inscrit au greffe de la cour d'appel, dans le ressort de laquelle l'habitation principale du duché sera située, et que la même inscription ait lieu au bureau des hypothèques des arrondissemens respectifs, afin que la condition desdits biens résultant des dispositions du sénatus-consulte du 14 août 1806, soit généralement reconnue, et que personne ne puisse en prétendre cause d'ignorance.

Donné en notre camp impérial de Finckenstein, le 28 mai 1807. (Signé) *Napoléon.*

Après la lecture de ces pièces, le sénat a pris l'arrêté suivant :

Le sénat-conservateur, réuni au nombre de membres prescrit par l'article XC de l'acte des constitutions, du 22 frimaire an 8 ;

Après avoir entendu la lecture d'un message de S. M. l'Empereur et Roi, daté du camp impérial de Finckenstein, le 28 mai 1807, et les lettres-patentes sous la même date, par lesquelles S. M. a conféré à M. le maréchal sénateur *Lefebvre*, préteur du sénat, le titre héréditaire de duc de Dantzick, avec une dotation en domaines situés dans l'intérieur de la France, lesdits message et lettres-patentes apportés aujourd'hui au sénat par S. A. S. le prince archi-chancelier de l'empire ;

Délibérant sur les communications qui viennent de lui être faites à cet égard par le prince archi-chancelier, arrête :

1.º Que le message de S. M. et les lettres-patentes jointes audit message, seront transcrits sur les registres du sénat, et déposés dans ses archives ;

2.º Que le président ordinaire du sénat est chargé d'adresser à S. M., avec l'expression des sentimens d'amour et de respect dont le sénat est pénétré pour son auguste personne, celle de la reconnaissance que lui inspire la faveur signalée dont S. M. vient d'honorer M. le maréchal sénateur *Lefebvre.*

3.º Que M. le président est pareillement chargé d'écrire à M. le maréchal sénateur *Lefebvre*, pour le féliciter, au nom du sénat, sur le témoignage éclatant qu'il vient de recevoir des bontés de S. M.

4.º Que les pièces communiquées au sénat par le prince archi-chancelier de l'empire, le discours de S. A. S. et le procès-verbal de la séance de ce jour, seront imprimés.

## 78ᵉ. *Bulletin de la grande armée.*

Heilsberg, le 12 juin 1807.

**Des** négociations de paix avaient eu lieu pendant tout l'hiver. On avait proposé à la France un congrès général auquel toutes les puissances belligérantes auraient été admises, la Turquie seule exceptée. L'Empereur avait été justement révolté d'une telle proposition. Après quelques mois de pourparlers, il fut convenu que toutes les puissances belligérantes, sans exception, enverraient des plénipotentiaires au congrès qui se tiendrait à Copenhague. L'Empereur avait fait connaître que la Turquie étant admise à faire cause commune dans les négociations avec la France, il n'y avait pas d'inconvénient à ce que l'Angleterre fît cause commune avec la Russie. Les ennemis demandèrent alors, sur quelles bases le congrès aurait à négocier. Il n'en proposaient aucunes, et voulaient cependant que l'Empereur en proposât. L'Empereur ne fit point de difficulté de déclarer que, selon lui, la base des négociations devait être égalité et réciprocité entre les deux masses belligérantes, et que les deux masses belligérantes entreraient en commun dans un système de compensations.

La modération, la clarté, la promptitude de cette réponse ne laissèrent aucun doute aux ennemis de la paix sur les dispositions pacifiques de l'Empereur. Ils en craignirent les effets ; et au moment même où ils répondaient qu'il n'y avait plus d'obstacles à l'ouverture du congrès, l'armée russe sortit de ses cantonnemens, et vint attaquer l'armée française. Le sang a donc été de nouveau répandu ; mais du moins la France en est innocente. Il n'est aucune ouverture pacifique que l'Empereur n'ait écoutée. Il n'est aucune proposition à laquelle il ait différé de répondre. Il n'est aucun piége tendu par les amis de la guerre que sa volonté n'ait écarté. Ils ont inconsidérément fait courir l'armée russe aux armes, quand ils ont vu leurs démarches déjouées, et ces coupables entreprises que désavouait la justice, ont été confondues. De nouveaux échecs ont été attirés sur les armes de la Russie ; de nouveaux trophées ont couronné celles de la France. Rien ne prouve davantage que la passion et des intérêts étrangers à ceux de la Russie et de la Prusse dirigent le cabinet de ces deux puissances, et conduisent leurs braves armées à de nouveaux malheurs, en les forçant à de nouveaux combats.

Dans quelle circonstance l'armée russe reprend-elle les hostilités? C'est quinze jours après que Dantzick s'est rendu; c'est lorsque ses opérations n'ont plus d'objet; c'est lorsqu'il ne s'agit plus de faire lever le siège de ce boulevard, dont l'importance aurait justifié toutes les tentatives, et pour la conservation duquel aucun militaire n'aurait été blâmé d'avoir tenté le sort de trois batailles. Ces considérations sont étrangères aux passions qui ont préparé les événemens qui viennent de se passer. Empêcher les négociations de s'ouvrir; éloigner deux princes prêts à se rapprocher et à s'entendre, tel est le but qu'on s'est proposé. Quel sera le résultat d'une démarche hostile? où est la probabilité du succès? Toutes ces questions sont indifférentes à ceux qui soufflent la guerre. Que leur importent les malheurs des armées russes et prussiennes? S'ils peuvent prolonger encore les calamités qui pèsent sur l'Europe, leur but est rempli.

Si l'Empereur n'avait eu en vue d'autre intérêt que celui de sa gloire, s'il n'avait fait d'autres calculs que ceux qui étaient relatifs à l'avantage de ses opérations militaires, il aurait ouvert la campagne immédiatement après la prise de Dantzick; et cependant quoiqu'il n'existât ni trève, ni armistice, il ne s'est occupé que de l'espérance de voir arriver à bien les négociations commencées.

### Combat de Spanden.

Le 5 juin, l'armée russe se mit en mouvement. Ses divisions de droite attaquèrent la tête du pont de Spanden, que le général *Frère* défendait avec le 27.ᵉ régiment d'infanterie légère. Douze régimens russes et prussiens firent de vains efforts; sept fois ils les renouvellèrent, et sept fois ils furent repoussés. Cependant le prince de *Ponte-Corvo* avait réuni son corps d'armée, mais avant qu'il pût déboucher, une seule charge du 17.ᵉ de dragons, faite immédiatement après le septième assaut donné à la tête de pont, avait forcé l'ennemi à abandonner le champ de bataille et à battre en retraite. Ainsi pendant tout un jour, deux divisions ont attaqué sans succès un régiment qui à la vérité était retranché.

Le prince de *Ponte-Corvo* visitant en personne les retranchemens, dans l'intervalle des attaques, pour s'assurer de l'état des batteries, a reçu une blessure légère qui le tiendra pendant une quinzaine de jour éloigné de son commandement. Notre perte dans cette affaire a été peu considérable : l'ennemi a perdu 1200 hommes, et a eu beaucoup de blessés.

### Combat de Lomitten.

Deux divisions russes du centre attaquaient au même moment la tête de pont de Lomitten. La brigade du général *Ferry*, du corps du maréchal *Soult*, défendait cette tête de pont. Le 46.ᵉ et le 37.ᵉ repoussèrent l'ennemi pendant toute la journée. Les abattis et les ouvrages restèrent couverts de russes. Leur général fut tué. La perte de l'ennemi fut de 1100 hommes tués, 100 prisonniers et un grand nombre de blessés. Nous avons eu 120 hommes tués ou blessés.

Pendant ce tems, le général en chef russe, avec le grand-duc *Constantin*, la garde impériale et trois divisions, attaqua à-la-fois les positions du maréchal *Ney* sur Altkirken, Gutstadt et Wolfsdorff ; il fut partout repoussé ; mais lorsque le maréchal *Ney* s'apperçut que les forces qui lui étaient opposées étaient de plus de 40,000 hommes, il suivit ses instructions, et porta son corps à Ackendorff.

### Combat de Deppen.

Le lendemain 6, l'ennemi attaqua le 6.ᵉ corps dans sa position de Deppen sur la Passarge. Il y fut culbuté. Les manœuvres du maréchal *Ney*, l'intrépidité qu'il a montrée et qu'il a communiquée à toutes ses troupes, les talens déployés dans cette circonstance par le général de division *Marchand*, et par les autres officiers généraux sous ses ordres, sont dignes des plus grands éloges. L'ennemi, de son propre aveu, a perdu dans cette journée 2000 hommes tués, et a eu plus de 3000 blessés : notre perte a été de 160 hommes tués, 200 blessés, et 250 faits prisonniers. Ceux-ci ont été pour la plupart enlevés par les cosaques, qui le matin de l'attaque s'étaient portés sur les derrières de l'armée.

### Journée du 8.

L'Empereur arriva le 8 à Deppen, au camp du maréchal *Ney*. Il donna sur-le-champ tous les ordres nécessaires. Le 4ᵉ. corps se porta sur Wolfsdorff où, ayant rencontré une division russe de *Kamenski* qui rejoignait le corps d'armée, il l'attaqua, lui mit hors de combat 4 ou 5 cents hommes, lui fit 150 prisonniers et vint prendre position le soir à Altkirken.

Au même moment l'Empereur se portait sur Gustadt avec les corps des maréchaux *Ney* et *Lannes*, avec sa garde et la cavalerie de réserve; une partie de l'armée de l'arrière-garde ennemie formant 10 mille hommes de cavalerie et 15 mille hommes d'infanterie, prit position à Glottau, et voulut disputer le passage. Le grand-duc *de Berg*, après des manœuvres fort habiles, la débusqua successivement de toutes ses positions. Les brigades de cavalerie légère des généraux *Pajol*, *Bruyères* et *Durosnel*, et la division de grosse cavalerie du général *Nansouty* triomphèrent de tous les efforts de l'ennemi. Le soir, à huit heures, nous entrâmes de vive force à Gustadt : un millier de prisonniers, la prise de toutes les positions en avant de Gustadt, et la déroute de l'infanterie furent les suites de cette journée. Les régimens de cavalerie de la garde russe ont sur-tout été très-maltraités.

### Journée du 10.

Le 10, l'armée se dirigea sur Heilsberg. Elle enleva les divers camps de l'ennemi. A un quart de lieue au-delà de ces camps, l'arrière-garde se montra en position. Elle avait 15 à 18,000 hommes de cavalerie et plusieurs lignes d'infanterie. Les cuirassiers de la division *Espagne*, la division de dragons *Latour-Maubourg*, et les brigades de cavalerie légère, entreprirent différentes charges et gagnèrent du terrein. A deux heures, le corps du maréchal *Soult* se trouva formé. Deux divisions marchèrent sur la droite, tandis que la division *Legrand* marchait sur la gauche, pour s'emparer de la pointe d'un bois dont l'occupation était nécessaire, afin d'appuyer la gauche de la cavalerie. Toute l'armée russe se trouvait alors à Heilsberg; elle alimenta ses colonnes d'infanterie et de cavalerie, et fit de nombreux efforts pour se maintenir dans ses positions en avant de cette ville. Plus de 60 pièces de canon vomissaient la mort en appuyant les colonnes ennemies, que nos divisions repoussèrent néanmoins avec la plus rare intrépidité et avec toute l'impétuosité française. Plusieurs divisions russes furent mises en déroute, et à neuf heures du soir, on se trouva sous les retranchemens ennemis. Les fusiliers de la garde, commandés par le général *Savary*, furent mis en mouvement pour soutenir la division *Saint-Hilaire*, et firent des prodiges. La division *Verdier*, du corps d'infanterie de réserve du maréchal *Lannes*, s'engagea, la nuit étant déjà tombée, et déborda l'ennemi, afin de lui couper le chemin de Lansberg; elle y réussit parfaitement. L'ardeur des troupes était telle, que plusieurs compagnies d'infanterie de ligne furent insulter les ouvrages retranchés des russes. Quelques braves trouvèrent la mort dans les fossés des redoutes et au pied des palissades.

L'Empereur passa la journée du 11 sur le champ de bataille. Il y plaça les corps d'armée et les divisions pour donner une bataille qui fût décisive, et telle qu'elle pût mettre fin à la guerre. Toute l'armée russe était réunie. Elle avait à Heilsberg tous ses magasins; elle occupait une superbe position que la nature avait rendue très-forte, et que l'ennemi avait encore fortifiée par un travail de quatre mois.

A quatre heures après-midi l'Empereur ordonna au maréchal *Davoust* de faire un changement de front par son extrémité de droite, la gauche en avant: ce mouvement le porta sur la basse Alle, et intercepta complettement le chemin d'Eylau. Chaque corps d'armée avait ses postes assignés; ils étaient tous réunis, hormis le 1.er corps qui continuait à manœuvrer sur la basse Passarge. Ainsi les russes qui avaient les premiers recommencé les hostilités, se trouvaient comme bloqués dans leur camp retranché; on venait leur présenter la bataille dans la position qu'ils avaient eux-mêmes choisie. On crut long-tems qu'ils attaqueraient dans la journée du 11. Au moment où l'armée française faisait ses dispositions, ils se laissaient voir rangés en colonnes au milieu de leurs retranchemens farcis de canons.

Mais

Mais soit que ces retranchemens ne leur parussent pas assez formidables, à l'aspect des préparatifs qu'ils voyaient faire devant eux ; soit que cette impétuosité qu'avait montrée l'armée française dans la journée du 10, leur en eût imposé, ils commencèrent à dix heures du soir, à passer sur la rive droite de l'Alle, en abandonnant tous les pays de la gauche, et laissant à la disposition du vainqueur leurs blessés, leurs magasins et ces retranchemens, fruit d'un travail si long et si pénible.

Le 12, à la pointe du jour, tous les corps d'armée s'ébranlèrent et prirent différentes directions.

Les maisons d'Heilsberg et celles des villages voisins sont remplies de blessés russes.

Le résultat de ces différentes journées, depuis le 5 jusqu'au 12, a été de priver l'armée russe d'environ 30 mille combattans. Elle a laissé dans nos mains de 3 à 4 mille hommes, 7 ou 8 drapeaux, et 9 pièces de canon. Au dire des paysans et des prisonniers, plusieurs des généraux russes les plus marquans ont été tués ou blessés.

Notre perte monte à 6 ou 7 cents hommes tués ; 2 mille ou 2 mille 2 cents blessés, 2 à 3 cents prisonniers. Le général de division *Espagne* a été blessé. Le général *Russel*, chef de l'état-major de la garde, qui se trouvait au milieu des fusiliers, a eu la tête emportée par un boulet de canon.

Le grand-duc *de Berg* a eu deux chevaux tués sous lui. M.<sup>r</sup> *Ségur*, un de ses aides-de-camp, a eu un bras emporté. M.<sup>r</sup> *Lameth*, aide-de-camp du maréchal *Soult* a été blessé. M.<sup>r</sup> *Lagrange*, colonel du 7.<sup>e</sup> régiment de chasseurs à cheval, a été atteint par une balle. Dans les rapports détaillés que rédigera l'état-major, on fera connaître les traits de bravoure par lesquels se sont signalés un grand nombre d'officiers et de soldats, et les noms de ceux qui ont été blessés dans la mémorable journée du 10.

On a trouvé dans les magasins d'Heilsberg plusieurs milliers de quintaux de farine et beaucoup de denrées de diverses sortes. L'impuissance de l'armée russe, démontrée par la prise de Dantzick, vient de l'être encore par l'évacuation du camp de Heilsberg ; elle l'est par sa retraite ; elle le sera d'une manière plus éclatante encore, si les russes attendent l'armée française : mais dans de si grandes armées, qui exigent vingt quatre heures pour mettre tous les corps en position, on ne peut avoir que des affaires partielles, lorsque l'une d'elles n'est pas disposée à finir bravement la querelle dans une affaire générale.

Il paraît que l'empereur *Alexandre* avait quitté son armée quelques jours avant la reprise des hostilités: plusieurs personnes prétendent que la parti anglais l'a éloigné, pour qu'il ne fût pas témoin des malheurs qu'entraîne la guerre et des désastres de son armée, prévus par ceux même qui l'ont excité à rentrer en campagne. On a craint qu'un si déplorable spectacle ne lui rappelât les véritables intérêts de son pays, ne le fit revenir aux conseils des hommes sages et désintérés, et ne le ramenât enfin, par les sentimens les plus propres à toucher un souverain, à repousser la funeste influence de la corruption anglaise.

Le général *Roger* ayant été blessé, est tombé de cheval et a été fait prisonnier dans une charge ; le général de brigade *Dutaillis* a eu le bras emporté par un boulet.

### 79.ᵉ *Bulletin de la grande armée.*

A Wehlau , le 17 juin 1807.

Les combats de Spanden, de Lomitten ; les journées de Guttstadt et de Heilsberg n'étaient que le prélude de plus grands événemens Le 12 , à quatre heures du matin, l'armée française entra à Heilsberg. Le général *Latour-Maubourg,* avec sa division de dragons et les brigades de cavalerie légère des généraux *Durosnel* et *Wattier*, poursuivirent l'ennemi sur la rive droite de l'Alle, dans la direction de Bartenstein , pendant que les corps d'armée se mettaient en marche dans différentes directions , pour déborder l'ennemi et lui couper sa retraite sur Kœnigsberg, en arrivant avant lui sur ses magasins. La fortune a souri à ce projet. Le 12 , à cinq heures après midi , l'empereur porta son quartier-général à Eylau. Ce n'étaient plus ces champs couverts de glaces et de neige ; c'était le plus beau pays de la nature , coupé de beaux bois , de beaux lacs, et peuplé de jolis villages. Le grand-duc de Berg se porta , le 13 , sur Kœnigsberg avec sa cavalerie : le maréchal *Davoust* marcha derrière pour le soutenir ; le ma-

réchal *Soult* se porta sur Creutzbourg ; le maréchal *Lannes*
sur Domnau ; les maréchaux *Ney* et *Mortier* sur Lampasch.
Cependant le général *Latour-Maubourg* écrivait qu'il avait
poursuivi l'arrière-garde ennemie ; que les russes abandon-
naient beaucoup de blessés ; qu'ils avaient évacué Bartenstein,
et continuaient leur retraite sur Schippenbeil, par la rive droite
de l'Alle. L'empereur se mit sur-le-champ en marche sur Friedland. Il donna ordre au grand-duc de Berg, aux maréchaux
*Soult* et *Davoust* de manœuvrer sur Kœnigsberg , et avec les
corps des maréchaux *Ney*, *Lannes*, *Mortier*, avec la garde
impériale et le premier corps commandé par le général *Victor*,
il marcha en personne sur Friedland. Le 13 , le 9.<sup>e</sup> de hussards
entra à Friedland ; mais il en fut chassé par 3000 hommes de
cavalerie. Le 14 , l'ennemi déboucha sur le pont de Friedland.
A trois heures du matin , des coups de canon se firent entendre.
*C'est un jour de bonheur*, dit *l'Empereur*, *c'est l'anniversaire*
*de Marengo*. Les maréchaux *Lannes* et *Mortier* furent les
premiers engagés; ils étaient soutenus par la division de dragons du général *Grouchy*, et par les cuirassiers du général
*Nansouty*. Différens mouvemens , différentes actions eurent
lieu. L'ennemi fut contenu , et ne put pas dépasser le village
de Posthenen. Croyant qu'il n'avait devant lui qu'un corps
de 15,000 hommes, l'ennemi continua son mouvement pour
filer sur Kœnigsberg. Dans cette occasion , les dragons et les
cuirassiers français et saxons firent les plus belles charges , et
prirent quatre pièces de canon à l'ennemi. A cinq heures du
soir , les différens corps d'armée étaient à leur place. A la
droite , le maréchal *Ney* ; au centre, le maréchal *Lannes* ;
à la gauche, le maréchal *Mortier* ; à la réserve , le corps du
général *Victor* et la garde. La cavalerie, sous les ordres du
général *Grouchy* , soutenait la gauche. La division de dragons
du général *Latour-Maubourg* était en réserve derrière la
droite ; la division de dragons du général *Lahoussaye* et les
cuirassiers saxons étaient en réserve derrière le centre. Cependant l'ennemi avait déployé toute son armée. Il appuyait sa
gauche à la ville de Friedland , et sa droite se prolongeait à
une lieue et demie. L'empereur , après avoir reconnu la position, décida d'enlever sur-le-champ la ville de Friedland , en
faisant brusquement un changement de front, la droite en
avant , et fit commencer l'attaque par l'extrémité de sa droite.
A cinq heures et demie , le maréchal *Ney* se mit en mouvement ; quelques salves d'une batterie de vingt pièces de canon furent le signal. Au même moment, la division du général
*Marchand* avança , l'arme au bras, sur l'ennemi , prenant

sa direction sur le clocher de la ville. La division du général *Bisson* le soutenait sur la gauche. Du moment où l'ennemi s'apperçut que le maréchal *Ney* avait quitté le bois où sa droite était d'abord en position, il le fit déborder par des régimens de cavalerie, précédés d'une nuée de cosaques. La division de dragons du général *Latour-Maubourg*, se forma sur-le-champ, au galop, sur la droite, et repoussa la charge ennemie. Cependant le général *Victor* fit placer une batterie de trente pièces de canon en avant de son centre; le général *Sennarmont* qui la commandait, se porta à plus de quatre cents pas en avant, et fit éprouver une horrible perte à l'ennemi. Les différentes démonstrations que les russes voulurent faire pour opérer une diversion, furent inutiles. Le maréchal *Ney*, avec un sang-froid et avec cette intrépidité qui lui est particulière, était en avant de ses échelons, dirigeait lui-même les plus petits détails, et donna l'exemple à un corps d'armée qui toujours s'est fait distinguer, même parmi les corps de la grande armée. Plusieurs colonnes d'infanterie ennemie, qui attaquaient la droite du maréchal *Ney*, furent chargées à la bayonnette et précipitées dans l'Alle. Plusieurs milliers d'hommes y trouvèrent la mort; quelques-uns échappèrent à la nage. La gauche du maréchal *Ney* arriva sur ces entrefaites au ravin qui entoure la ville de Friedland. L'ennemi qui avait embusqué la garde impériale russe à pied et à cheval, déboucha avec intrépidité et fit une charge sur la gauche du maréchal *Ney*, qui fut un moment ébranlée; mais la division *Dupont*, qui formait la droite de la réserve, marcha sur la garde impériale, la culbuta et en fit un horrible carnage. L'ennemi tira de ses réserves et de son centre d'autres corps pour défendre Friedland. Vains efforts! Friedland fut forcé et ses rues furent jonchées de morts. Le centre que commandait le maréchal *Lannes* se trouva dans ce moment engagé. L'effort que l'ennemi avait fait sur l'extrémité de la droite de l'armée française ayant échoué, il voulut essayer un semblable effort sur le centre. Il y fut reçu comme on devait l'attendre, des braves divisions *Oudinot* et *Verdier*, et du maréchal qui les commandait. Des charges d'infanterie et de cavalerie ne purent pas retarder la marche de nos colonnes. Tous les efforts de la bravoure des russes furent inutiles. Ils ne purent rien entamer et vinrent trouver la mort sur nos bayonnettes. Le maréchal *Mortier* qui, pendant toute la journée, fit grande preuve de sang-froid et d'intrépidité, en maintenant la gauche, marcha alors en avant, et fut soutenu par les fusiliers de la garde que commandait le général *Savary*.

Cavalerie, infanterie, artillerie, tout le monde s'est distingué. La garde impériale à pied et à cheval, et deux divisions de la réserve du premier corps n'ont pas été engagées. La victoire n'a pas hésité un seul instant. Le champ de bataille est un des plus horribles qu'on puisse voir. Ce n'est pas exagérer que de porter le nombre des morts, du côté des russes, de 15 à 18,000 hommes. Du côté des français, la perte ne se monte pas à 500 morts ni à plus de 3000 blessés. Nous avons pris 80 pièces de canon et une grande quantité de caissons. Plusieurs drapeaux sont restés en notre pouvoir. Les russes ont eu 25 généraux tués, pris ou blessés. Leur cavalerie a fait des pertes immenses. Les carabiniers et les cuirassiers, commandés par le général *Nansouty*, et les différentes divisions de dragons, se sont fait remarquer. Le général *Grouchy*, qui commandait la cavalerie de l'aîle gauche, a rendu des services importans. Le général *Drouet*, chef de l'état-major du corps d'armée du maréchal *Lannes*; le général *Cohorn*; le colonel *Regnaud*, du 15.<sup>e</sup> de ligne; le colonel *Lajonquière*, du 60.<sup>e</sup> de ligne; le colonel *Lamotte*, du 4.<sup>e</sup> de dragons, et le général de brigade *Brun*, ont été blessés. Le général de division *Latour-Maubourg* l'a été à la main. Le colonel d'artillerie *Deforno*, et le chef d'escadron *Hutin*, premier aide-de-camp du général *Oudinot*, ont été tués. Les aides-de-camp de l'empereur, *Mouton* et *Lacoste*, ont été légèrement blessés. La nuit n'a point empêché de poursuivre l'ennemi ; on l'a suivi jusqu'à onze heures du soir. Le reste de la nuit, les colonnes qui avaient été coupées ont essayé de passer l'Alle, à plusieurs gués. Par-tout, le lendemain et à plusieurs lieues, nous avons trouvé des caissons, des canons et des voitures perdues dans la rivière. La bataille de Friedland est digne d'être mise à côté de celle de Marengo, d'Austerlitz et de Jena. L'ennemi était nombreux, avait une belle et forte cavalerie, et s'est battu avec courage. Le lendemain 15, pendant que l'ennemi essayait de se rallier et faisait sa retraite sur la rive droite de l'Alle, l'armée française continuait sur la rive gauche ses manœuvres pour le couper de Kœnigsberg. Les têtes des colonnes sont arrivées ensemble à Wehlau, ville située au confluent de l'Alle et de la Prégel. L'empereur avait son quartier-général au village de Peterswalde. Le 16, à la pointe du jour, l'ennemi ayant coupé tous les ponts, mit à profit cet obstacle pour continuer son mouvement rétrograde sur la Russie. A huit heures du matin l'empereur fit jeter un pont sur la Prégel, et l'armée s'y mit en position. Presque tous les magasins que l'ennemi avait sur l'Alle, ont été par

lui jetés à l'eau ou brûlés : par ce qui nous reste on peut connaître les pertes immenses qu'il a faites. Par-tout dans les
villages les russes avaient des magasins, et par-tout en passant ils les ont incendiés. Nous avons cependant trouvé à
Wehlau plus de six mille quintaux de bled. A la nouvelle
de la victoire de Friedland, Kœnigsberg a été abandonné.
Le maréchal *Soult* est entré dans cette place , où nous avons
trouvé des richesses immenses, plusieurs centaines de milliers
de quintaux de bled, plus de 20 mille blessés russes et prussiens,
tout ce que l'Angleterre a envoyé de munitions de guerre à
la Russie, entr'autres 160,000 fusils encore embarqués. Ainsi
la Providence a puni ceux qui , au lieu de négocier de bonne
foi pour arriver à l'œuvre salutaire de la paix , s'en sont fait
un jeu , prenant pour faiblesse et pour impuissance la tranquillité du vainqueur. L'armée occupe ici le plus beau pays
possible. Les bords de la Prégel sont riches. Dans peu les
magasins et les caves de Dantzick et de Kœnigsberg vont nous
apporter de noúveaux moyens d'abondance et de santé. Les
noms des braves qui se sont distingués , les détails de ce que
chaque corps a fait, passent les bornes d'un simple bulletin ,
et l'état-major s'occupe de réunir tous les faits. Le prince de
Neufchâtel a , dans la bataille de Friedland , donné des preuves particulières de son zèle et de ses talens. Plusieurs fois
il s'est trouvé au fort de la mêlée , et y a fait des dispositions utiles. L'ennemi avait recommencé les hostilités le 5.
On peut évaluer la perte qu'il a éprouvée en dix jours , et
par suite de ces opérations , à 60,000 hommes pris , blessés ,
tués ou hors de combat. Il a perdu une partie de son artillerie , presque toutes ses munitions, et tous ses magasins sur
une ligne de quarante lieues. Les armées françaises ont rare-
ment obtenu de si grands succès avec moins de perte.

### 80.<sup>e</sup> *Bulletin de la grande armée.*

Tilsitt, le 19 juin.

Pendant le tems que les armées françaises se signalaient
sur le champ de bataille de Friedland , le grand-duc de Berg,
arrivé de Kœnigsberg , prenait en flanc le corps d'armée du
général *Lestocq.* Le 13 , le maréchal *Soult* trouva à Creutz-
berg l'arrière-garde prussienne. La division de dragons *Milhaud* exécuta une belle charge, culbuta la cavalerie prussienne et enleva plusieurs pièces de canon. Le 14, l'ennemi
fut obligé de s'enfermer dans la place de Kœnigsberg. Vers
le milieu de la journée , deux colonnes ennemies coupées se
présentèrent pour entrer dans la place. Six pièces de canon

et 3 à 4000 hommes qui composaient cette troupe furent pris. Tous les faubourgs de Kœnigsberg furent enlevés. On y fit un bon nombre de prisonniers. Le général de brigade *Buget* a eu la main emportée par un boulet. En résumé, les résultats de toutes ces affaires sont 4 à 5000 prisonniers, et 15 pièces de canon.

Le 15 et le 16, le corps d'armée du maréchal *Soult* fut contenu devant les retranchemens de Kœnigsberg ; mais la marche du gros de l'armée sur Wehlau obligea l'ennemi à évacuer Kœnigsberg, et cette place tomba en notre pouvoir. Ce qu'on a trouvé à Kœnigsberg en subsistances, est immense. Deux cents gros bâtimens, venant de Russie, sont encore tous chargés dans le port. Il y a beaucoup plus de vins et d'eau-de-vie qu'on n'était dans le cas de l'espérer. Une brigade de la division *Saint-Hilaire* s'est portée devant Pillau pour en former le siège, et le général *Rapp* a fait partir de Dantzick une colonne chargée d'aller, par le Neirung, établir devant Pillau une batterie qui ferme le Haff. Des bâtimens montés par des marins de la garde nous rendent maîtres de cette petite mer. Le 17, l'empereur porta son quartier-général à la métairie de Drucken, près Klein-Schirau ; le 18, il le porta à Sgaisgirren ; le 19, à deux heures après-midi, il entra dans Tilsitt. Le grand-duc de Berg, à la tête de la plus grande partie de la cavalerie légère, des divisions de dragons et de cuirassiers, a mené battant l'ennemi ces trois jours derniers, et lui a fait beaucoup de mal. Le 5.ᵉ régiment de hussards s'est distingué ; les cosaques ont été culbutés plusieurs fois et ont beaucoup souffert dans ces différentes charges. Nous avons eu peu de tués et de blessés. Au nombre de ces derniers, se trouve le chef d'escadron *Piéton*, aide-de-camp du grand-duc de Berg. Après le passage de la Prégel, vis-à-vis Wehlau, un tambour fut chargé par un cosaque et se jeta ventre à terre. Le cosaque prend sa lance pour en percer le tambour ; mais celui-ci conserve toute sa présence d'esprit, tire à lui la lance, désarme le cosaque et le poursuit. Un fait particulier qui a excité le rire des soldats, a eu lieu pour la première fois vers Tilsitt ; on a vu une nuée de kalmoucks se battant à coups de flèches. Nous en sommes fâchés pour ceux qui donnent l'avantage aux armes anciennes sur les modernes ; mais rien n'est plus risible que le jeu de ces armes contre nos fusils. Le maréchal *Davoust*, à la tête du 3.ᵉ corps, a débouché par Labiau, est tombé sur l'arrière-garde ennemie, et lui a fait 2,500 prisonniers. De son côté, le maréchal *Ney* est arrivé, le 17, à Interbourg, y a pris un millier de blessés et a enlevé à l'ennemi des magasins assez considérables. Les bois, les villages sont pleins de russes isolés, blessés ou malades. Les pertes de l'armée russe sont énormes ; elle n'a ramené avec elle qu'une soixantaine de pièces de canon. La rapidité des marches empêche de connaître encore toutes les pièces qu'on a prises à la bataille de Friedland ; on croit que le nombre passera 120. A la hauteur de Tilsitt, les billets ci-joints n.os I et II, ont été remis au grand-duc de Berg et par suite le prince russe lieutenant-général *Labanoff* a passé le Niemen et a conféré une heure avec le prince de Neufchâtel. L'ennemi a brûlé en grande hâte le pont de Tilsitt sur le Niemen et paraît continuer sa retraite sur la Russie. Nous sommes sur les confins de cet empire. Le Niemen, vis-à-vis Tilsitt est un peu plus large que la Seine. L'on voit de la rive gauche une nuée de cosaques qui forment l'arrière-garde ennemie sur la rive droite. Déjà l'on ne commet plus aucunes hostilités. Ce qui restait au roi de Prusse est conquis. Cet infortuné prince n'a plus en son pouvoir que le pays situé entre le Niemen et Memmel. La plus grande partie de son armée ou plutôt de la division de ses troupes, déserte, ne voulant pas aller en Russie. L'empereur de Russie est resté trois semaines à Tilsitt avec le roi de Prusse. A la nouvelle de la bataille de Friedland l'un et l'autre sont partis en toute hâte.

### N.º I.

*Le général en chef* Bennigsen, *à S. Exc. le prince* Pancration.

Mon Prince,

Après les flots de sang qui ont coulé, ces jours derniers, dans des combats aussi meurtriers que souvent répétés, je désirerais soulager les maux de cette guerre destructive, en proposant un armistice, avant que d'entrer dans une lutte, dans une guerre nouvelle, peut-être plus terrible encore que la première. Je vous prie, mon prince, de faire connaître aux chefs de l'armée française cette intention de ma part, dont les suites pourraient peut-être avoir des effets d'autant plus salutaires, qu'il est déjà question d'un congrès général, et pourraient prévenir une effusion inutile de sang humain. Vous voudrez bien ensuite me faire parvenir les résultats de votre démarche, et me croire avec la considération la plus distinguée,

Mon prince,

De votre excellence,

Le très-humble et très-obéissant serviteur,

( Signé ) *B. Bennigsen.*

### N.º II.

Monsieur le général ,

M. le général commandant en chef vient de m'adresser une lettre relativement aux ordres que S. Exc. a reçus de S. M. l'empereur, en me chargeant de vous faire part de son contenu. Je ne crois pas pouvoir mieux répondre à ses intentions, qu'en vous la faisant tenir en original. Je vous prie en même tems de me faire parvenir votre réponse , et d'agréer l'assurance de la considération distinguée avec laquelle j'ai l'honneur d'être ,

Monsieur le général ,

Le 6-18 juin.

Votre très-humble et très-obéissant serviteur ,

(Signé) *Pancration.*

### 81.ᵉ *Bulletin de la grande armée.*

Tilsit, le 21 juin 1807.

A la journée d'Heilsberg, le grand-duc de Berg passa sur la ligne de la 3.ᵉ division de cuirassiers au moment où le 6.ᵉ régiment de cuirassiers venait de faire une charge. Le colonel d'*Avenay*, commandant ce régiment, son sabre dégouttant de sang, lui dit: *Prince, faites la revue de mon régiment ; vous verrez qu'il n'est aucun soldat dont le sabre ne soit comme le mien.* Les colonels *Colbert*, du 7.ᵉ de hussards et *Lery*, du 5.ᵉ, se sont fait également remarquer par la plus brillante intrépidité. Le colonel *Berde-Soult*, du 22.ᵉ de chasseurs, a été blessé. M.ʳ *Guehenenc*, aide-de-camp du maréchal *Lannes*, a été blessé d'une balle au bras. Les généraux aides-de-camp de l'empereur, *Reille* et *Bertrand*, ont rendu des services importans. Les officiers d'ordonnance de l'empereur *Bongars, Montesquiou. Labiffe*, ont mérité des éloges pour leur conduite. Les aides-de-camp du prince de Neufchâtel, *Louis de Périgord*, capitaine, et *Pivé*, chef-d'escadron, se sont fait remarquer. Le colonel *Curial*, commandant les fusiliers de la garde, a été nommé général de brigade.

Le général de division *Dupas*, commandant une division sous les ordres du maréchal *Mortier*, a rendu d'importans services à la bataille de Friedland. Les fils des sénateurs *Pérignon, Clément de Ris* et *Garran de Coulon*, sont morts avec honneur sur le champ de bataille. Le maréchal *Ney* s'étant porté à Gumbinnen, a arrêté quelques parcs d'artillerie ennemie, beaucoup de convois de blessés, et fait un grand nombre de prisonniers.

## 82.ᵉ *Bulletin de la grande armée.*

Tilsit, le 22 juin 1807.

En conséquence de la proposition qui a été faite par le commandant de l'armée russe, un armistice a été conclu dans les termes suivans :

### A R M I S T I C E.

S. M. l'empereur des français, etc., etc., et S. M. l'empereur de Russie, voulant mettre un terme à la guerre qui divise les deux nations, et conclure, en attendant, un armistice, ont nommé et muni de leurs pleins-pouvoirs ; savoir : d'une part, le prince de *Neuf-châtel,* major-général de la grande armée ; et de l'autre, le lieutenant-général prince *Labanoff* de Rostow, chevalier des ordres de Saint-Anne, grand-croix, etc., lesquels sont convenus des dispositions suivantes :

Art. I.ᵉʳ Il y aura armistice entre l'armée française et l'armée russe, afin de pouvoir, dans cet intervalle, négocier, conclure et signer une paix qui mette fin à une effusion de sang si contraire à l'humanité.

II. Celle des deux parties contractantes qui voudra rompre l'armistice, ce que Dieu ne veuille ! sera tenue de prévenir au quartier-général de l'autre armée, et ce ne sera qu'après un mois de la date des notifications que les hostilités pourront recommencer.

III. L'armée française et l'armée prussienne concluront un armistice séparé, et, à cet effet, des officiers seront nommés de part et d'autre. Pendant les quatre ou cinq jours nécessaires à la conclusion dudit armistice, l'armée française ne commettra aucune hostilité contre l'armée prussienne.

IV. Les limites de l'armée française et de l'armée russe, pendant le tems de l'armistice, seront depuis le Curisch-Aaff, le thalweg du Niémen ; et en remontant la rive gauche de ce fleuve jusqu'à l'embouchure de Lorsana à Schaim, et remontant cette rivière jusqu'à l'embouchure du Bobra, suivant ce ruisseau par Bogari, Lipsk, Stabin, Dolistowo, Gonionz et Wisna jusqu'à l'embouchure du Bobra dans la Narew, et de-là remontant la rive gauche de la Narew, par Tykoczyn, Suras-Narew jusqu'à la frontière de la Prusse et de la Russie ; la limite dans le Frisch-Nérund sera à Nidden.

V. S. M. l'empereur des français et S. M. l'empereur de Russie nommeront, dans le plus court délai, des plénipotentiaires munis des pouvoirs nécessaires pour négocier, conclure et signer la paix définitive entre ces deux grandes et puissantes nations.

VI. Des commissaires seront nommés de part et d'autre, à l'effet de procéder sur-le-champ à l'échange, grade par grade, et homme par homme, des prisonniers de guerre.

VII. L'échange des ratifications du présent armistice sera fait au quartier-général de l'armée russe dans quarante-huit heures, et plutôt si faire se peut.

Fait à Tilsit, le 21 juin 1807.

Signé, le prince de Neufchâtel,<br>
Maréchal Alexandre Berthier.<br>
Le prince Labanoff de Rostow.

L'armée française occupe tout le Thalweg du Niémen, de sorte qu'il ne reste plus au roi de Prusse que la petite ville et le territoire de Memmel.

Proclamation de S. M. l'empereur et roi, à la grande armée.

« Soldats, le 5 juin nous avons été attaqués dans nos cantonnemens par l'armée russe. L'ennemi s'est mépris sur les causes de notre inactivité. Il s'est apperçu trop tard que notre repos était celui du lion : il se repent de l'avoir troublé. Dans les journées de Guttstadt, de Heilsberg, dans celle à jamais mémorable de Friedland, dans dix jours de campagne enfin, nous avons pris 120 pièces de canon, 7 drapeaux ; tué, blessé ou fait prisonniers 60,000 russes ; enlevé à l'armée ennemie, tous ses magasins, ses hôpitaux, ses ambulances ; la place de Kœnigsberg, les 300 bâtimens qui étaient dans ce port, chargés de toute espèce de munitions ; 160,000 fusils que l'Angleterre envoyait pour armer nos ennemis. Des bords de la Vistule, nous sommes arrivés sur ceux du Niémen avec la rapidité de l'aigle. Vous célébrâtes à Austerlitz l'anniversaire du couronnement, vous avez, cette année, dignement célébré celui de la bataille de Marengo qui mit fin à la guerre de la seconde coalition. Français, vous avez été dignes de vous et de moi. Vous rentrerez en France, couverts de tous vos lauriers, et après avoir obtenu une paix glorieuse qui porte avec elle la garantie de sa durée. Il est tems que notre patrie vive en repos, à l'abri de la maligne influence de l'Angleterre. Mes bienfaits vous prouveront ma reconnaissance et toute l'étendue de l'amour que je vous porte. »

Au camp impérial de Tilsit, le 22 juin 1807.

### 83.ᵉ *Bulletin de la grande armée.*

Tilsit, le 23 juin 1807.

Ci-joint la capitulation de la place de Neiss.

La garnison, forte de 6000 hommes d'infanterie et de 300 hommes de cavalerie, a défilé, le 16 juin, devant le prince *Jérôme.* On a trouvé dans la place 300 milliers de poudre et 300 bouches à feu.

### *Capitulation de la forteresse de Neiss et forts dépendans.*

Après la conférence du 29 et l'armistice qui a eu lieu du 28 au 30 mai, il a été convenu entre S. E. M.ʳ le général de division *Vandamme,* grand-officier de la légion d'honneur, décoré du grand-cordon, chevalier grand-croix de l'ordre royal de Hollande, et grand-croix de l'ordre du Mérite militaire de Wurtemberg, commandant les troupes du siège, muni de pleins-pouvoirs de S. A. I. le prince *Jérôme-Napoléon,* commandant en chef en Silésie les troupes françaises et alliées de S. M. l'empereur *Napoléon,* d'une part; et S. E. M.ʳ le baron *de Stensen,* lieutenant-général aux armées de S. M. le roi de Prusse, gouverneur de la forteresse de Neiss; et M.ʳ *de Weger,* général-major aux armées de S. M. le roi de Prusse, chevalier de l'ordre pour le Mérite, commandant de la forteresse de Neiss.

Art. I.ᵉʳ La forteresse de Neiss et forts dépendans seront remis aux troupes alliées de S. M. l'empereur *Napoléon*, le 16 juin 1807, s'ils ne sont pas secourus d'ici à ce tems.

II. L'armistice du 28 au 3o mai sera prolongé jusqu'au 15 juin inclusivement. Pendant cet armistice, les assiégeans ne pourront augmenter le nombre de leurs troupes, ni l'artillerie de siège, et resteront dans leur position actuelle, sans pouvoir envoyer des détachemens ni changer leurs postes.

III. Ne pouvant accéder à la demande qui a été faite de laisser, après la reddition de la place, les fortifications de la place et dépendances dans l'état où elles seront trouvées, elles restent à la disposition et aux volontés de S. M. l'empereur des français et roi d'Italie.

IV. La garnison sera prisonnière de guerre ; elle défilera devant les troupes de siège le 16 juin, à dix heures du matin, drapeaux déployés, mèches allumées, et mettra bas les armes devant elles. Les bas-officiers et soldats conserveront leurs havresacs.

V. Tout ce qui appartient à la forteresse et ses dépendances, artillerie, munitions de guerre, armes, plans et magasins de toute espèce, sera fidèlement remis entre les mains des officiers que S. A. I. le prince *Jérôme-Napoléon* désignera pour aller en prendre possession et en dresser procès-verbal.

VI. Les forestiers et gardes-chasse qui ont été sommés de faire le service dans la place, comme chasseurs, mettront bas les armes, et obtiendront la permission de retourner chez eux, à condition qu'ils prêteront serment de ne plus porter les armes contre S. M. l'empereur *Napoléon* ou ses alliés. Les surveillans des ouvriers et autres employés aux fortifications, resteront dans leurs places, et jouiront des mêmes avantages qu'auparavant.

VII. Les officiers conserveront leurs épées, chevaux et bagages, seront libres de se retirer où bon leur semblera, après toutefois avoir signé leur parole d'honneur de ne point servir contre les troupes de S. M. l'empereur *Napoléon* ou de ses alliés, jusqu'à la paix ou leur échange. La même faveur sera accordée aux feldwebels, porte-enseignes et maréchaux-de-logis de cavalerie. Il sera accordé en outre à chaque officier un soldat pour domestique.

VIII. Les bas-officiers et soldats mariés, ainsi que les invalides, auront la permission de retourner chez eux avec leurs familles.

IX. S. A. I. le prince *Jérôme-Napoléon* promet protection, au nom de son souverain, à toutes les religions que peuvent professer les habitans, propriétaires et locataires de Neiss et Friederickstadt, sûreté entière pour les personnes et propriétés desdits habitans.

X. MM. les magistrats, employés civils, et fonctionnaires quelconques, conserveront provisoirement les mêmes fonctions. Dans le cas où ils donneraient leur démission, ils seraient libres de rester en ville, ou de se retirer où bon leur semblera; et dans ce dernier cas, il leur serait délivré des passeports pour pouvoir voyager en sûreté avec leurs familles et leurs effets.

XI. Les caisses royales seront remises à l'officier militaire ou civil, que S. A. I. le prince *Jérôme-Napoléon* désignera; cet officier en donnera décharge. MM. les magistrats resteront dépositaires des sommes appartenantes aux particuliers.

XII. Tous les chapitres ecclésiastiques, sans exception, de même que toutes les fondations religieuses et pieuses, de quelque religion qu'elles puissent être, jouiront de leurs privilèges et seront protégées. Les caisses contenant des sommes appartenantes aux orphelins ou enfans mineurs, seront également respectées.

XIII. Les blessés et malades seront traités avec soin, et les chirurgiens qui les ont soignés jusqu'à présent, pourront rester près d'eux.

XIV. La ville de Neiss ayant extrêmement souffert par le bombardement, la troupe logera dans les bâtimens royaux; les officiers seuls pourront loger chez les particuliers.

XV. Les bâtimens de Landschafft, des accises et de la douane, seront exempts de loger les militaires.

XVI. La garnison de Neiss ayant été obligée d'emprunter 40,000 écus sur la caisse des orphelins, cette somme ne peut être remboursée à cette administration que par le trésor de S. M. le roi de Prusse, ou par les revenus des accises de la Haute-Silésie (sur quoi cette somme a été hypothéquée), lorsque S. M. reprendra le gouvernement de cette province.

XVII. Les officiers de la garnison, ainsi que les sous-officiers et soldats des compagnies de vétérans, recevront dans leurs foyers la solde accordée en tems de paix.

XVIII. La garnison ne pourra rompre l'armistice que dans le cas où les boulets de l'armée de secours se croiseraient avec ceux de la place.

XIX. S. Exc. M.ʳ le gouverneur permettra à deux officiers supérieurs du génie et de l'artillerie, désignés par S. A. I. le prince *Jérôme-Napoléon*, d'entrer en ville le 15 juin, à six heures du matin, afin de dresser procès-verbal, conjointement avec les officiers du génie et de l'artillerie de la place, des arsenaux et de tous les objets appartenant à la forteresse.

XX. La porte dite de Neustadt, sera livrée aux troupes alliées de S. M. l'empereur *Napoléon*, le 15, au moment où les officiers de génie et de l'artillerie entreront dans la place pour dresser procès-verbal des arsenaux, etc.

XXI. Il sera accordé à S. Exc. M.ʳ le gouverneur un passeport pour un officier qui ne sera point regardé comme prisonnier de guerre, pour aller porter la présente capitulation à S. M. le roi de Prusse.

XXII. Pour tous les articles non prévus, ou qui pourraient avoir une double interprétation, S. Exc. M.ʳ le gouverneur peut entièrement s'en rapporter à la générosité et au caractère de justice bien connu de S. A. I. le prince *Jérôme-Napoléon*.

Fait double, le 1.ᵉʳ juin 1807. Signé *Vandamme.*

 *Stensen,* gouverneur de la ville et forteresse
  de Neiss.

  *Weger,* commandant de la forteresse.

S. A. I. le prince *Jérôme-Napoléon*, commandant en chef le 9.ᵉ corps de la grande armée, approuve la présente capitulation.

Par ordre de S. A. I.,

  Le général de division, chef de l'état-major-
  général du 9.ᵉ corps de la grande armée.

    *T. Hédouville.*

## 84.ᵉ *Bulletin de la grande armée.*

Tilsit, le 24 juin 1807.

Le grand-maréchal du palais *Duroc* s'est rendu le 23 au quartier-général des russes, au-delà du Niémen, pour échanger les ratifications de l'armistice, qui a été ratifié par l'empereur *Alexandre.* Le 24, le prince *Labanoff* ayant fait demander une audience à l'empereur, y a été admis le même jour à deux heures après-midi. Il est resté long-tems dans le cabinet de S. M. Le général *Kalkreuth* est attendu au quartier-général, pour signer l'armistice du roi de Prusse. Le 11 juin, à quatre heures du matin, les russes attaquèrent en force Druczewo. Le général *Claparède* soutint le feu de l'ennemi. Le maréchal *Massena* se porta sur la ligne, repoussa l'ennemi et déconcerta ses projets. Le 17.ᵉ régiment d'infanterie légère a soutenu sa réputation. Le général *Montbrun* s'est fait remarquer. Un détachement du 28.ᵉ d'infanterie légère et un piquet du 25.ᵉ de dragons ont mis en fuite les cosaques. Tout ce que l'ennemi a entrepris contre nos postes dans les journées du 11 et du 12, a tourné à sa confusion. On a vu par l'armistice que la gauche de l'armée française est appuyée sur le Currish-Haff, à l'embouchure du Niémen, de-là notre ligne se prolonge sur Grodno. La droite, commandée par le maréchal *Massena,* s'étend sur les confins de la Russie, entre les sources de la Narew et du Bug. Le quartier-général va se concentrer à Kœnigsberg, où l'on fait toujours de nouvelles découvertes en vivres, munitions et autres effets appartenant à l'ennemi. Une position aussi formidable est le résultat des succès les plus brillans ; et tandis que toute l'armée ennemie est en fuite et presqu'anéantie, plus de la moitié de l'armée française n'a pas tiré un coup de fusil.

## 85ᵉ. *Bulletin de la grande armée.*

Tilsit, le 24 juin 1807.

Demain les deux empereurs de France et de Russie doivent avoir une entrevue. On a à cet effet élevé au milieu du Niémen un pavillon où les deux monarques se rendront de chaque rive. Peu de spectacles seront aussi intéressans. Les deux côtés du fleuve seront bordés

dés par les deux armées, pendant que les chefs conféreront sur les moyens de rétablir l'ordre et de donner le repos à la génération présente. Le grand-maréchal du palais *Duroc* est allé, hier à trois heures après-midi, complimenter l'empereur *Alexandre*. Le maréchal *Kalkreuth* a été présenté aujourd'hui à l'empereur; il est resté une heure dans le cabinet de Sa Majesté. L'empereur a passé ce matin la revue du corps du maréchal *Lannes*. Il a fait différentes promotions, a récompensé les braves, et a témoigné sa satisfaction aux cuirassiers saxons.

### 86.ᵉ *Bulletin de la grande armée.*

Tilsit, le 25 juin 1807.

Le 25 juin à un heure après-midi, l'empereur, accompagné du grand-duc de Berg, du prince de Neufchâtel, du maréchal *Bessières*, du grand-maréchal du palais *Duroc* et du grand écuyer *Caulaincourt*, s'est embarqué sur les bords du Niémen dans un bateau préparé à cet effet, il s'est rendu au milieu de la rivière où le géneral *Lariboissière*, commandant l'artillerie de la garde, avait fait placer un large radeau, et élever un pavillon pour la suite de Leurs Majestés. Au même moment, l'empereur *Alexandre* est parti de la rive droite, sur un bateau, avec le grand-duc *Constantin*, le géneral *Bennigsen* le général *Ouwaroff*, le prince *Labanoff* et son premier aide-de-camp, le comte de *Liéven*. Les deux bateaux sont arrivés en même tems; les deux empereurs se sont embrassés en mettant le pied sur le radeau; ils sont entrés ensemble dans la salle qui avait été préparée, et y sont restés deux heures. La conférence finie, les personnes de la suite des deux empereurs ont été introduites. L'empereur *Alexandre* a dit des choses agréables aux militaires qui accompagnaient l'empereur, qui de son côté, s'est entretenu long-temps avec le grand-duc *Constantin* et le général *Bennigsen*. La conférence finie, les deux empereurs sont montés chacun dans leur barque. On conjecture que la conférence a eu le résultat le plus satisfaisant. Immédiatement après, le prince *Labanoff* s'est rendu au quartier-général français. On est convenu que la moitié de la ville de Tilsit serait neutralisée. On y a marqué le logement de l'empereur de Russie et de sa cour. La garde impériale russe passera le fleuve et sera cantonnée dans la partie de la ville qui lui est destinée. Le grand nombre de personnes de l'une et l'autre armée, accourues sur l'une et l'autre rive, pour être témoin de cette scène, rendaient ce spectacle d'autant plus intéressant, que les spectateurs étaient des braves des extrémités du monde.

Tilsit, le 26 juin 1807.

Aujourd'hui à midi et demi, S. M. s'est rendue au pavillon du Niémen. L'empereur *Alexandre* et le roi de Prusse y sont arrivés au même moment. Ces trois souverains sont restés ensemble, dans le salon du pavillon, pendant une demi-heure.

A cinq heures et demie, l'empereur *Alexandre* est passé sur la rive gauche. L'empereur *Napoléon* l'a reçu à la descente du bateau. Ils sont montés à cheval l'un et l'autre; ils ont parcouru la grande rue de la ville, où se trouvait rangée la garde impériale française à pied et à cheval, et sont descendus au palais de l'empereur *Napoléon*. L'empereur *Alexandre* y a dîné avec l'empereur, le grand-duc *Constantin* et le grand-duc de Berg.

Tilsitt, le 1.er juillet 1807.

Le 29 et le 30 juin, les choses se sont passées entre les trois souverains comme les jours précédens. Le 20, à six heures du soir, ils sont allés voir manœuvrer l'artillerie de la garde. Le lendemain, à la même heure, ils ont vu manœuvrer les grenadiers à cheval. La plus grande amitié paraît régner entre ces princes.

A l'un des dîners qui ont toujours lieu chez l'Empereur *Napoléon*, S. M. a porté la santé de l'impératrice de Russie et de l'impératrice-mère. Le lendemain, l'empereur *Alexandre* a porté la santé de l'impératrice des Français.

La première fois que le roi de Prusse a dîné chez l'Empereur *Napoléon*, S. M. a porté la santé de la reine de Prusse.

Le 29, le prince *Alexandre Kourakin*, ambassadeur et ministre plénipotentiaire de l'empereur *Alexandre*, a été présenté à l'Empereur *Napoléon*.

Le 30, la garde impériale a donné un dîné de corps

à la garde impériale russe. Les choses se sont passées avec beaucoup d'ordre. Cette réunion a produit beaucoup de gaieté dans la ville.

La place de Glatz a capitulé. La capitulation est ci-jointe. Le fort de Silberberg est la seule place de la Silésie qui tienne encore.

## Capitulation de la forteresse de Glatz et forts dépendans.

D'après l'armistice convenu le 24 du présent mois, entre S. A. I. le prince *Jérôme Napoléon*, général en chef du 9°. corps de la grande armée de S. M. l'empereur des français, roi d'Italie, d'un part; et M. le comte de *Goetzen*, lieutenant-colonel aide-de-camp et plénipotentiaire de S. M. le roi de Prusse en Silésie et dans le comté de Glatz, de l'autre ; M. *Meyronnet*, capitaine de frégate, lieutenant-colonel, membre de la légion d'honneur, chevalier de l'ordre militaire de Wurtemberg, aide-de-camp de S. A. I. le prince *Jérôme Napoléon*, et chargé de ses pleins pouvoirs ; M. de *Gleissenberg*, colonel et commandant de la forteresse, et chevalier de l'ordre pour le Mérite ; et M. de *Braun*, lieutenant-colonel d'infanterie et commandant de Schaeferberg, ont arrêté la capitulation suivante, sous la ratification de S. A. I. le prince *Jérôme Napoléon*, d'une part; et de M. le comte de *Goetzen*, de l'autre.

Art. 1er. La forteresse de Glatz avec tous les ouvrages et forts détachés, sera remise, le 26 juillet, aux troupes alliées de S. M. l'empereur des français et roi d'Italie, si d'ici à ce tems elle n'est secourue.

II. L'armistice qui a été conclu le 24 juin 1807 sera prolongé, de la manière désignée jusqu'au 25 juillet inclusivement. Cependant la forteresse de Glatz sera bloquée par 8000 hommes.

III. La garnison pourra aussi rompre l'armistice dans le cas où les boulets de l'armée de secours pourraient se croiser avec ceux de la foteresse.

IV. Tout ce qui appartient à la forteresse, artillerie, munitions de guerre, armes, plans et magasins de toute espèce, sera fidèlement remis aux officiers que S. A. I. le prince *Jérôme Napoléon* désignera pour en prendre possession et en dresser procès-verbal.

**V.** La garnison sera prisonnière de guerre, et défilera, le 26 juillet, à dix heures du matin, avec deux pièces de 6, drapeaux déployés, mèche allumée, tambour battant, et mettra bas les armes.

**VI.** Pour honorer les commandans, et avec eux la garnison, lesdits canons mentionnés dans l'article précédent, avec attelages et munitions, leur seront accordés, et remis à leur disposition.

**VII.** Les sous-officiers et soldats garderont leurs havresacs et porte-manteaux.

**VIII.** Les soldats forestiers, chasseurs et gardes-chasse, mariés ou natifs du pays, obtiendront la permission de se rendre chez eux.

**IX.** Les officiers qui étaient déjà hors de service, et qui d'après la provocation de S. M. le roi de Prusse, sont rentrés au service pendant cette guerre, s'engagent à ne plus servir dans la guerre présente contre les troupes de S. M. l'empereur *Napoléon* et celles de ses alliés; mais ils retourneront dans la situation où ils étaient auparvant, et recevront la pension dont ils jouissaient avant la guerre. Les officiers qui ne touchaient point de pension et qui sont rentrés au service, seront regardés comme les autres officiers de l'armée.

**X.** Tous les officiers gardent leur épée et leurs équipages; et il leur sera permis de se rendre où bon leur semblera; ils pourront même rester à Glatz, après avoir donné leur parole d'honneur de ne point servir, jusques à leur échange, contre les troupes de S. M. I. et R. ou contre ses alliés. Chaque individu qui porte la dragonne ( porte épée ) d'officier prussien, sera regardé comme tel et traité de même.

**XI.** Les compagnies d'invalides toucheront leurs paiemens, à compter du 25 juillet, lesquels leur seront comptés à la fin de chaque mois. Dans le nombre des invalides seront comptés tous les individus qui occupent les places affectées aux invalides; par exemple, le Schlussel, major; le Walplaker, concierge, etc.

**XII.** Les auditeurs, aumôniers et chirurgiens ne seront pas regardés comme prisonniers de guerre, et obtiendront la permission et des passeports pour se rendre où bon leur semblera.

XIII. Les blessés et malades resteront à Glatz jus-qu'à leur rétablissement, et seront nourris aux frais du pays. Les chirurgiens nécessaires resteront dans la place pour les soigner.

XIV. En cas que, dans la suite, il manquât quel-ques espèces de médecines et autres objets nécessai-res aux malades, l'officier commandant le blocus s'en-gage à faire parvenir ces choses à la garnison.

XV. Il sera permis à deux officiers désignés par S. A. I. de se rendre, le 25 juillet, à six heures du ma-tin, dans la ville, pour dresser, de concert avec les officiers désignés de la garnison, le procès-verbal de l'arsenal et de toutes les choses appartenantes à la forteresse, desquelles on donnera quittance.

XVI. Les caisses royales seront remises à l'officier militaire ou civil qui sera désigné pour cela, et cet officier en donnera quittance.

XVII. Tous les habitans de la ville, propriétaires ou locataires, de toutes les religions, auront sûreté pour leurs personnes et leurs biens, conformément aux usages jusqu'à présent suivis.

XVIII. On protégera particulièrement dans leurs possessions ceux à qui on a donné du fer ou du plomb ou à qui on a vendu de telles choses d'après des con-trats fixés.

XIX. Les magistrats et employés civils conserve-ront leurs fonctions, et s'ils donnaient leur démission ils pourraient rester dans la ville ou se retirer où bon leur semblera, et, dans ce dernier cas, il leur sera donné des passeports pour pouvoir voyager avec leur famille et leurs effets, en toute sûreté.

XX. Toutes les caisses qui n'appartiennent pas im-médiatement à S. M. le roi de Prusse, comme l'ar-gent déposé et la caisse de la ville, resteront sous l'administration du magistrat; celle de Landshoft sur-tout sera respectée, de même que le bien des pro-priétaires majeurs et mineurs sera conservé en entier aux intéressés.

XXI. Toutes les fondations religieuses ou pieuses, d'une religion quelconque, jouiront de leurs privilé-ges et seront protégées, particulièrement le bien de l'église évangélique de la garnison; les appointemens du ministre et du sacristain seront assignés provisoirement sur les caisses du pays.

XXII. Tous ceux qui ont eu des pensions des caisses instituées pour l'entretien des veuves, ou des caisses du pays, les toucheront aussi à l'avenir.

XXIII. La ville de Glatz ayant beaucoup souffert par le bombardement, et étant d'ailleurs pauvre, aura aussi peu de troupes à loger que possible, et sera soulagée en d'autres impôts.

XXIV. La barrière et la porte de Thérèse seront occupées le 25 juillet, à trois heures après midi, par les troupes du 9.ᵉ corps de la grande armée; mais la barrière et le tambour du pont de l'écluse resteront occupés par les troupes de la forteresse jusqu'au 26 juillet.

XXV. Immédiatement après la ratification, il sera permis à un officier de la garnison de se rendre auprès de S. M. le roi de Prusse, pour lui porter la capitulation, et en faire le rapport; à l'époque de la reddition de la place, un officier partira pour l'annoncer à S. M. le roi de Prusse. Ces deux officiers seront munis des passeports nécessaires pour se rendre, sans obstacle, à leur destination, et ils ne seront aucunement regardés comme prisonniers de guerre. Ils prendront leur route par l'Autriche.

XXVI. Pour tous les articles ci-dessus qui seraient susceptibles d'une double interprétation, les commandans peuvent entièrement s'en rapporter à la générosité et au caractère de justice bien connu de S. A. I. le prince *Jérôme-Napoléon*.

Fait double à Lasswitz, près Glatz, le 18 juin 1807.

( Suivent les signatures. )

*87.ᵉ Bulletin de la grande armée.*

Kœnigsberg, le 12 juillet 1807.

Les empereurs de France et de Russie, après avoir séjourné pendant vingt jours à Tilsit, où les deux maisons impériales, situées dans la même rue, étaient à peu de distance l'une de l'autre, se sont séparés le 9, à trois heures après-midi, en se donnant les plus grandes marques d'amitié. Le journal de ce qui s'est passé pendant la durée de leur séjour, sera d'un véritable intérêt pour les deux peuples. Après avoir reçu, à trois heures et demie, la visite d'adieu du roi de Prusse, qui est retourné à Memmel, l'empereur *Napoléon* est parti pour Kœnigsberg, où il est arrivé le 10 à quatre heures du matin. Il a fait hier la visite du port dans un canot qui était servi par les marins de la garde. S. M. passe aujourd'hui la revue du corps du maréchal *Soult*, et part demain à deux heures du matin pour Dresde.

Le nombre des russes tués à la bataille de Friedland s'élève à 17,500 ; celui des prisonniers est de 40,000 ; 18,000 sont passés à Kœnigsberg ; 7000 sont restés malades dans les hôpitaux ; le reste a été dirigé sur Thorn et Varsovie. Les ordres ont été donnés pour qu'ils fussent renvoyés en Russie, sans délai ; 7000 sont déjà revenus à Kœnigsberg, et vont être rendus. Ceux qui sont en France, seront formés en régimens provisoires. L'empereur a ordonné de les habiller et de les armer.

Les ratifications du traité de paix entre la France et la Russie avaient été échangées à Tilsit, le 9 ; celles du traité de paix entre la France et la Prusse l'ont été ici aujourd'hui. Les plénipotentiaires chargés de ces négociations étaient, pour la France, M. le prince de *Bénévent* ; pour la Russie, le prince *Kurakin* et le prince *Labanoff* ; pour la Prusse, le feld-maréchal comte de *Kalkreuth* et le comte de *Goltz*. Après de tels événemens, on ne peut s'empêcher de sourire quand on entend parler de la grande expédition anglaise et de la nouvelle frénésie qui s'est emparée du roi de Suède. On doit remarquer d'ailleurs que l'armée d'observation de l'Elbe et de l'Oder était de 70,000 hommes, indépendamment de la grande armée et non compris les divisions espagnoles qui sont en ce moment sur l'Oder. Ainsi, il aurait fallu que l'Angleterre mît en expédition toute son armée, ses milices, ses volontaires, ses fencibles, pour opérer une diversion sérieuse. Quand on considère que dans de telles circonstances elle a envoyé 6 mille hommes se faire massacrer par les arabes, et 7 mille hommes dans les Indes espagnoles, on ne peut qu'avoir pitié l'excessive avidité qui tourmente ce cabinet.

La paix de Tilsitt met fin aux opérations de la grande armée ; mais toutes les côtes, tous les ports de la Prusse n'en resteront pas moins fermés aux anglais. Il est probable que le blocus continental ne sera pas un vain mot.

La Porte a été comprise dans le traité. La révolution qui vient de s'opérer à Constantinople, est une révolution anti-chrétienne, qui n'a rien de commun avec la politique de l'Europe. L'adjudant-commandant *Guilleminot* est parti pour la Bessarabie, où il va informer le grand-visir de la paix, de la liberté qu'a la Porte d'y prendre part, et des conditions qui la concernent.

*Kœnigsberg*, le 13 juillet.

L'Empereur a passé hier la revue du 4.e corps d'armée. Arrivé au 26.e régiment d'infanterie légère, on lui présenta le capitaine de grenadiers *Roussel*. Ce brave soldat, fait prisonnier à l'affaire de Hoff, avait été remis aux prussiens. Il se trouva dans un appartement où un insolent officier se livrait à toute espèce d'invectives contre l'Empereur. *Roussel* supporta d'abord patiemment ces injures, mais enfin il se lève fièrement en disant : « Il n'y a que des lâches qui puis-
« sent tenir de pareils propos contre l'Empereur *Na-*
« *poléon*, devant un de ses soldats. Si je suis contraint
« d'entendre de pareilles infamies, je suis à votre dis-
« crétion, donnez-moi la mort. » Plusieurs autres officiers prussiens qui étaient présens, ayant autant de jactance que peu de mérite et d'honneur, voulurent se porter contre ce brave militaire à des voies de fait. *Roussel*, seul contre sept ou huit personnes, aurait passé un mauvais quart-d'heure, si un officier russe, survenant à l'instant, ne se fût jeté devant lui le sabre à la main : C'est notre prisonnier, dit-il, et non le vôtre. Il a raison, et vous outragez lâchement le premier capitaine de l'Europe. Avant de frapper ce brave homme, il vous faudra passer sur mon corps.

En général, autant les prisonniers français se louent des russes, autant ils se plaignent des prussiens, surtout du général *Ruchel*, officier aussi méchant et fanfaron, qu'il est inepte et ignorant sur le champ de bataille. Des corps prussiens qui se trouvaient à la journée d'Iéna, le sien est celui qui s'est le moins bravement comporté.

En entrant à Kœnigsberg, on a trouvé aux galères un caporal français, qui y avait été jeté, parce qu'entendant les sectateurs de *Ruchel* parler mal de l'Empereur, il s'était emporté et avait déclaré ne pas vouloir le souffrir en sa présence.

Le général *Victor*, qui fut fait prisonnier dans une chaise de poste par un guet-à-pens, a eu aussi à se plaindre du traitement qu'il a reçu du général *Ruchel*, qui était gouverneur de Kœnigsberg. C'est cependant le même *Ruchel* qui, blessé grièvement à la bataille d'Iéna, fut accablé de bons traitemens par les français; c'est lui qu'on laissa libre, et à qui, au lieu d'envoyer des gardes comme on devait le faire, on envoya les chirurgiens. Heureusement que le nombre des hommes auxquels il faut se répentir d'avoir fait du bien, n'est pas grand. Quoiqu'en disent les misantropes, les ingrats et les pervers forment une exception dans l'espèce humaine.

## SÉNAT CONSERVATEUR.

*Paris, le 25 juillet.*

Hier, 24, à 4 heures après-midi, en exécution des ordres de S. M. l'Empereur et Roi, S. A. S. Mgr. le prince archichancelier de l'empire, s'est rendu au sénat, à l'effet de lui communiquer les deux traités de paix signés avec la Russie et la Prusse.

S. A. S. a été reçue avec le cérémonial ordinaire, et ayant pris séance, a dit :

Messieurs,

» Le cours rapide des victoires de S. M. l'Empereur et Roi, offrait le présage infaillible d'une paix glorieuse.

» Ces espérances sont accomplies par les deux traités de paix que j'apporte au sénat. S. M. n'a point permis qu'ils fussent rendus publics, avant que vous en ayez reçu la communication.

» Le sénat appréciera avec reconnaissance cette réserve délicate, et y verra une nouvelle preuve de l'attention de notre auguste souverain à maintenir les formes consacrées par nos usages et par nos lois.

» Au milieu des grands résultats que présentent ces transactions politiques, il en est un qui intéressera vos plus vives affections. Dévoués, comme vous l'êtes, Messieurs, à la gloire de la dynastie impériale, avec quelle satisfaction ne verrez-vous pas sa splendeur toujours croissante, porter au trône de Westphalie un jeune prince dont la sagesse et le courage viennent de se signaler par de si nobles travaux ?

» Dans cette disposition, comme dans toutes celles qui composent ces traités, vous retrouverez, Messieurs, les soins constans du fondateur de l'empire, pour consolider le grand système dont il a posé les bases.

» Votre cœur applaudira aux conceptions d'un génie, ami de l'humanité, dont toutes les vues, dont toutes les précautions ont pour objet d'éloigner l'effusion du sang humain.

» Le continent peut enfin se promettre une paix durable. Les entrevues mémorables qui viennent d'avoir lieu sur les bords du Niemen, sont les gages d'une longue tranquillité. Les rapports d'estime et de confiance qui se sont établis entre les souverains des deux plus puissantes nations de l'Europe, offrent une garantie contre laquelle désormais tous les efforts de la haine et de l'ambition viendront inutilement échouer. «

S. A. S. a ensuite remis les deux traités qui ont été lus à la tribune par le sénateur *Depère*, l'un des secrétaires.

S. M. l'Empereur des Français, Roi d'Italie, protecteur de la confédération du Rhin, et S. M. l'Empereur de toutes les Russies, étant animés d'un égal désir de mettre fin aux calamités de la guerre, ont, à cet effet, nommé pour leurs plénipotentiaires, savoir : S. M. l'Empereur des Français, Roi d'Italie, protecteur de la confédération du Rhin, M. *Charles-Maurice Talleyrand*, prince de Bénévent, son grand-chambellan et ministre des relations extérieures, grand-cordon de la légion d'honneur, chevalier grand-croix des ordres de l'aigle-noir et de l'aigle-rouge de Prusse, et de Saint-Hubert ;

Et S. M. l'empereur de toutes les Russies, M. le prince *Alexandre Kourakin*, son conseiller privé actuel, membre du conseil-d'état, sénateur, chancelier de tous les ordres de l'empire, chambellan actuel, ambassadeur extraordinaire et ministre plénipotentiaire de S. M. l'empereur de toutes les Russies près S. M. l'empereur d'Autriche, et chevalier des ordres de Russie, de Saint-André, de Saint-Alexandre, de Sainte-Anne de 1.re classe, et de Saint-Wolodimir de la 1.re classe; de l'Aigle noir et de l'Aigle rouge de Prusse, de Saint-Hubert, de Bavière, de Dambrog et de l'Union parfaite de Danemarck, et bailli grand-croix de l'ordre souverain de Saint-Jean de Jérusalem ;

Et M. le prince *Dimity Labanoff de Rostoff*, lieutenant-

général des armées de S. M. l'empereur de toutes les Russies,
chevalier des ordres de Sainte-Anne de la première classe,
de l'ordre militaire de Saint-Georges, et de l'ordre de Wo-
lodimir de la troisième classe;

Lesquels, après avoir échangé leurs pleins-pouvoirs respectifs, sont convenus des articles suivans :

Art. I.er Il y aura, à compter du jour de l'échange des
ratifications du présent traité, paix et amitié parfaite entre
S. M. l'Empereur des Français, Roi d'Italie, et S. M. l'empereur de toutes les Russies.

II. Toutes les hostilités cesseront immédiatement de part
et d'autre, sur terre et sur mer, dans tous les points où la
nouvelle de la signature du présent traité sera officiellement
parvenue.

Les hautes parties contractantes la feront porter, sans
délai, par des couriers extraordinaires à leurs généraux et
commandans respectifs.

III. Tous les bâtimens de guerre ou autres appartenant à
l'une des parties contractantes ou à leurs sujets respectifs,
qui auraient été pris postérieurement à la signature du présent traité, seront restitués, ou, en cas de vente, le prix
en sera restitué.

IV. S. M. l'Empereur *Napoléon*, par égard pour S. M.
l'empereur de toutes les Russies, et voulant donner une
preuve du désir sincère qu'il a d'unir les deux nations par les
liens d'une confiance et d'une amitié inaltérables, consent
à restituer à S. M. le roi de Prusse, allié de S. M. l'empereur de toutes les Russies, tous les pays, villes et territoires conquis et dénommés ci-après, savoir :

La partie du duché de Magdebourg située à la droite de
l'Elbe ;

La marche de Prignitz, l'Uker-Marck, la Moyenne et la
Nouvelle Marche de Brandebourg, à l'exception du Kotbu-
ser-Kreys, ou cercle de Cotbus, dans la Basse-Lusace,
lequel devra appartenir à S. M. le roi de Saxe ;

Le duché de Poméranie ;

La Haute, la Basse et la Nouvelle Silésie avec le comté
de Glatz ;

La partie du district de la Netze, située au nord de la
chaussée allant de Driessen à Schneide-Mühl, et d'une ligne
allant de Schneide-Mühl à la Vistule par Waldau, en suivant les limites du cercle de Bromberg, la navigation par
la rivière de Netze et le canal de Bromberg, depuis Driessen
jusqu'à la Vistule, et réciproquement devant être libre et

franche de tout péage ; la Pomerelie, l'île de Nogat, les pays à la droite de Nogat et de la Vistule, à l'ouest de l'ancienne Prusse et au nord du cercle de Culm, l'Ermeland, et enfin le royaume de Prusse, tel qu'il était au premier janvier 1772, avec les places de Spandau, Stettin, Custrin, Glogau, Breslau, Schweidnitz, Neiss, Brieg, Kosel et Glatz, et généralement toutes les places, citadelles, châteaux et forts des pays ci-dessus dénommés, dans l'état où lesdites places, citadelles, châteaux et forts se trouvent maintenant, et en outre la ville et citadelle de Graudentz.

V. Les provinces qui, au premier janvier 1772 faisaient partie de l'ancien royaume de Pologne, et qui ont passé depuis, à diverses époques, sous la domination prussienne, seront, à l'exception des pays qui sont nommés ou désignés au précédent article, et de ceux qui sont spécifiés en l'article IX ci-après, possédés en toute propriété et souveraineté par S. M. le roi de Saxe, sous le titre de duché de Varsovie, et régis par des constitutions qui, en assurant les libertés et les privilèges des peuples de ce duché, se concilient avec la tranquillité des états voisins.

VI. La ville de Dantzick avec un territoire de deux lieues de rayon autour de son enceinte, sera rétablie dans son indépendance, sous la protection de S. M. le roi de Prusse et de S. M. le roi de Saxe, et gouvernée par les lois qui la régissaient à l'époque où elle cessa de se gouverner elle-même.

VII. Pour les communications entre le royaume de Saxe et le duché de Varsovie, S. M. le roi de Saxe aura le libre usage d'une route militaire à travers les possessions de S. M. le roi de Prusse. Ladite route, le nombre des troupes qui pourront y passer à la fois, et les lieux d'étape seront déterminés par une convention spéciale faite entre leursdites majestés, sous la médiation de la France.

VIII. S. M. le roi de Prusse, S. M. le roi de Saxe, ni la ville de Dantzick ne pourront empêcher par aucune prohibition, ni entraver par l'établissement d'aucun péage, droit ou impôt de quelque nature qu'il puisse être, la navigation de la Vistule.

IX. Afin d'établir, autant qu'il est possible, des limites naturelles entre la Russie et le duché de Varsovie, le territoire circonscrit par la partie des frontières russes actuelles, qui s'étend depuis le Bug jusqu'à l'embouchure de la Lossosna, et par une ligne partant de ladite embouchure suivant le thalweg de cette rivière, le thalweg de la Bobra jusqu'à son embouchure, le thalweg de la Narew, depuis le point susdit jusqu'à Suratz , de la Lisa jusqu'à sa source, près le village de Mien , de l'affluent de la Nurzeck prenant sa source près le même village , de la Nurzeck jusqu'à son embouchure au-dessus de Nurr, et enfin le thalweg du Bug , en le remontant jusqu'aux frontières russes actuelles , sera réuni à perpétuité à l'empire de Russie.

X. Aucun individu , de quelque classe et condition qu'il soit , ayant son domicile ou des propriétés dans le territoire spécifié en l'article précédent , ne pourra , non plus qu'aucun individu domicilié , soit dans les provinces de l'ancien royaume de Pologne , qui doivent être restituées à S. M. le roi de Prusse , soit dans le duché de Varsovie , mais ayant en Russie des biens-fonds , rentes , pensions ou revenus , de quelque nature qu'ils soient , être frappé dans sa personne , dans ses biens , rentes , pensions et revenus de tout genre , dans son rang et ses dignités , ni poursuivi ni recherché en aucune façon quelconque , pour aucune part , ou politique ou militaire, qu'il ait pu prendre aux événemens de la guerre présente.

XI. Tous les engagemens et toutes les obligations de S. M. le roi de Prusse , tant envers les anciens possesseurs., soit de charges publiques , soit de bénéfices ecclésiastiques , militaires ou civils , qu'à l'égard des créanciers ou des pensionnaires de l'ancien gouvernement de Pologne , restent à la charge de S. M. l'empereur de toutes les Russies et de S. M. le roi de Saxe , dans la proportion de ce que chacune de leursdites majestés acquiert par les articles V et IX , et seront acquittés pleinement sans restriction , exception , ni réserve aucune.

XII. Leurs altesses sérénissimes les ducs de Saxe-Cobourg, d'Oldenbourg et de Mecklenbourg-Schwerin , seront remis chacun dans la pleine et paisible possession de ses états ; mais les ports des duchés d'Oldenbourg et de Mecklenbourg continueront d'être occupés par des garnisons françaises , jusqu'à l'échange des ratifications du futur traité de paix définitive entre la France et l'Angleterre.

XIII. S. M. l'Empereur *Napoléon* accepte la médiation de S. M. l'empereur de toutes les Russies , à l'effet de négocier et conclure un traité de paix définitive entre la France et l'Angleterre , dans la supposition que cette médiation sera aussi acceptée par l'Angleterre , un mois après l'échange des ratifications du présent traité.

XIV. De son côté , S. M. l'empereur de toutes les Russies , voulant prouver combien il désire d'établir entre les deux empires les rapports les plus intimes et les plus durables , reconnaît S. M. le roi de Naples , *Joseph-Napoléon* , et S. M. le roi de Hollande , *Louis-Napoléon.*

XV. S. M. l'empereur de toutes les Russies reconnaît pareillement la confédération du Rhin , l'état actuel de possession de chacun des souverains qui la composent , et les titres donnés à plusieurs d'entre eux , soit par l'acte de confédération , soit par les traités d'accession subséquens.

Sadite Majesté promet de reconnaître , sur les notifications qui lui seront faites de la part de S. M. l'Empereur *Napoléon*, les souverains qui deviendront ultérieurement membres de la confédération , en la qualité qui leur sera donnée par les actes qui les y feront entrer.

XVI. S. M. de toutes les Russies cède , en toute propriété et souveraineté , à S. M. le roi de Hollande la seigneurie de Jever dans l'Oost-Frise.

XVII. Le présent traité de paix et d'amitié est déclaré commun à LL. MM. les rois de Naples et de Hollande , et aux souverains confédérés du Rhin , alliés de S. M. l'Empereur *Napoléon.*

XVIII. S. M. l'empereur de toutes les Russies reconnaît aussi S. A. I. le prince *Jérôme-Napoléon* comme roi de Westphalie.

XIX. Le royaume de Westphalie sera composé des provinces cédées par S. M. le roi de Prusse à la gauche de l'Elbe, et d'autres états actuellement possédés par S. M. l'Empereur *Napoléon.*

XX. S. M. l'empereur de toutes les Russies promet de reconnaître la disposition qui , en conséquence de l'article XIX ci-dessus et des cessions de S. M. le roi de Prusse , sera faite par S. M. l'Empereur *Napoléon* ( laquelle devra être notifiée à S. M. l'empereur de toutes les Russies ) , et l'état de possession en résultant pour les souverains au profit desquels elle aura été faite.

XXI. Toutes les hostilités cesseront immédiatement sur terre et sur mer entre les forces de S. M. l'empereur de toutes les Russies et celles de Sa Hautesse, dans tous les points où la nouvelle de la signature du présent traité sera officiellement parvenue.

Les hautes parties contractantes la feront porter sans délai par des courriers extraordinaires , pour qu'elle parvienne , le plus promptement possible aux généraux et commandans respectifs.

XXII. Les troupes russes se retireront des provinces de Valachie et de Moldavie ; mais lesdites provinces ne pourront être occupées par les troupes de Sa Hautesse jusqu'à l'échange des ratifications du futur traité de paix définitive entre la Russie et la Porte ottomane.

XXIII. S. M. l'empereur de toutes les Russies accepte la médiation de S. M. l'Empereur des Français, Roi d'Italie, à l'effet de négocier et conclure une paix avantageuse et honorable aux deux empires.

Les plénipotentiaires respectifs se rendront dans le lieu dont les deux parties intéressées conviendront, pour y ouvrir et suivre les négociations.

XXIV. Les délais dans lesquels les hautes parties contractantes devront retirer leurs troupes des lieux qu'elles doivent quitter, en conséquence des stipulations ci-dessus, ainsi que le mode d'exécution des diverses clauses que contient le présent traité, seront fixés par une convention spéciale.

XXV. S. M. l'Empereur des Français, Roi d'Italie, et S. M. l'empereur de toutes les Russies, se garantissent mutuellement l'intégrité de leurs possessions et celles des puissances comprises au présent traité de paix, telles qu'elles sont maintenant ou seront en conséquence des spéculations ci-dessus.

XXVI. Les prisonniers de guerre faits par les parties contractantes, ou comprises au présent traité de paix, seront rendus réciproquement sans échange et en masse.

XXVII. Les relations de commerce entre l'empire français, le royaume d'Italie, les royaumes de Naples et de Hollande, et les états confédérés du Rhin, d'une part, et d'autre part l'empire de Russie, seront rétablies sur le même pied qu'avant la guerre.

XXVIII. Le cérémonial des deux cours des Tuileries et de Saint-Pétersbourg entre elles et à l'égard des ambassadeurs, ministres et envoyés qu'elles accréditeront l'une près de l'autre, sera établi sur le principe d'une réciprocité et d'une égalité parfaite.

XXIX. Le présent traité sera ratifié par S. M. l'Empereur des Français, Roi d'Italie, et par S. M. l'empereur de toutes les Russies.

L'échange des ratifications aura lieu dans cette ville, dans le délai de quatre jours.

Fait à Tilsitt, le 7 juillet ( 25 juin ) 1807.

(Signé) *Ch.-Maur. Talleyrand*, prince de Bénévent,

Le prince *Alexandre Kourakin.*

Le prince *Dinitry Labanoff de Rostoff.*

Pour ampliation :

Le ministre des relations extérieures,

(Signé) *Ch.-Maur. Talleyrand*, prince de Bénévent,

Les ratifications du présent traité ont été échangées le 9 juillet 1807.

S. M. l'empereur des français, roi d'Italie, protecteur de la confédération du Rhin, et S. M. le roi de Prusse, étant animés d'un égal désir de mettre fin aux calamités de la guerre, ont, à cet effet, nommé pour leurs plénipotentiaires, savoir :

S. M. l'Empereur des français, roi d'Italie, protecteur de la Confédération du Rhin, M. *Charles-Maurice Talleyrand*, prince de Bénévent, son grand-chambellan et ministre des relations extérieures, grand-cordon de la Légion d'honneur, chevalier des ordres de l'Aigle-Noir et de l'Aigle-Rouge de Prusse, et de l'ordre de St.-Hubert;

Et S. M. le roi de Prusse, M. le feld-maréchal comte de *Kalkreuth*, chevalier des ordres de l'Aigle-Noir et de l'Aigle-Rouge de Prusse; et M. le comte *de Gotz*, son conseiller privé et envoyé extraordinaire et ministre plénipotentiaire près S. M. l'empereur de toutes les Russies, chevalier de l'ordre de l'Aigle-Rouge de Prusse;

Lesquels, après avoir échangé leurs pleins-pouvoirs respectifs, sont convenus des articles suivans :

Art. I.er Il y aura, à compter du jour de l'échange des ratifications du présent traité, paix et amitié parfaites entre S. M. l'Empereur des français, roi d'Italie, et S. M. le roi de Prusse.

II. La partie du duché de Magdebourg, située à la droite de l'Elbe; la Marche de Prignitz, l'Uker-Marck, la moyenne et la nouvelle Marche de Brandebourg, à l'exception du Cotbuser-Kreys ou cercle de Cotbus dans la Basse-Lusace; le duché de Poméranie; la Haute, la Basse et la Nouvelle-Silésie avec le comté de Glatz; la partie du district de la Netze située au nord de la chaussée allant de Driesen à Schneide-Mühl, et d'une ligne allant de Schneide-Mühl à la Vistule par Woldau, en suivant les limites du cercle de Bromberg, la Pomérélie, l'île de Nogat, les pays à la droite du Nogat et de la Vistule, à l'ouest de la vieille Prusse et au nord du cercle de Culm, l'Ermeland, et enfin le royaume de Prusse tel qu'il était au 1.er janvier 1772; seront restitués à S. M. le roi de Prusse, avec les places de Spandau, Stettin, Custrin, Glogau, Breslau, Schweidnitz, Neiss, Brieg, Kosel et Glatz, et généralement toutes les places, citadelles, châteaux et forts des pays ci-dessus dénommés, dans l'état où lesdites places, citadelles, châteaux et forts se trouvent maintenant.

La

La ville et citadelle de Graudentz, avec les villages de Neudorff, Gardchken et Swierkorzy, seront aussi restitués à S. M. le roi de Prusse.

III. S. M. le roi de Prusse reconnaît S. M. le roi de Naples, *Joseph Napoléon*, et S. M. le roi de Hollande, *Louis Napoléon*.

IV. S. M. le roi de Prusse reconnaît pareillement la Confédération du Rhin, l'état actuel de possession de chacun des souverains qui la composent, et les titres donnés à plusieurs d'entr'eux soit par l'acte de Confédération, soit par les traités d'accession subséquens.

Promet Sadite Majesté de reconnaître les souverains qui deviendront ultérieurement membres de ladite Confédération, en la qualité qui leur sera donnée par les actes qui les y feront entrer.

V. Le présent traité de paix et d'amitié est déclaré commun à S. M. le roi de Naples, *Joseph Napoléon*, à S. M. le roi de Hollande, et aux souverains confédérés du Rhin, alliés de S. M. l'Empereur *Napoléon*.

VI. S. M. le roi de Prusse reconnaît pareillement S. A. I. le prince *Jérôme Napoléon* comme roi de Westphalie.

VII. S. M. le roi de Prusse cède en toute propriété et souveraineté aux rois, grands-ducs, ducs ou princes qui seront désignés par S. M. l'Empereur des français, roi d'Italie, tous les duchés, marquisats, principautés, comtés, seigneuries, et généralement tous les territoires ou parties de territoires quelconques ainsi que tous les domaines et biens-fonds de toute nature que sadite majesté le roi de Prusse possédait, à quelque titre que ce fût, entre le Rhin et l'Elbe, au commencement de la guerre présente.

VIII. Le royaume de Westphalie sera composé de provinces cédées par S. M. le roi de Prusse, et d'autres états actuellement possédés par S. M. l'Empereur *Napoléon*.

IX. La disposition qui sera faite par S. M. l'Empereur *Napoléon* des pays désignés dans les deux articles précédens, et l'état de possession en résultant pour les souverains au profit desquels elle aura été faite, sera reconnue par S. M. le roi de Prusse, de la même manière que si elle était déjà effectuée et contenue au présent traité.

X. S. M. le roi de Prusse, pour lui, ses héritiers et successeurs, renonce à tout droit actuel ou éventuel qu'il pourrait avoir ou prétendre, 1.º sur tous les territoires sans exception situés entre le Rhin et l'Elbe, et autres que ceux désignés en l'article VII. 2.º Sur celles des pos-

R

sessions de S. M. le roi de Saxe et de la maison d'Anhalt qui se trouvent à la droite de l'Elbe ; réciproquement tout droit actuel ou éventuel et toute prétention des états compris entre l'Elbe et le Rhin sur les possessions de S. M. le roi de Prusse, telles qu'elles seront en conséquence du présent traité, sont et demeureront éteints à perpétuité.

XI. Tous pactes, conventions ou traités d'alliance patens ou secrets qui auraient pu être conclus entre la Prusse et aucun des états situés à la gauche de l'Elbe, et que la guerre présente n'aurait point rompus, demeureront sans effet, et seront réputés nuls et non avenus.

XII. S. M. le roi de Prusse cède en toute propriété et souveraineté à S. M. le roi de Saxe, le Cotbuser-Kreys ou cercle de Cotbus, dans la basse Lusace.

XIII. S. M. le roi de Prusse renonce à perpétuité à la possession de toutes les provinces qui, ayant appartenu au royaume de Pologne, ont, postérieurement au 1.er janvier 1772, passé à diverses époques sous la domination de la Prusse, à l'exception de l'Ermeland et des pays situés à l'ouest de la Vieille-Prusse, à l'est de la Poméranie et de la Nouvelle-Marche, au nord du cercle de Culm, d'une ligne allant de la Vistule à Schneidemühl par Waldau, en suivant les limites du cercle de Bromberg et de la chaussée allant de Schneidemühl à Driesen, lesquels, avec la ville et citadelle de Graudentz et les villages de Neudorff, Garschken et Swierkotzy, continueront d'être possédés en toute propriété et souveraineté par S. M. le roi de Prusse.

XIV. S. M. le roi de Prusse renonce pareillement à perpétuité à la possession de la ville de Dantzick.

XV. Les provinces auxquelles S. M. le roi de Prusse renonce par l'art. XIII ci-dessus, seront ( à l'exception du territoire spécifié en l'art. XVIII ci-après ) possédées en toute propriété et souveraineté par S. M. le roi de Saxe, sous le titre de duché de Varsovie, et régies par des constitutions qui, en assurant les libertés et les privilèges des peuples de ce duché, se concilient avec la tranquillité des états voisins.

XVI. Pour les communications entre le royaume de Saxe et le duché de Varsovie, S. M. le roi de Saxe aura le libre usage d'une route militaire à travers les états de S. M. le roi de Prusse. Ladite route, le nombre des troupes qui pourront y passer à-la-fois et les lieux d'étapes, seront déterminés par une convention spéciale faite entre Leursdites Majestés, sous la médiation de la France.

XVII. La navigation par la rivière de Netze et le canal de Bromberg, depuis Driesen jusqu'à la Vistule , et réciproquement, sera libre et franche de tout péage.

XVIII. Afin d'établir autant qu'il est possible des limites naturelles entre la Russie et le duché de Varsovie, le territoire circonscrit par la partie des frontières russes actuelles qui s'étend depuis le Bug jusqu'à l'embouchure de la Lossosna et par une ligne partant de ladite embouchure et suivant le thalweg de cette rivière, le thalweg de la Bobra jusqu'à son embouchure ; le thalweg de la Narew depuis le point susdit jusqu'à Suratz ; de la Lisa jusqu'à sa source , près le village de Mien ; de l'affluent de la Nurzeck, prenant sa source près le même village ; de la Nurzeck jusqu'à son embouchure au-dessus du Nurr ; et enfin le thalweg du Bug , en le remontant jusqu'aux frontières russes actuelles, sera réuni à perpétuité à l'empire de Russie.

XIX. La ville de Dantzick avec un territoire de deux lieues de rayon autour de son enceinte , sera rétablie dans son indépendance , sous la protection de S. M. le roi de Prusse et de S. M. le roi de Saxe , et gouverné par les lois qui la régissaient à l'époque où elle cessa de se gouverner elle-même.

XX. S. M. le roi de Prusse , S. M. le roi de Saxe , ni la ville de Dantzick ne pourront empêcher par aucune prohibition , ni entraver par l'établissement d'aucun péage , droit ou impôt , de quelque nature qu'il puisse être , la navigation de la Vistule.

XXI. Les ville , port et territoire de Dantzick seront fermés pendant la durée de la présente guerre maritime au commerce et à la navigation des anglais.

XXII. Aucun individu de quelque classe et condition qu'il soit, ayant son domicile ou des propriétés dans les provinces ayant appartenu au royaume de Pologne, et que S. M. le roi de Prusse doit continuer de posséder , ne pourra, non plus qu'aucun individu domicilié , soit dans le duché de Varsovie, soit dans le territoire qui doit être réuni à l'empire de Russie , mais ayant en Prusse des biens-fonds , rentes, pensions ou revenus de quelque nature qu'ils soient, être frappé dans sa personne , dans ses biens , rentes , pensions et revenus de tout genre , dans son rang et ses dignités , ni poursuivi , ni recherché en aucune façon quelconque , pour aucune part qu'il ait pu politiquement ou militairement prendre aux événemens de la guerre présente.

XXIII. Pareillement aucun individu né, demeurant ou propriétaire dans les pays ayant appartenu à la Prusse antérieurement au 1.er janvier 1772, et qui doivent être restitués au roi de Prusse aux termes de l'article II ci-dessus, et notamment aucun individu, soit de la grande bourgeoisie de Berlin, soit de la gendarmerie, lesquelles ont pris les armes pour le maintien de la tranquillité publique, ne pourra être frappé dans sa personne, dans ses biens, rentes, pensions et revenus de tout genre, dans son rang et son grade, ni poursuivi, ni recherché, en aucune façon quelconque pour aucune part qu'il ait prise ou pu prendre, de quelque manière que ce soit, aux événemens de la guerre présente.

XXIV. Les engagemens, dettes et obligations de toute nature que S. M. le roi de Prusse a pu avoir, prendre et contracter, antérieurement à la présente guerre, comme possesseur des pays, territoires, domaines, biens et revenus que sadite majesté cède, ou auxquels elle renonce par le présent traité, seront à la charge des nouveaux possesseurs et par eux acquittés, sans exception, restriction, ni réserve aucune.

XXV. Les fonds et capitaux appartenans, soit à des particuliers soit à des établissemens publics, religieux, civils ou militaires des pays que S. M. le roi de Prusse cède, ou auxquels elle renonce par le présent traité, et qui auraient été placés, soit à la banque de Berlin, soit à la caisse de la société maritime, soit de tout autre manière quelconque, dans les états de S. M. le roi de Prusse, ne pourront être ni confisqués ni saisis ; mais les propriétaires desdits fonds et capitaux seront libres d'en disposer, et continueront d'en jouir, ainsi que des intérêts échus ou à écheoir, aux termes des contrats ou obligations passés à cet effet.

Réciproquement, il en sera usé de la même manière pour tous les fonds et capitaux que des sujets ou des établissemens publics quelconques de la monarchie prusienne auraient placés dans les pays que S. M. le roi de Prusse cède ou auxquels elle renonce par le présent traité.

XXVI. Les archives contenant les titres des propriété, documens et papiers généralement quelconques relatifs aux pays, territoires, domaines et biens que S. M. le roi de Prusse cède ou auxquels elle renonce par le présent traité, ainsi que les cartes et plans des villes fortifiées, citadelles, châteaux et forteresses situés dans lesdits pays, seront remises par des commissaires de sadite Majesté, dans le délai de trois mois, à compter de l'échange des ratifications, savoir :

A des commissaires de S. M. l'Empereur *Napoléon*, pour ce qui concerne les pays cédés à la gauche de l'Elbe.

Et à des commissaires de S. M. l'empereur de toutes les Russies, de S. M. le roi de Saxe et de la ville de Dantzick, pour ce qui concerne les pays que lesdites Majestés et la ville de Dantzick doivent posséder en conséquence du présent traité.

XXVII. Jusqu'au jour de l'échange des ratifications du futur traité de paix définitive entre la France et l'Angleterre, tous les pays de la domination de S. M. le roi de Prusse, seront, sans exception, fermés à la navigation et au commerce des anglais.

Aucune expédition ne pourra être faite des ports prussiens pour les îles britaniques, ni aucun bâtiment venant de l'Angleterre ou de ses colonies, être reçu dans lesdits ports.

XXVIII. Il sera fait immédiatement une convention ayant pour objet de régler tout ce qui est relatif au mode et à l'époque de la remise des places qui doivent être restituées à S. M. le roi de Prusse, ainsi que les détails qui regardent l'administration civile et militaire des pays qui doivent être aussi restitués.

XXIX. Les prisonniers de guerre seront rendus de part et d'autre sans échange et en masse, le plutôt que faire se pourra.

XXX. Le présent traité sera ratifié par S. M. l'Empereur des Français, Roi d'Italie, et par S. M. le roi de Prusse, et les ratifications en seront échangées à Kœnigsberg, dans le délai de six jours, à compter de la signature, ou plutôt si faire se peut.

Fait et signé à Tilsitt, le 9 juillet 1807.

(L. S.) Signé, *Ch.-M. Talleyrand*, prince de Bénévent.
(L. S.) Signé, le maréchal comte de *Kalkreuth.*
(L. S.) Signé, *Auguste*, comte de Goltz.
Pour ampliation,
Le ministre des relations extérieures,
   *Ch.-Maur. Taleyrand*, prince de Bénévent.

Les ratifications du présent traité ont été échangées à Kœnigsberg, le 12 juillet 1807.

Après que la lecture a été terminée, le sénateur *Lacépède*, président ordinaire du sénat, ayant pris la parole, a dit :

Monseigneur,

» La lecture des deux traités de paix que S. M. l'Empereur et Roi a bien voulu nous faire communiquer par V. A. S., fait éprouver au sénat de nouveaux sentimens d'une admiration et d'une reconnaissance bien vives.

» Après tant de moissons de gloire, tant de prodiges et tant de bienfaits, le sénat ressent plus que jamais le besoins de présenter à S. M. I. et R. ses hommages et ses vœux.

» Il sait qu'il va avoir l'avantage si précieux pour tous les français, de jouir de l'auguste présence du plus grand des monarques. Mais les jours, les heures, les momens mêmes sont des siècles pour sa juste impatience.

» Je demande donc, sénateurs, premièrement, que le sénat ordonne la transcription sur ses registres, du traité avec la Russie et du traité avec la Prusse ;

» Deuxièmement, qu'une commission spéciale soit chargée de présenter un projet d'adresse qui exprime les sentimens d'amour et de respect dont le sénat est si profondément pénétré pour S. M. I. et R. «

Les deux propositions du sénateur *Lacépède*, ont été accueillies à l'unanimité.

------

## CONVENTION

Entre les soussignés, d'une part, le prince de *Neufchâtel*, major-général, et de l'autre, le maréchal comte de *Kalkreuth*, munis de pleins-pouvoirs de leurs souverains respectifs, à l'effet de régler la convention stipulée en l'art. XXVIII du traité de paix signé à Tilsitt, entre S. M. l'Empereur et Roi *Napoléon*, et S. M. le roi de Prusse.

Art. I.er Des commissaires respectifs seront nommés, sans délai, pour placer des poteaux sur les limites du duché de Varsovie, de la Vieille-Prusse, du territoire de Dantzick, ainsi que sur les limites du royaume de Westphalie avec celui de Prusse.

II. La ville de Tilsitt sera remise le 20 juillet ; celle de Kœnigsberg, le 25 du même mois ; et avant le 1.er du mois d'août, les pays jusqu'à la Passarge, formant les anciennes positions de l'armée, seront remis.

Au 20 août, on évacuera la Vieille-Prusse jusqu'à la Vistule.

Au 5 septembre, on évacuera le reste de la Vieille-Prusse, jusqu'à l'Oder.

Les limites du territoire de Dantzick seront tracées à deux lieues autour de la ville, et déterminées par des poteaux aux armes de France, de Dantzick, de Saxe et de Prusse.

Au 1.ᵉʳ octobre, on évacuera toute la Prusse jusqu'à l'Elbe.

La Silésie sera également remise au 1.ᵉʳ octobre ; ce qui fera deux mois et demi pour l'évacuation entière du royaume de Prusse.

La province de Magdebourg pour la partie qui se trouve sur la rive droite de l'Elbe, ainsi que les provinces de Prenzlow et de Passewalk, ne seront évacuées qu'au 1.ᵉʳ novembre ; mais il sera tracé une ligne, de manière que les troupes ne puissent pas approcher de Berlin.

Quant à Stettin, l'époque à laquelle cette ville sera évacuée, sera déterminée par les plénipotentiaires.

Six mille français resteront en garnison dans cette ville jusqu'au moment où on l'évacuera.

Les places de Spandau, de Custrin, et en général toutes celles de la Silésie, seront remises le 1.ᵉʳ octobre entre les mains des troupes de S. M. le roi de Prusse.

III. Il est bien entendu que l'artillerie, toutes les munitions, et en général tout ce qui se trouve dans les places de Pillau, Colberg, Graudentz, resteront dans l'état où les choses se trouvent.

Il en sera de même pour Glatz et Kosel, si les troupes françaises n'en ont pas pris possession.

IV. Les dispositions ci-dessus auront lieu aux époques déterminées, dans le cas où les contributions frappées sur le pays seraient acquittées. Bien entendu que les contributions seront censées acquittées quand des sûretés suffisantes seront reconnues valables par l'intendant-général de l'armée.

Il est également entendu que toute contribution qui n'était pas connue publiquement avant l'échange des ratifications, est nulle.

V. Tous les revenus du royaume de Prusse, depuis

le jour de l'échange des ratifications, seront versés dans les caisses du roi et pour compte de S. M., si les contributions dues et échues depuis le 1.er novembre 1806 jusqu'au jour de l'échange des ratifications, sont acquittées.

VI. Des commissaires seront nommés de part et d'autre pour traiter et décider de tous les différens à l'amiable. Ils se rendront en conséquence à Berlin le 25 juillet, afin que cela n'apporte aucun retard à l'évacuation.

VII. Les troupes, ainsi que les prisonniers de guerre français, vivront dans le pays et des magasins qui peuvent exister jusqu'au jour de l'évacuation.

VIII. Si les hôpitaux ne sont pas évacués à l'époque où les troupes doivent se retirer, les malades français seront soignés dans les hôpitaux, et tous les secours leur seront donnés par les soins des administrations du roi, sans cesser d'avoir auprès d'eux les officiers de santé nécessaires.

IX. La présente convention aura sa pleine et entière exécution.

En foi de quoi nous l'avons signée et y avons apposé le sceau de nos armes.

A Kœnigsberg, le 12 juillet 1807.

*(Suivent les signatures.)*

*Explication géographique du traité de Tilsit.*

L'on sait comment la monarchie prussienne s'est successivement agrandie, et comment l'électeur de Brandebourg, de simple vassal des empereurs, est devenu le souverain de plus de 10,000,000 de sujets. Comme les événemens politiques se sont succédés avec une rapidité qui permet à peine de les observer, il est utile de rappeller que les états prussiens, par le traité des indemnités, se trouvaient, en l'an 1805, portés à une étendue de 15,516 lieues carrées et à une population de 9,640,000 ames. Dans le cours de l'an 1806, la Prusse dut à l'amitié de la France un agrandissement encore plus important, par l'échange des provinces de Clèves, d'Essen et de Werden, d'Anspach et de Neuchâtel, contre l'électorat d'Hanovre ; elle ne perdait que 400,000 sujets, et elle en recevait 1,000,000 ; outre ce gain évident de 600,000 sujets, la possession des pays d'Hanovre était doublement précieuse au roi de Prusse, soit parce qu'elle le rendait maître des embouchures de l'Elbe et du Weser, soit parce qu'elle établissait une contiguité parfaite entre la plupart de ses autres acquisitions nouvelles en Westphalie et en Basse-Saxe. La possession du Hanovre aurait donc porté la Prusse au comble de la gloire, en assurant à jamais son rang parmi les grandes puissances ; le traité de Tilsit la réduit à-peu-près à l'état où elle se trouvait avant le règne de Frédéric-le-Grand.

Les états actuels du roi de Prusse se composent de trois parties distinctes, le royaume de Prusse au nord-est, le duché de Silésie au sud-est, et la Brandebourg avec la Poméranie qui forme l'anneau de liaison entre les deux autres parties, de sorte que toute cette masse est à la vérité contiguë, mais disposée sur deux lignes très-étendues qui représentent deux côtés inégaux d'un triangle dont Berlin serait le sommet.

La partie la plus centrale, qu'on pourrait nommer grand-duché de Brandebourg, se compose des provinces suivantes, la partie du duché de Magdebourg située à l'est de l'Elbe, avec environ 120,000 habitans ; la Marche de Prignitz, avec 79,000 ; la Marche du milieu, avec 555,000 ; la Marche-Ukraine, avec 96,000 ; la Nouvelle-Marche, avec 291,400 ( le cercle de Cotbus étant défalqué ) ; et la Poméranie prussienne, avec 518,000 ; ce qui forme un total de 1,659,400 ames. Cet état brandebourgeois occupe un espace de 2,913 lieues : ainsi, il a deux fois l'étendue du royaume de Saxe ; auquel il est cependant inférieur en nombre d'habitans.

La Silésie, qui a été rendue au roi de Prusse, sans aucune restriction, comptait à la fin de l'an 1805 une population de 2,065,435 ames, sur une étendue de 2,027 lieues carrées.

Le royaume de Prusse qui, par les partages successifs de la Pologne, avait été porté à 4,000,000 d'habitans, se trouve aujourd'hui réduit à un peu plus d'un tiers ; car la Prusse orientale, ou l'ancien royaume de Prusse compte, selon les derniers dénombremens, 969,927 habitans ; la Prusse occidentale n'a pas été rendue en entier ; la majeure partie du district de la Netze ou du département de Bromberg est réunie au nouvel état polonais : ce département comptait 220,960 habitans ; or, comme le cercle de Culm, également détaché de la Prusse occidentale, équivaut en étendue à la partie restante du département de Bromberg, il nous semble qu'on peut défalquer la somme totale de 220,960 habitans, sans risque de se tromper d'une manière sensible. Il faut encore ôter la ville et le territoire de Dantzick avec 80,000 ames. Ces deux nombres étant soustraits d'une population de 817,000 ames que le dénombrement de 1804 donne à la Prusse occidentale, il reste 516,040 pour cette province dans son état présent. Par conséquent, tout le royaume actuel de Prusse n'offre qu'une population de 1,485,967 ames, sur une étendue de 3,083 lieues carrées.

En récapitulant ces divers nombres, aussi exacts qu'il est possible d'en obtenir dans ce genre de recherches, il résulte que toute la monarchie prussienne actuelle ne renferme que 5,2000,000 habitans, sur une surface de 8,000 lieues carrées. C'est précisément la moitié de ce qu'était la Prusse, il y a un an, après l'incorporation de l'Hanovre. Le grand Frédéric avait laissé à sa mort un neuvième de plus. A cette perte de forces territoriales, les politiques ajouteront sans peine ce que la Prusse perd géographiquement par le défaut de concentration ; moralement, par la désorganisation de son armée et de ses finances ; et relativement, par l'agrandissement des puissances voisines. Nous n'entrerons pas dans ces détails qui nous éloigneraient de notre sujet ; et après avoir offert le tableau de ce royaume tel qu'il est aujourd'hui, nous allons offrir des détails aussi précis sur les provinces qui en ont été séparées par le traité de Tilsit.

Les provinces à l'ouest de l'Elbe auxquelles le roi de Prusse vient de renoncer, se composent d'anciennes possessions de sa maison, et d'acquisitions nouvelles faites par les divers traités d'indemnités. Dans la première classe sont l'Oost-Frise avec 120,886 habitans, les comtés de Lingen et Teklenbourg avec 46,000, le comté de Ravensberg avec 89,940, la principauté de Minden avec 70,360, le comté de Marck avec 137,000, le tout en Westphalie; la principauté de Halberstadt avec 101,000, la partie du duché de Magdebourg, à l'ouest de l'Elbe, avec 169,000, la partie prussienne du comté de Mansfeld avec 27,000, le comté de Hohenstein avec le même nombre, le tout en Haute et Basse-Saxe; enfin, la principauté de Bareuth, en Franconie, avec 237,500. Ces anciennes provinces, disséminées dans l'Empire germanique, étaient très-importantes, les unes par leur sol fertile et leurs mines, les autres par l'industrie des habitans, et toutes ensemble, par les places-fortes ou les positions militaires qu'elles renferment. Tous ces pays forment un total de 844 lieues carrées et de 1,024,186 habitans.

Les provinces récemment acquises par le roi de Prusse, et que le traité de Tilsit met à la disposition de la France, sont bien plus considérables; l'électorat d'Hanovre, y compris la principauté d'Osnabruck, compte au moins 984,000 habitans sur une surface de 1582 lieues carrées. Les autres pertes de la Prusse sont, en Westphalie, la principauté de Munster avec 127,000 habitans, celle de Paderborn avec 98,900, et les abbayes de Herforden, d'Elten et de Cappenberg avec 10,000; en Haute et Basse-Saxe, la principauté de Hildesheim avec 110,000 habitans, le pays d'Eichsfeld et ses dépendances avec 84,000, le territoire d'Erfurt avec 45,000, l'abbaye de Quedlinbourg avec 13,400, les villes de Muhlhausen, de Nordhausen et de Goslar avec 34,000, le tout formant une population de 522,300 ames sur 528 lieues carrées.

En examinant sur une carte la position de toutes ces provinces ci-devant prussiennes, on voit qu'elles dominent l'Elbe, le Weser et l'Ems, c'est-à-dire, les trois grandes routes commerciales de l'Allemagne septentrionale. On ne sait pas encore si elles seront toutes comprises dans le royaume de Westphalie; l'Oost-Frise sera probablement réunie à la Hollande avec le petit pays de Jever qui compte de 14 à 15,000 ames, et qui appartenait à l'empereur de Russie.

La surface totale de ces provinces ci-devant prussiennes, y compris l'Hanovre, est de 2,954 lieues carrées, et le nombre des habitans s'élève à 2,530,406. Mais le traité de Tilsit met encore à la disposition de l'empereur des français tous les pays des alliés de la Prusse, situés à l'ouest de l'Elbe. Ces pays sont l'électorat de Hessel-Cassel et ses dépendances, avec 447,000 habitans; les états du duc de Brunswick,

avec 209,700; la principauté de Fulde, avec 90,000, et peut-
être quelques autres petites principautés dont le sort ne nous
est pas connu avec certitude. Ainsi toute la masse des pays
disponibles peut être évaluée à 3 millions 2 à 300,000 habitans. Nous ne comprenons pas dans cet ensemble les provinces d'Anspach, de Clèves, d'Essen, de Werden et de
Neuchâtel, parce que la Prusse les avait, non pas perdues,
mais échangées avant la dernière guerre.

En nous acheminant vers la Pologne, nous remarquons le
petit district de Cotbus, en Basse-Lusace, cédé au royaume
de Saxe. Il renferme 32,260 habitans sur 48 lieues carrées.
Avec cet accroissement le royaume de Saxe a 2,162,260
habitans, sur 2,071 lieues carrées.

Quoique le nouvel état polonais ne porte que le titre de
*duché*, il égale pourtant en population le royaume de Saxe,
qu'il surpasse en étendue de plus d'une moitié. D'abord,
toute la ci-devant Prusse méridionale, qui correspondait
à-peu-près à la grande Pologne, y est comprise ; le dernier
dénombrement donne à cette province une population de
1,419,027 ames. La partie rendue du district de la Netze
ou du département de Bromberg, avec le cercle de Culm,
doit avoir 220,000 habitans au moins. Le département de
Plock, dans la nouvelle Prusse orientale, est incorporé en
entier au duché de Varsovie ; on y compte 315,540 ames.
Quant au département de Bialystok, l'empereur de Russie
en a accepté la majeure partie. Tout ce département prussien
avait 512,780 habitans ; les six septièmes environ ont passé
sous la domination russe ; le septième restant augmente d'environ 73,000 le nombre des habitans du duché de Varsovie.

Ainsi le nouvel état polonais, autant qu'on peut juger
d'après les documens connus, paraît avoir une population
de 2,027,567 ames.

Le roi de Saxe, duc de Varsovie, compte actuellement
4,200,000 sujets ; la monarchie prussienne n'en renferme
qu'un million de plus ; et si l'on réfléchit qu'en commençant
la guerre, le roi de Prusse se flattait sans doute, si elle
était heureuse pour lui, d'avancer l'époque où la Saxe
serait réunie à ses états, on sera étonné de voir combien
peu de tems il a fallu pour que le royaume destiné à être conquis devînt l'égal du royaume qui marchait à sa conquête.
Quelques jours ont suffi pour des changemens qui recom-
posent le système politique du nord de l'Allemagne ; mais
aussi par quel homme ils ont été médités et exécutés !

F I N.

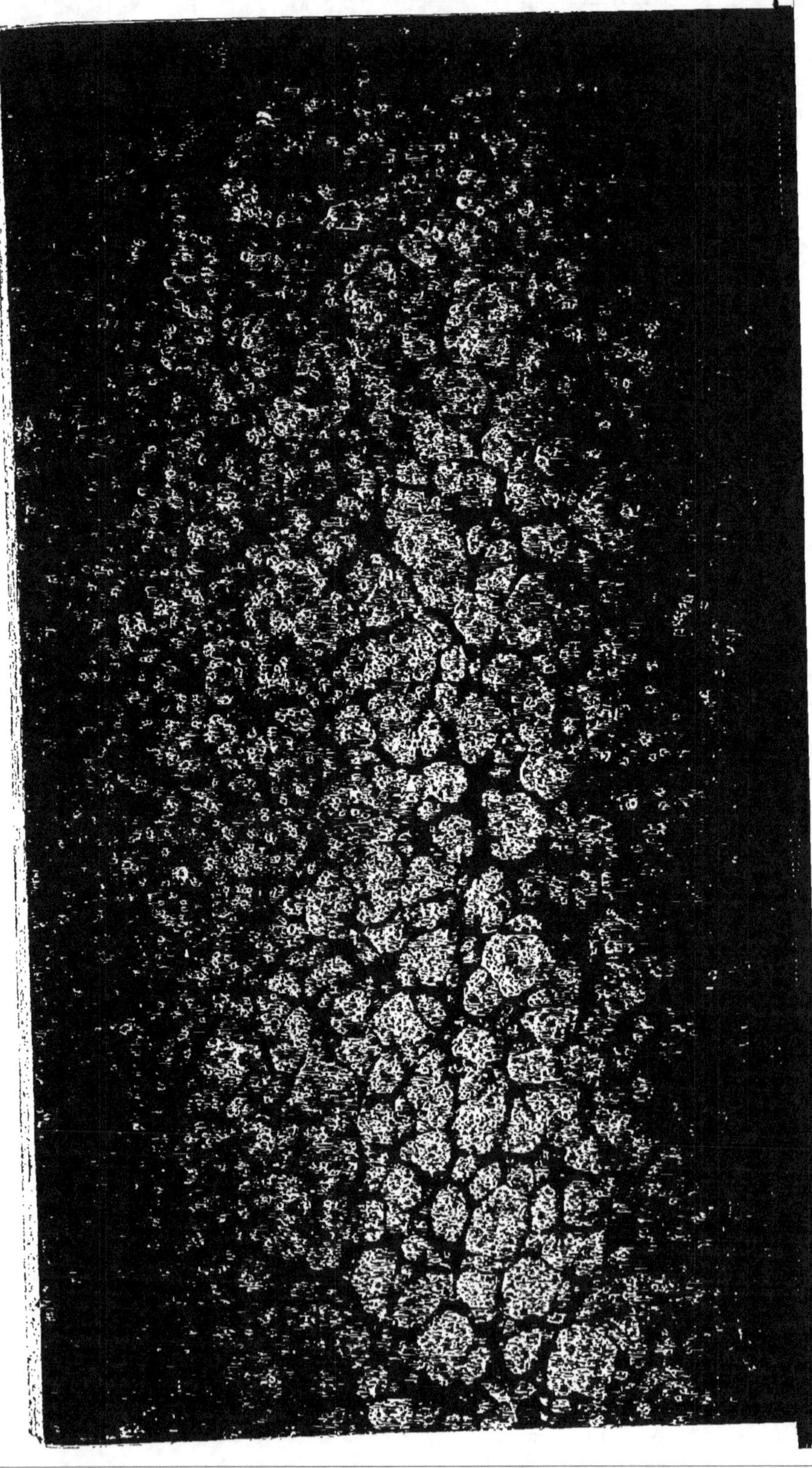

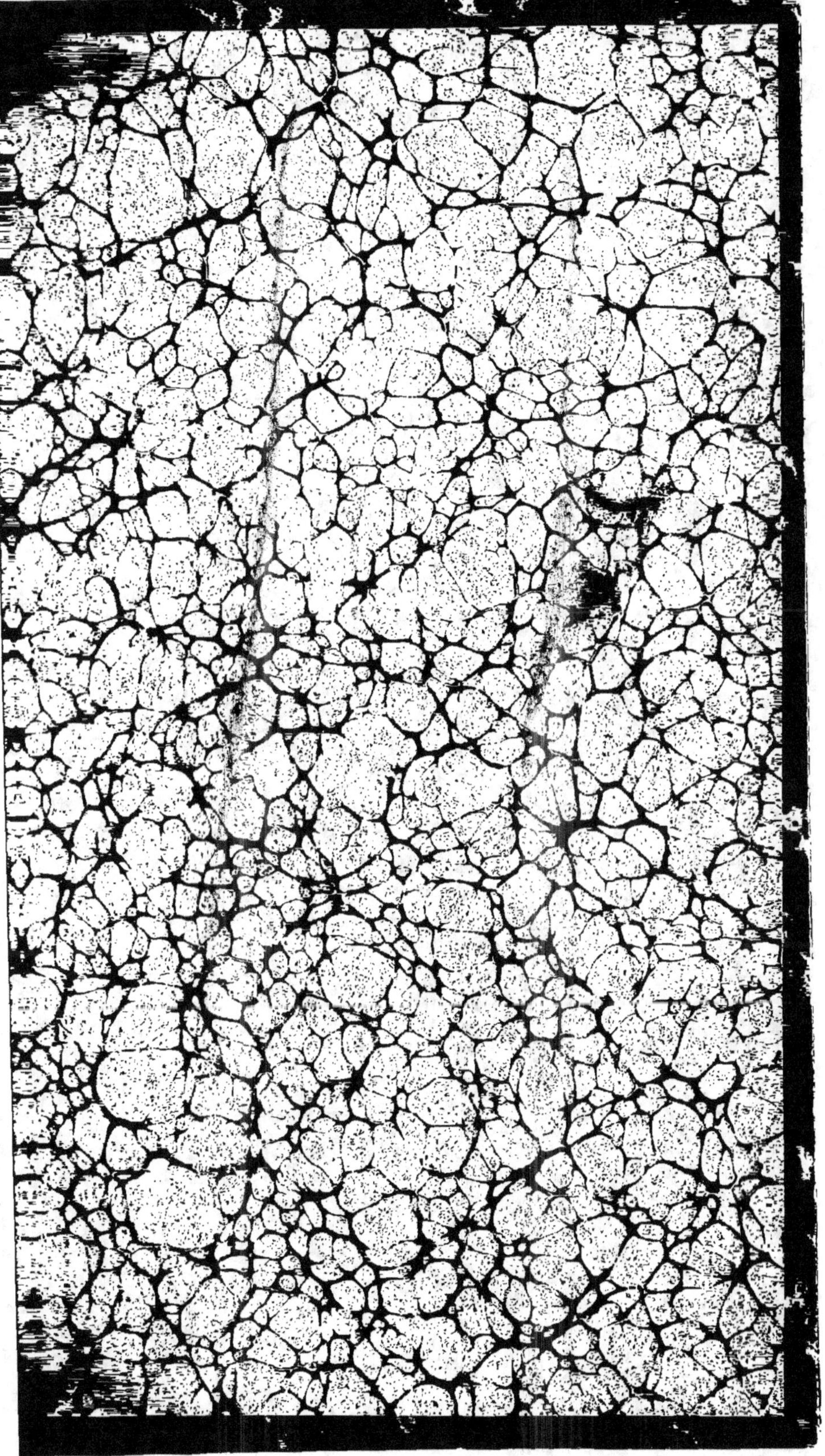

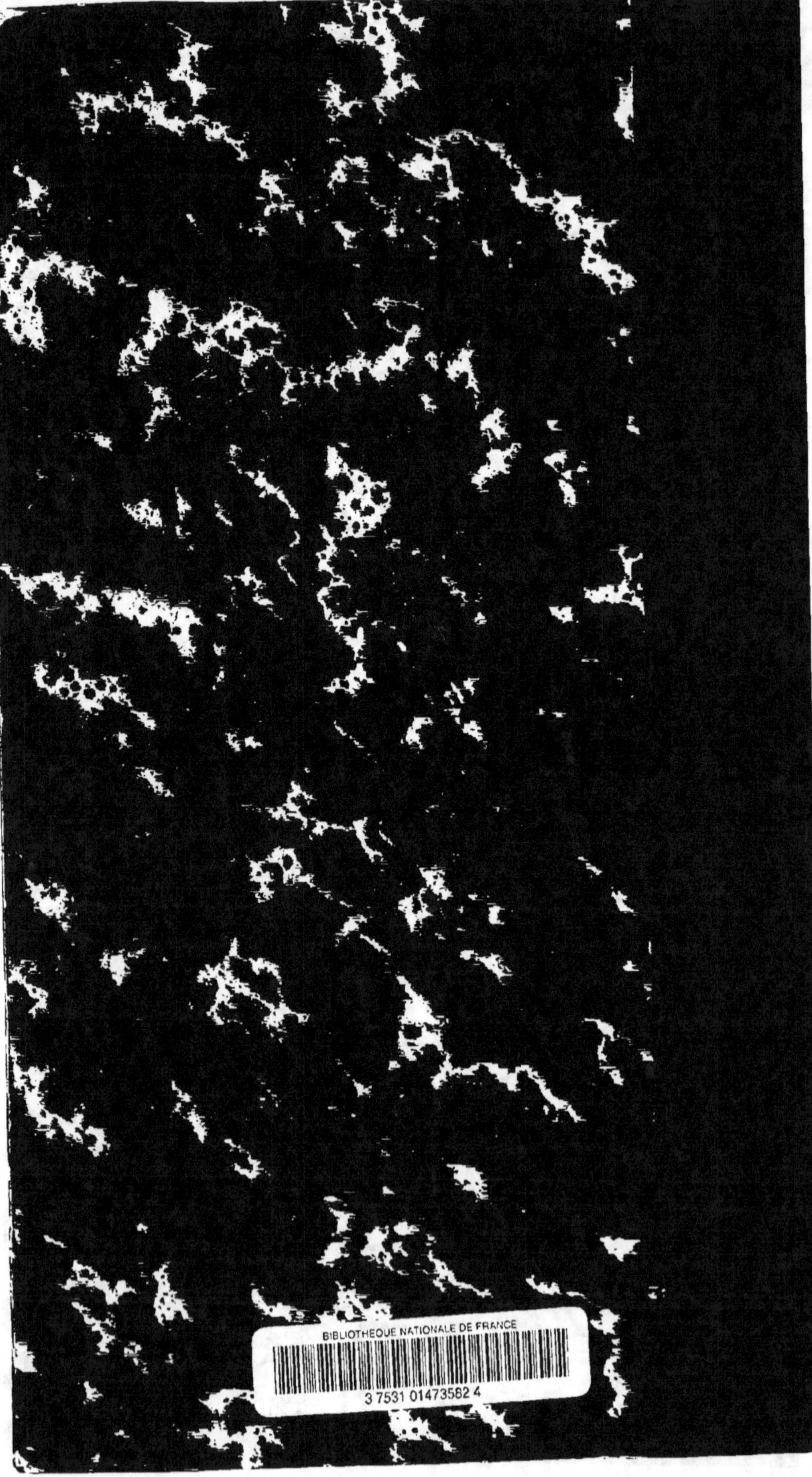

3 7531 01473582 4

www.ingramcontent.com/pod-product-compliance
Lightning Source LLC
LaVergne TN
LVHW050408060726
842524LV00002B/507